Ruth Gay

Narrele, was lachst du?

Ruth Gay

Narrele, was lachst du?

Ostjuden in Amerika

Aus dem Englischen von
Christian Wiese

Siedler

Für Peter

Inhalt

1
Gelächter

»*Narrele, wus lachste?* – Kleine Närrin, was lachst du?« Als Kind hörte ich dies häufig – eine verbreitete Redensart, die besagte, Lachen sei gefährlich. Nicht nur, dass es die bösen Schicksalsmächte dazu verleitete, einzugreifen und uns das Glück zu entreißen; es war noch dazu töricht, frivol und würdelos. Würde konnte es auch bei Kindern geben, doch nur dann, wenn Nüchternheit herrschte, die Phantasie zurückgedrängt wurde und man auf die Nützlichkeit jeder Handlung drängte. So lehnten meine Eltern es etwa ab, mich in den Kindergarten zu schicken. Welchen Sinn hatte es, in die Schule zu gehen, nur um zu spielen? Mit fünf Jahren sei ich doch gewiss über solch kindische Dinge längst erhaben.

Eine solche Einschätzung schmeichelte mir, versetzte mir jedoch auch einen Stich, wenn ich mich zuweilen fragte, was in jenen hellen Kindergartenräumen mit ihren niedrigen Tischen und Stühlen vor sich ging. Doch zumeist war ich mir der Bedeutung bewusst, die man mir zuteil werden ließ, wenn man mich als ernsthafte Person behandelte. Das bedeutete, wie ich frühzeitig lernte, dass ich mir über die Zwischenschicht im Klaren sein musste, die den tiefsten, innersten Kern des eigenen Wesens, der unauflöslich mit dem Jüdischsein verbunden war, von dem öffentlichen Selbst trennte, das sich den vergänglichen Sitten der vergänglichen Welt, in der man nun einmal lebte, anpasste. Meine Eltern, dessen bin ich gewiss, haben nie von dem Hebraisten und Dichter Judah Leib Gordon und seinem berühmten Motto »Sei ein Jude zu Hause und ein Mensch auf der Straße« gehört, doch bisweilen frage ich mich, ob Gordon, als er diese Parole prägte, wirklich originell war oder bloß dem vorherrschenden Empfinden seiner Zeit Ausdruck verlieh. Dies galt auch für meine Eltern, für die das Judesein sowohl heilig als auch privat war und die sich in ihrer langfristigen Perspektive lediglich als jüngstes Glied in jener ewigen Kette der jüdischen Geschichte und des jüdischen Leidens verstanden. Im Jiddischen finden diese Ideen ihren Ausdruck in bekannten Vergleichen für die Dauer der Zeit – »so lang wie das jüdische Exil – *so lang wi dos jiddischen Goles*« oder aber »so lang wie die jüdische Not – *so lang wi di jiddischen Tsores*«. Ja, sogar ich, in einer glücklichen Zeit und in einem goldenen Land geboren, war Teil dieser Geschlechterfolge.

Da waren wir also, im Exil, im *Goles*, die Nachfahren von Königen und Märtyrern, mit einer unvergleichlich langen und edlen Geschichte, mit Gesetzen, denen es zu entsprechen galt und die alle das armselige Verständnis des Uneingeweihten überstiegen, aber für die, die als Juden geboren worden waren, zum Gegenstand lebenslangen Lernens wurden. Dieses ganze Geheimnis und uralte Wissen bildete, in zwei geheimnisvollen Sprachen, das Innerste unserer Identität. Doch man war von unsichtbaren Kräften umgeben, guten wie bösen, und als ich dreizehn wurde und somit das Alter erreichte, von dem an ich rechtlich die Verantwortung für meine eigenen Sünden trug, wurde ich gut darauf vorbereitet, mich in den komplizierten Tanz zwischen diesen beiden Mächten einzureihen.

Gute Juden wissen, dass sie dafür verantwortlich sind, die 613 Gebote, 365 negative und 248 positive, einzuhalten. Ich habe die Gebote niemals zusammengezählt, als man sie mir im Laufe meiner Kindheit beibrachte, doch eine Wendung blieb mir haften. Wenn mir etwas verboten wurde und ich nach dem Grund fragte, lautete die Antwort stets schlicht und bestimmt: »*Me tor nit* – wir dürfen es nicht.« Der vielleicht überzeugendste Teil dieser Botschaft war das »wir« – denn mit diesem Wort trat man durch die Geschichte hindurch bis in die Gegenwart mit allen Juden in Verbindung, die jemals gelebt hatten und die ebenfalls wussten: »*Me tor nit.*«

Scholem Alejchems Tewje, der Hiob der modernen jiddischen Literatur, beendet seine lange Reihe von Briefen und Unterhaltungen mit »Panje Scholem Alejchem« in dem Augenblick, in dem er die Nachricht erhält, er werde aus seinem Dorf vertrieben werden – aus dem Dorf, in dem seine Vorfahren und seine Frau begraben sind, wo er selbst sein Leben als Milchmann verbracht und sieben Töchter großgezogen hat. Doch er hält nicht inne, um zu trauern. Er schließt mit einer Lobeshymne auf Gott, der ihn zum Juden gemacht hat, zum Diener der Tora, der lebenslang die heiligen Schriften studierte. Dieses unerschütterliche Gefühl der Überlegenheit, das selbst der bescheidenste Jude empfand, war die Ursache seiner Unerschütterlichkeit inmitten des verbreiteten Antisemitismus Osteuropas. Er wusste, wie wir, wer er war, nämlich das unvergleichlich Beste, und es verlieh ihm (und uns) die Kraft, die Erniedrigungen und die Geringschätzung beiseite zu schieben, die die einfache Tatsache, jüdisch zu sein, mit sich brachten. Es hätte jene, die Tewje verspotteten und schmähten, gewiss überrascht, wenn sie gewusst hätten, wie er über sie dachte.

Die Übel des Antisemitismus, der Pogrome oder der Vertreibung waren lediglich vorübergehende Manifestationen der guten und bösen Geister, die in der Luft schwebten und die man durch unvorsichtiges Reden oder Tun zum Handeln herausfordern konnte. Bis heute versetzt mich der Gedanke an eine Geschenkparty für eine schwangere Mutter in leichte Unruhe, und ich finde es höchst unvorsichtig, ein ganzes Kinderzimmer einzurichten. Doch man war nicht vollkommen hilflos. Schließlich gab es Mittel gegen den bösen Blick, Besänftigungsriten oder die Möglichkeit, einem Neugeborenen am richtigen Ort und zur rechten Zeit ein rotes Band umzubinden. Törichterweise lehnte ich es als Zwölfjährige in einem Anfall von Rationalismus ab, diese nützlichen Zaubermittel zu erlernen, als meine Mutter anbot, sie mir beizubringen.

Wir wussten auch, dass in Augenblicken der Not die Kräfte des Guten durch die Reinheit des Herzens zur Hilfe gerufen werden konnten. Wir wuchsen mit der Geschichte meines Großvaters auf, der, als er während eines Sommergewitters im Wald unterwegs war, einen Blitz abwehrte, indem er gerade noch rechtzeitig »Sch'ma Jisroel« ausrief, die ersten Worte des grundlegenden jüdischen Glaubensbekenntnisses an den einen Gott.

Und was waren unsere guten Taten anderes als ein Schild, der uns an jenem letzten Tag der Abrechnung beschützen würde? Wie mein Vater mir erklärte, wurde peinlich genau darüber Buch geführt. Jede Nacht, während wir schliefen, flogen unsere Seelen in den Himmel hinauf, um unsere guten und schlechten Taten in das »Große Hauptbuch« einzutragen. An jenem letzten Tag aber würde ein einfaches Zusammenrechnen schnell festlegen, wie es um unser Konto bestellt war.

Diese Rechnungsbücher waren, so scheint es, auch Satan selbst zugänglich, wie Isaac Leib Perez in seiner Geschichte »Eine Tabakprise« erzählt, die von den letzten Tagen des Rabbiners von Chelm handelt. Als der Satan zu seiner Empörung feststellt, dass die Sollseite des Kontos des Rabbi leer ist, einigt er sich mit dem Herrn über eines seiner berühmten Abkommen und erhält die Erlaubnis, den Rabbi – unter der üblichen Bedingung, ihm kein Leid zuzufügen – zu versuchen. Der Titel der Erzählung sagt aus, was den Rabbi schließlich zur Sünde verleitet. Nicht etwa schöne Frauen, Edelsteine, Geld oder feurige Pferde, die alle hervorgezaubert werden, um ihn zu verführen. Vielmehr geschieht das, worüber einer der Satanslehrlinge am Schluss sinniert: »Man stolpert nicht über einen Berg. Es ist der Kieselstein auf der Straße, der unseren Sturz verursacht.« Und da am Ende die kleinste Übertretung den Ausschlag geben konnte, rief all das eine gewisse Wachsamkeit hervor.

Doch die Gefahr kam nicht nur von innen. Auch die reale Welt hatte ihre bösen Elemente. Eines der frühesten Worte, die ich hörte, lautete *Sonim*, »Feinde«. Naturgemäß, auf Grund ihrer Stellung in der Welt, in der Geschichte, waren Juden von Feinden umgeben, und vor allem die politische Szenerie wurde stets sorgfältig auf *Sonim* überprüft. Natürlich war der Antisemitismus in den Vereinigten Staaten weniger gewalttätig als zu Hause, doch er existierte, fest verankert im gesellschaftlichen Gefüge, führte zur Beschränkung der Einwanderung, bestimmte das Verhalten in den öffentlichen Schulen und errichtete unsichtbare Barrieren, die Juden aus Wohnvierteln, von Berufen, der Universitätsausbildung, Restaurants oder Urlaubsorten ausschlossen. In den dreißiger Jahren, als mein Vater sich um Stellen bewarb und man ihm mitteilte, viele dieser Unternehmen stellten keine Juden ein, richtete der Antisemitismus Schaden an, den spöttische Bemerkungen oder Schimpfnamen allein niemals verursacht hätten. Gegen Letztere waren mein Vater und seine Generation (wie auch ich) seit ihrer jüngsten Kindheit gewappnet. Doch die Bekämpfung wirtschaftlicher Diskriminierung erforderte keine Verteidigung, sondern ein Vorgehen, das alle Möglichkeiten in Betracht zog.

In den zwanziger und dreißiger Jahren gingen viele junge aufstrebende jüdische Ärzte, die von medizinischen Fakultäten in den Vereinigten Staaten abgewiesen worden waren, in die Schweiz oder nach Schottland, um dort ihre Ausbildung zu absolvieren. Dies war eine Gepflogenheit, die nicht ohne Gefahren war, wie die warnende Geschichte über Augusta, die Freundin meiner Cousine Anna, zeigt. Ihr Verlobter war, wie andere Medizinstudenten, fortgegangen, und Augustas Eltern kamen nicht nur für seine Studiengebühren auf, sondern hatten ihn sogar, wie es heißt, mit zwei maßgeschneiderten Anzügen ausgestattet. Doch als er seine Studien abgeschlossen hatte, eröffnete er ihnen eine bittere Wahrheit: Er habe eine andere Liebe gefunden und werde nicht mehr zurückkehren. (Vielleicht kehrte er *doch* zurück, allerdings nicht zu Augusta. Es spielte keine Rolle mehr.) Es war eine harte, herzzerreißende Welt. In der Tradition jüdischen Geschichtenerzählens, in der jede Anekdote ihre Moral hat, konnten wir ein Urteil über den perfiden jungen Mann sprechen und ihn wegen des Betrugs und des Verrats, den er begangen hatte, anprangern. Doch wir hatten keine Worte für Augustas Gefühle. In gewisser Weise wurde Augustas Leid mit einer stummen Resignation hingenommen, die eine spätere Generation in den Mittelpunkt ihres Interesses gestellt hätte.

Jene, die bescheidenere Ambitionen hegten, blieben zu Hause. Für meine älteren Cousins bedeutete in den zwanziger und dreißiger Jahren die Zulassungsprüfung für den öffentlichen Dienst die große Brücke zwischen ihrem Ehrgeiz und der Wirklichkeit. Dies war der eine Weg zu einer beruflichen Karriere, der den Antisemitismus, den sie mit unbewegter Objektivität erwarteten und als selbstverständlich betrachteten, umging. Der Ausschluss aus Restaurants, Vereinen oder sogar Wohnvierteln warf Fragen nach bürgerlichen Rechten auf, die so fern von jeglichem realistischem Streben waren, dass sich meine Cousins nicht darum kümmerten. Worauf es dringend ankam, war ein *Job*.

Am unangenehmsten erschienen der in Amerika geborenen Generation vermutlich die beruflichen Beschränkungen. Wenn der Antisemitismus die Funktion einer wirtschaftlichen Barriere annahm, die den jüdischen Zugang zu Arbeit und Bildung begrenzte, dann war das Bild Amerikas wirklich befleckt. Niemand störte sich daran, in einem Restaurant zusammen mit *Sonim* zu essen, doch man brauchte einen Universitätsabschluss, um als Anwalt oder als Arzt tätig sein zu können. Die Situation verdüsterte sich noch für Juden der zweiten Generation in den dreißiger Jahren, als die Wirtschaftskrise die ohnehin schon drastischen Ausschlusspraktiken zusätzlich verschärfte. Ich erinnere mich, dass zu jener Zeit ältere Cousins die ihnen auferlegten Beschränkungen beinahe mit Fatalismus hinnahmen. Doch es gab auch eine gärende Empörung über die Ungerechtigkeit eines Systems, das sie dazu nötigte, ihre Ausbildung im Ausland zu absolvieren, sie daran hinderte, ihre Begabungen einzusetzen, und sie ihrer Träume beraubte.

Meine Cousins aus jener Generation, die eine selbstständige Tätigkeit erstrebten, beschränkten ihre Ambitionen darauf, Beamte oder Buchhalter zu werden; sie wurden Optiker statt Augenärzte, arbeiteten als Apotheker und nicht als Arzt. Ein verhinderter Maler wandte sich dem Rahmen von Bildern zu. Den Gipfel des Erfolgs stellte für viele eine Stelle als Lehrer im öffentlichen Schulsystem New Yorks dar. Sie vereinte eine intellektuelle Tätigkeit mit der Kontinuität und Sicherheit einer dauerhaften Anstellung. In einer Welt, in der man Bosheit und Irrationalität hilflos ausgeliefert war, war die Zulassungsprüfung für den öffentlichen Dienst der große Gleichmacher. Dort herrschte Sicherheit. Eine schriftliche Prüfung endete mit einer Punktzahl, und es war gleichgültig, ob man Rabinowitz hieß. Erzielte man eine hohe Note, so hatte man ein Anrecht auf eine Stelle im weitgefächerten, viele Möglichkeiten bietenden Staatsdienst – es sei denn, man wollte Lehrer werden. Dann aber gab es ein teuflisches Hindernis – die mündliche Prüfung. Unnötig zu sagen, dass nur diejenigen zu dieser letzten Feuerprobe zugelassen wurden, die überragende schriftliche Ergebnisse vorzuweisen hatten. Wenn meine Cousins ihre Geschichten erzählten, nahmen ihre Stimmen an dieser Stelle den Klang echter Verzweiflung an. Ein dentalisiertes »t«, ein falscher Diphthong, ein unangemessener Knacklaut beim Sprechen – wirklich oder eingebildet – reichte aus, um sie für alle Zeit aus dem Unterrichtsparadies im Schulsystem New Yorks zu verbannen. Jene, die für immer vom flammenden Schwert des Scheiterns abgewiesen worden waren, glaubten, diese sprachlichen Eigenarten würden von Antisemiten nur als Vorwand benutzt, um das Fortkommen junger Juden zu verhindern.

Als ich zwölf Jahre alt war und, ebenfalls nach einer Auswahlprüfung, an der Hunter College High School angemeldet wurde, konnte ich schon weise nicken, wenn ich ihren Geschichten zuhörte. Beinahe der erste Kurs an der »Hunta High« (wie wir unsere Schule in unserem umgangssprachlichen Englisch nannten) war »Sprache«. Hier wurden uns mit ernster Miene unsere schlechten Gewohnheiten aufgezeigt, und man teilte uns mit, jeglicher weiterer Erfolg in der Welt hinge davon ab, dass wir unseren Sprachstil veränderten. Doch selbst damals, 1935, als Schüler lediglich als passive Gefäße wahrgenommen wurden, durften wir unsere Sorge über die Folgen dieses Wandels zur Sprache bringen. Wir fürchteten, geächtet und als Außenseiter und Angeber betrachtet zu werden, die besser sein wollten als ihre Familien und Nachbarn. Der Preis der Differenz, so sprudelte es vor jenen freundlichen, gebildeten Frauen mit ihren klaren Augen, die unsere Lehrerinnen waren, aus uns heraus, war enorm. Doch es ließ sich nicht ändern. Wir lernten, unsere Zischlaute zu zähmen, jene »gs« am Schluss auszulassen und den Singsang unserer Sprache in den Griff zu bekommen. Niemals klangen wir *wirklich* so wie Miss Griffin und Miss Field, die uns so geduldig unterrichteten. Stattdessen entwickelten wir eine ganz unverwechselbare Mischsprache, die noch immer mein Herz berührt, wenn ich gelegentlich im Radio einen Sozialarbeiter oder Lehrer ernst auf Fragen über innerstädtische Probleme antworten höre – als würde ich die erzählte Lebensgeschichte so gut kennen wie meine eigene.

Die Einwanderer waren infolge ihrer frühen Erziehung zu Hause – ja, nicht einmal auf Grund ihrer Erziehung, sondern einer Atmosphäre, die selbst Kinder einatmeten – in der Lage, die Welt ernst, aber misstrauisch wahrzunehmen und den Antisemitismus, dem sie begegneten, als Teil der unvermeidlichen Schwäche des Geistes und Charakters der »Anderen« hinzunehmen. Er bestätigte die geringen Erwartungen, die man gegenüber den anderen hegte, und teilte die Welt schon sehr früh in gut und böse. Für die ältere Generation von Einwanderern wies die Welt benennbare Nuancen der Erfahrung auf, die den Jungen noch verborgen waren. Einen Menschen, der ehrenhaft handelte, bezeichnete man respektvoll und voll Verwunderung als *fajner Christ*, statt ihn wie üblich mit dem negativen Begriff des *Goj* zu belegen, der wörtlich »ein Volk« bedeutete, aber zur Bezeichnung für die Mitglieder *anderer* Völker geworden war. Noch deutlicher und noch körperlicher war das in der Neuen Welt jedoch nur noch selten benutzte *Orl* – »der Unbeschnittene«. Viele Namen für viele Aspekte der »Anderen«.

In den Jahrzehnten vor dem Zweiten Weltkrieg war es der Generation der Einwanderer und ihren Kindern nicht klar, wie weit die »Bürgerrechte« sie brachten. Sie durften wählen und ihre Meinung sagen und hatten das überaus wichtige Recht zu streiken. Sie konnten sich frei bewegen und reisen, ohne sich bei der Polizei zu melden. Doch darüber hinaus verwischten sich die Dinge. Erhoben wir Einspruch gegen die Bibellesung zu Beginn der Schulversammlungen oder gegen das Singen von Weihnachtsliedern? Ich erinnere mich, dass ich ziemlich fröhlich mitsang, wenn »Dashing through the snow« und »one-horse open sleigh« erklangen. Es war Teil des magischen, mythischen Amerika, so wie es, wenn man über Dick und Jane und Spot und das Haus der Großmutter las, kaum anders war, als läse man ein Märchen. Meine eigene Großmutter, die elf Kinder geboren und drei Ehemänner überlebt hatte, wurde schließlich noch in ihrem Alter – mit sechzig? – von ihren Kindern nach Amerika gebracht. Doch sie und ich waren durch eine Kluft aus Zeit und Raum voneinander getrennt. Diese runzlige alte Frau mit Perücke pflegte mich zaghaft und tragisch zu küssen, wenn wir einander wortlos anstarrten. Meine Oma war gewiss nicht die Großmutter von Dick und Jane, mit dem strahlenden Antlitz, der Schürze mit den großen Punkten und den dampfenden Pies. Als ich lernte, »Dick and Jane« zu lesen, hatte ich in Wirklichkeit noch nicht einmal einen Pie gesehen.

Weihnachten war also Teil der Phantasiewelten von *jenen*, den »anderen« – jenen anderen, die die Welt, in der wir lebten und nach der ich insgeheim und leidenschaftlich strebte, gestalteten und schufen. Doch ich erinnere mich, dass ich mich bei dem Wort »Jesus«, das daheim buchstäblich niemals ausgesprochen wurde, wie gelähmt und stumm fühlte. Hier verfiel ich ins Schweigen. Am letzten Tag vor den Weihnachtsferien verteilte die Lehrerin kleine Pappkästchen mit glänzend bunten, harten Weihnachtsbonbons und beschenkte ganz unparteiisch jedes einzelne Kind der Klasse. Ich mochte dieses Gefühl der Dazugehörigkeit zu diesem überwältigenden Geschehen, das um uns herum vor sich ging, aber schlicht nicht das unsrige war. Gerade seine Allgegenwärtigkeit machte mir noch stärker bewusst, dass wir in einem christlichen Land lebten.

Vielleicht war dies der Beginn des feinen Balanceakts, der meine Generation beschäftigte, die erste Generation, die im Goldenen Land geboren war. Wir waren Amerikaner und auch nicht, jedenfalls noch nicht ganz. In der Schule sagte man uns, wir seien Amerikaner, da wir hier geboren seien, und alle Amerikaner seien gleich. Ebenso wie unsere Eltern akzeptierten wir dieses Prinzip und freuten uns darüber. Doch wir wussten – und sie erwarteten es –, dass ein Unterschied zwischen uns und jenen anderen bestand, den christlichen Amerikanern, die den Namen »Jesus« auszusprechen vermochten, ohne dass ihre Lippen zitterten. Wir wussten und akzeptierten eine lange Zeit über, dass Jude zu sein bedeutete, nicht »gleich«, sondern »anders« zu sein, doch wir waren zugleich überzeugt, dass im Vergleich zu dem schlimmen Schicksal, das meine Eltern und beinahe drei Millionen weitere Juden auf der Suche nach Sicherheit aus ihrer Heimat vertrieben hatte, die Erfahrungen des Ausgeschlossenseins, die unsere Generation plagten, allenfalls Bagatellen waren.

Hatten die Mitglieder des *Union Club*, eines exklusiven Herrenklubs, nicht das Recht, »hebräische Herren« aus ihren Räumlichkeiten auszuschließen? Es war hässlich, natürlich, doch verglichen mit den grausamen Jahren des Dienstes in der Armee des Zaren oder der Deportation nach Sibirien auf Grund einer unvorsichtig geäußerten politischen Meinung handelte es sich lediglich um eine bedauernswerte Unvollkommenheit. Meine Generation hatte gelernt, ein Verhalten wie dieses für unvermeidlich zu halten. Unsere Hauptsorge bestand darin, herauszufinden, wie wir in einem Land, in dem *beinahe* alles offen stand, unseren Lebensunterhalt verdienen sollten.

Unsere eigentliche Frage lautete: Waren wir Amerikaner oder eine Art Mischwesen? Ganz abgesehen von der Frage nach der Gleichberechtigung schien sich die Definition klaren Festlegungen zu entziehen. Die Generation der Einwanderer nahm die Staatsbürgerschaft nicht leicht, sondern hielt sie in Ehren und schätzte sie mit einem Gefühl, das der Verehrung nahe kam. Nur wenige Einwanderer hegten keine Dankbarkeit dafür, dass Amerika sie aufgenommen hatte. Sie alle hatten ihre eigenen Geschichten darüber zu erzählen, was auf Ellis Island geschehen war – häufig demütigende Geschichten, in denen die Namen geändert wurden, bisweilen tragische Geschichten über Familien, die auseinander gerissen wurden, wenn man ein Mitglied zurückschickte. Doch diese und andere schmerzliche Erinnerungen konnten nicht ihre Befriedigung darüber auslöschen, dass sie in die Neue Welt gelangt waren und sich dort einen Platz erobert hatten. Allerdings wurde es nie ihre Heimat.

Noch ein halbes Jahrhundert später sprach mein Schwiegervater, der noch immer kaum ein Wort Englisch redete, mit einem Seufzer das Wort *in der Hejm* – »daheim« – aus, als wolle er einen Vergleich anstellen, der nicht zum Vorteil Amerikas ausfiel. *In der Hejm* schmeckte das Obst und Gemüse. *In der Hejm* hatte er sich im Sommer in den Obstgärten der köstlichen Freiheit des Lebens erfreut. *In der Hejm* hatte er ein Glas heißen Tee genossen. Erst als ich einen Samowar erstanden hatte und ein wenig von dem kochend heißen Wasser in sein Glas goss, nickte er schließlich beifällig – endlich ein Glas Tee, das, wie er es ausdrückte, »warm« war.

Das Verlobungsfoto der Schwiegereltern, Warschau 1907

Es war nicht einfach, bei so viel unvollständigem Wissen auf beiden Seiten eine Sprache und eine Kultur zu vermitteln. Das frühe Leben unserer Eltern hatte sich in einer Welt mit Gegenständen abgespielt, die in der Bronx, einem der Außenbezirke New Yorks, schlicht nicht existierten – und da das Englisch der Einwanderer so unvollkommen war, bekamen wir häufig große Schwierigkeiten mit ganz einfachen Dingen. Ich erinnere mich, wie ich das erste Mal von meiner Schwiegermutter das Wort *Kajschel* hörte. Da sie das Wort »Korb« nicht kannte, begannen wir ein urkomisches Ratespiel, in dessen Verlauf sie eine Beschreibung nach der anderen für die vielen Dinge lieferte, für die man einen *Kajschel* brauchte, während ich, zu ihrer ungeheuren Belustigung über meine Unfähigkeit, einen so einfachen Gegenstand zu benennen, immer wildere Versuche unternahm. Ein *Kajschel*, sagte sie, war unerlässlich, um Hühner zum Markt zu tragen – ein Käfig? Oder wenn man auf eine Reise ging, konnte man seine Kleidung hineinpacken – ein Koffer? Oder aber wenn man in einem Obstgarten Äpfel aufsammelte – ein Sack? Ich habe vergessen, wie wir schließlich ganz plötzlich auf die tatsächliche Bedeutung des Wortes stießen, doch es ist kein Wunder, dass das Jiddische sich so gegen seine Übersetzung in die städtische Welt der Bronx sperrte.

Wie sollten wir die Bedeutung des Ausspruchs verstehen: »Er ist so arm, dass er nicht einmal Geld für das Wasser über seine *Kascha* hat«? Nach unserer Erfahrung floss das Wasser aus dem Wasserhahn, umsonst. Wir waren auf Erzählungen darüber angewiesen, dass in den kleinen Dörfern Osteuropas das Wasser eimerweise von dem Wasserträger gekauft wurde. Hatten wir jemals auch nur den Begriff für das Tragjoch gelernt, auf dem er die Eimer schleppte, oder für all die anderen Aspekte des Lebens, die nicht unserem entsprachen? Einmal, als beide schon recht alte Damen waren, kam die ältere Schwester meiner Mutter zu Besuch nach New York. Ich nahm sie mit in den amerikanischen Flügel des Metropolitan Museum of Art, wo wir die schlichten Gerätschaften der frühen Siedler sahen. Meine Mutter und meine Tante waren erstaunt und entzückt. Und für all diese merkwürdigen Gegenstände, die sie ein halbes Jahrhundert lang nicht gesehen hatten, die Flachskämme, die Spinnräder, die Flachsspindeln, hatten sie Wörter, jiddische Wörter, die ich nie zuvor gehört hatte und die sie mir niemals auch nur beizubringen versucht hatten. Wie hätten sie auch gekonnt, da ihre Landschaft so ganz anders war als meine?

Auch das Gegenteil traf zu. Eines Nachmittags, im Hause meiner Schwiegermutter, versuchte ihr einer ihrer Söhne das vielgeschmähte Baseballspiel zu erklären – und sie übersetzte es ins Jiddische. Die Schwierigkeit bestand darin, dass das Jiddische einige Aspekte der amerikanischen Kultur noch nicht eingeholt hatte. Erst erzählte er ihr über die Male, die sie auf Grund ihrer Erscheinung als *Kischelach* – kleine Kissen – bezeichnete. Auch wusste er nicht mehr weiter, als der Schläger an der Reihe war, doch als er im Wohnzimmer heftig die Schwünge vorführte, vermittelte er damit die Vorstellung, bei dieser Tätigkeit werde ein *Schtekn* – ein Stock – verwendet. Die Absurdität des Spiels wurde nicht geringer, als sie es später auf Jiddisch wiedergab, eine Saga von einem erwachsenen Mann, der einen Stock gegen einen Ball schwinge und dann zu einem kleinen Kissen renne.

In dieser Generation der Einwanderer unterschieden sich Eltern und Kinder schon früh, denn die Eltern waren in einer Sprache verloren, die nicht zu der Welt passte, in die sie gekommen waren. Sie war ein Brunnen, der früh zu versiegen begann, und brachte alle, die keine überzeugten Jiddischisten waren, in eine gewisse Verlegenheit. Angesichts des Glanzes und der Komplexität des Englischen in der Abendschule wurde das Jiddische für die meisten von ihnen zum »Jargon«, zu einer privaten Sprache ihrer Träume und Erinnerungen. Doch als die jiddischen Theater und Zeitungen schwanden, das Englische in ihre erwachende Welt vordrang und ihre Kinder eroberte, wurde das Jiddische zu einem Teil der Vergangenheit, den sie verbargen, weil er ihnen peinlich war. Als mein Vater alt war, stellte er immer, wenn er einen jiddischen Satz sagen wollte, die Frage voran: »Verstehst du Französisch?«, um dann etwa den traditionellen Abschiedsgruß »*Fur gesunt un kum gesunt*« auszusprechen – »Reise gesund und komm gesund zurück«. Er konnte der Formel, die der Anlass verlangte, nicht widerstehen, war sich dessen jedoch bewusst. Die Sprache und ihre Formulierungen waren in starkem Maße Teil seiner natürlichen Reaktion, doch mit der Zeit war er sich nicht mehr sicher, ob sie noch zur erwachenden Welt gehörten.

Die Einwanderer dachten zu keiner Zeit daran, das Leben im Schtetl als pittoresk darzustellen. Das geschah erst später durch Nostalgiker. Vielmehr wussten sie, dass ihre Welt primitiv war, dass es darin weder gepflasterte Straßen noch Abwasserleitungen oder fließendes Wasser gab, und sie schämten sich dessen. Sie gaben nicht ohne weiteres zu, dass sie schon in sehr jungem Alter für geringe Löhne gearbeitet und in Armut gelebt hatten. Sie glaubten nicht, dass ihnen solche Erinnerungen zur Ehre gereichen würden, sondern nahmen vielmehr an, es werde sie in den Augen ihrer fein aufgewachsenen amerikanischen Kinder herabsetzen. Sie sprachen vorsichtig über die Vergangenheit und gaben nur gelegentlich zu, dass sie barfuß gelaufen waren. Heute wissen wir von Fotografien, aus Memoiren und aus der Literatur nicht nur, wie arm sie damals waren, sondern auch, wie hoffnungslos ihre Situation in jenen Dörfern gewesen sein muss.

Sie tranken Tee und aßen Hering, die Speise der Armen, doch Scholem Alejchem erzählt uns, wie sehr Kaffee mit einem mit Butter bestrichenen Brötchen für sie den Inbegriff irdischer Glückseligkeit bedeutete. Dasselbe Brötchen mit Butter bildet schließlich auch den Höhepunkt von Peretz' Erzählung *Bontsche Schwajg*, die von einem armen Mann handelt, der nach seinem Tod im Paradies von den Engeln mit Hallelujarufen empfangen wird und entdeckt, dass er ein Heiliger ist. Auf die Frage, was er als ewige Belohnung für ein Leben voll edlen, stillen Leids wünsche, sagt er mit einem leisen erwartungsvollen Lächeln: »Jeden Morgen ein warmes Brötchen mit frischer Butter.« – »Da«, fügt Peretz hinzu, »senkten die Engel beschämt ihre Häupter.« In Amerika empfanden viele der *Bontsche Schwajgs* selbst diese Scham, wenn sie ihren Erfolg genossen, der ihre wildesten Träume zu übertreffen schien. Wie konnten sie ihren Kindern die Befriedigung erklären, die sie darüber empfanden, dass sie in einer warmen Wohnung lebten, in weichen Betten schliefen und zum Frühstück ein frisches Brötchen genossen?

Niemand war sich der Ironie der eigenen Position besser bewusst als die Einwanderer selbst. Dort, in der Isolation ihrer Gemeinden in Osteuropa, waren ihr Leben und ihre Sprache eins gewesen. Die Ganzheit der Welt, aus der sie gekommen waren, sowie der Sprache, die sie beschrieb, gewannen sie in Amerika nie zurück. In der frühen Phase der Einwanderung, als das Jiddische in den Einwanderersiedlungen noch allgegenwärtig war, nahm man amerikanische Begriffe in die Sprache auf. In seinen

Abenteuern des Motl Pejse benutzt Scholem Alejchem die Gestalt der ziemlich hitzigen jungen Frau »Branche«, um sich höhnisch darüber auszulassen, wie das Englische mit Windeseile durch das Jiddische der Einwanderer fegte und einfache an die Stelle alter Wörter eintrat – »winde« (window) statt *Fenster*, »spoon« statt *Leffel*. Doch wie selbst Branche hätte einräumen müssen, wurden einige englische Worte nicht eingeführt, um andere zu ersetzen, sondern um die Neue Welt zu beschreiben – »shop«, »payday« (als Bezeichnung für Löhne) und »operator« (für jeden, der eine Nähmaschine benutzte). Jede Neuformulierung auf Jiddisch wäre schwerfällig und künstlich gewesen. Wie viele jiddischsprachige Anstreicher etwa erfuhren jemals, dass der kleine runde Pinsel, den sie benutzten, um die Fensterrahmen zu streichen – der »seshtl« –, in Wirklichkeit eine Wiedergabe des Wortes »sash tool« (Fensterrahmen-Werkzeug) war?

Als Abraham Cahan 1902 die jiddische Zeitung *Forverts* übernahm, sah er das Unvermeidliche ein und schockierte die gebildete jüdische Welt, indem er in ihren Kolumnen solche Amerikanismen, die natürlich in hebräischen Buchstaben transkribiert wurden, nicht nur zuließ, sondern auch förderte. Er wollte ein gesprochenes Jiddisch, das der Sprechweise der Menschen entsprach. Die anderen Tageszeitungen beharrten auf einem gehobenen, verdeutschten, literarischen Jiddisch, das sich im Laufe der Zeit unausweichlich von der Alltagssprache entfernte.

In gewissem Maße spiegelte sich in den frühen Jahrzehnten des letzten Jahrhunderts in den großen Städten, in denen die bloßen Zahlen und die dichte Besiedlung es den Einwanderern gestatteten, ihr früheres Leben nachzubilden, die Geographie Europas wider. Die Little Italys, die Chinatowns und die jüdischen Wohnsiedlungen markierten die unterschiedlichen Phasen der Odyssee der Einwanderer nach Amerika. Ich lebte in einem solchen Stadtteil in der Bronx, wenige Straßenblöcke östlich vom Grand Concourse, wo die Juden ihr Fleisch beim koscheren Metzger und ihr Geflügel bei Schlachtern kauften, bei denen die noch ungerupften Hühner in offene Behälter geworfen wurden, und ihr gewohntes Brot in Friedhoffers Bäckerei fanden, wo es an Ort und Stelle mehrmals täglich gebacken wurde. Streng genommen siedelten sich jüdische Einwanderer im Grunde erst während einer zweiten oder sogar dritten Phase der Besiedlung in der Bronx an. Vor dem Ersten Weltkrieg kamen sie zu ihren Verwandten oder *Landslajt*, die in der Lower East Side oder in Brooklyn lebten. Die Bronx kam erst später, als die Familien Fuß gefasst hatten und sich die moderneren Wohnungen leisten konnten, die es dort gab.

Die Italiener, die in unserem Viertel eine Minderheit bildeten, hatten ihre eigenen Fleischer, Bäcker und Gemüsehändler, was vernünftig und logisch erschien, da sie andere Speisen kochten und aßen. Die jüdischen Familien lebten allesamt mehr oder weniger koscher, da sie aus einer traditionellen Welt kamen, in der es heftiger Verrenkungen bedurfte, um anders zu leben. Doch als mein Onkel Chaim, der älteste Bruder meines Vaters, aus Chicago zu Besuch kam, entdeckte ich zu meiner Überraschung, dass es unterschiedliche Grade der Kaschrut, der Beachtung der Speisegebote, gab. Zur Empörung und Demütigung meiner Mutter machte er klar, dass er in unserem Haus allenfalls ein Glas Tee zu sich nehmen würde, womit er ernsthafte Zweifel an der Qualität der Kaschrut in unserer Küche geltend machte. Dies war jene Kunst, die anderen die eigene Überlegenheit spüren zu lassen, die nur zur Verstimmung führen konnte – und dieses Spiel wurde häufig gespielt. Die angespannte Beziehung meiner Mutter zur Familie meines Vaters wurde durch diese Begegnung nicht gerade besser.

Sobald ich die Schule besuchte, entdeckte ich, dass es etwas gab, was ich privat »amerikanisches Essen« nannte: Weißbrot, Tomatensaft, Scheiben gelben Käses, Mayonnaise – seltsame, unbekannte Geschmackserlebnisse und Konsistenzen. Als ich fünf Jahre alt war, kam meine Mutter wegen einer Fehlgeburt ins Krankenhaus, und ich durfte sie besuchen, als sie sehr still und blass in ihrem Bett lag. In dieser beängstigenden Situation brachten mir die netten Krankenschwestern ein Glas Milch und einen Sandwich mit Butter – aus *Weiß*brot, in zierliche Streifen geschnitten. Bis zum heutigen Tage kann ich das Kühle und Weiche meiner ersten Begegnung mit dem amerikanischen Essen schmecken.

Die bedrängende Frage, was einen zum Amerikaner mache, beunruhigte vor allem die Gedanken der in den Vereinigten Staaten geborenen Generation. Die ältere Generation hatte es leichter. Sie blieben für allezeit Einwanderer, die mehr oder weniger schlecht Englisch sprachen, aber die amerikanische Staatsbürgerschaft erlangt und amerikanische Kinder geboren hatten – Leistungen, auf die sie gleichermaßen stolz waren.

Unsere Situation war verworrener. In gewissem Maße hatte ich stets das Gefühl, eine fremde Sprache zu sprechen. Als Kind hatte ich natürlich keine englischen Kinderreime, volkstümlichen Sprüche oder Sprichwörter gehört. »Snow meal, snow a deal. Snow feather, sunny weather« [Schneit es federleicht, so schneit es viel. Schneit es dicke Flocken, so wird schönes Wetter], sagte die Kindergärtnerin einer meiner Töchter an einem dunklen Wintertag, als die ersten Schneeflocken zu fallen begannen. Solch schlichte Verse pflegten mir noch als erwachsener Frau einen Stich zu geben, da ich erkannte, wie wenig die amerikanische Stimme Teil von mir war. Ich habe viel eher, natürlich auf Jiddisch, Sprüche gelernt wie »Lachen am Morgen, bringt des Abends Sorgen«.

Ich kannte auch nicht die englischen Bezeichnungen für ganz normale Blumen, Bäume oder Vögel, geschweige denn für die Gewürze, die täglich in unserem Haus verwendet wurden. Ich musste lernen, dass das, was für mich alltäglich war, wiederum jene nicht kannten, die Weißbrot aßen. Es dauerte Jahre, bis ich herausfand, dass *Kimmel*, die Körner, die so großzügig in und auf das Roggenbrot gestreut wurden, das wir täglich aßen, im Englischen *caraway seed* heißen. Bisweilen kannte ich weder die englischen noch die jiddischen Namen ganz gewöhnlicher Dinge. Einmal, als ich mit einer Freundin aus New England über eine Wiese der Farm in Vermont ging, die mein Mann und ich in den sechziger Jahren gekauft hatten, hörte ich erstaunt und bestürzt zu, wie sie die Blumen identifizierte, und fragte mich, ob ich würdig sei, ein Stück Land zu besitzen, wenn ich noch nicht einmal seine Flora erkennen konnte.

»In unserem Distrikt, im Winter«, sagte mein Vater, »hörten wir oft Werwölfe […]«, und sofort entfaltete sich vor meinen Augen eine verschneite Landschaft mit dunklen Nadelwäldern. Die Geschichten, denen ich lauschte, als ich aufwuchs, erzählten von König Salomo (*Schlojme haMejlech*), davon, wie er die traditionelle Vorstellung von der Unausweichlichkeit der Begegnung mit einem vorbestimmten Lebensgefährten überprüfte, indem er seine Tochter weit weg in einer uneinnehmbaren Festung aufwachsen ließ, oder von der Schläue Alexander des Großen, der in seiner Kindheit zu seiner eigenen Sicherheit als Mädchen verkleidet wurde, und dann ... Oder es waren da die Geschichten über *Mojsche Rabejnu* (unseren Lehrer Mose) und jene über das Mädchen, das Kleider aus Nesseln strickte, um ihre verzauberten Brüder zu erlösen – sie waren allesamt Teil der Landschaft, in der sich Werwölfe herumtrieben. Auch geschahen Wunder, wenn man die richtige Formel kannte, wie mein Großvater, der wusste, wann es »*Sch'ma Jisroel*« zu rufen galt. Meine Mutter hatte andere Formeln und kannte andere Formen der Magie.

Die Schule war natürlich der Ort, an dem all diese Geschichten und Grundsätze enträtselt wurden. In der Schule erhielt ich die Macht, die Dinge zu benennen. Dort hörte ich erneut die Geschichte über das Mädchen, das sieben Jahre lang vollkommenes Schweigen bewahrt und sieben Nesselhemden für ihre sieben in Schwäne verwandelten Brüder gestrickt hatte. Ich lernte, dass dies ein Märchen war, dass es sich bei den Geschichten über Schlojme haMejlech, Mojsche Rabejnu oder Alexander um Legenden handelte und dass sie weder wahr noch historisch waren. Bis dahin wimmelten sie alle in meinem Kopf in einer mythischen, verschneiten Landschaft mit geheimnisvollen Wäldern herum, in denen Gespenster und ungesunde Geister (*Schejdim*) so normal wie Bäume waren. Es gab da auch noch die sandigen Wüsten, heraufbeschworen von den düsteren Drohungen meiner Mutter, meine Schwester werde nach *Mitzrajim* (Ägypten) verschleppt, wenn sie beim Lockenkämmen nicht stillhielte. Und was die Zaubersprüche meiner Mutter, den bösen Blick, die Meerjungfrauen, die nach ihrer Vorstellung in den Meeren lebten, und die Wunderheilungen durch alte Bäuerinnen betraf – das war alles Aberglauben.

Dieses Wissen, ein Geheimwissen, war wirklich sehr problematisch. Einerseits war es überwältigend, zu entdecken, dass Ereignisse in einer erkennbaren, ordentlichen Reihenfolge geschahen, im Zusammenhang des Aufstiegs und Falls von Königreichen, an Orten, die sich auf der Landkarte verifizieren ließen. Der niederträchtige Pharao der Pessach-Haggadah, die edlen Makkabäer, die für die Chanukka-Lichter verantwortlich waren – sie alle waren Teil der *Geschichte*. Gleichzeitig war es klar, dass das arme Mädchen, das all diese kratzigen Hemden stricken musste, nie existiert hatte. Und jetzt wusste ich sogar, wo ich Bücher mit weiteren solchen Geschichten finden konnte.

Das Problem bestand darin, dass es keinerlei Möglichkeit gab, diese neuen Wahrheiten zu Hause zu vermitteln. Konnte ich mich als jemand aufspielen, der mehr wusste als seine Eltern? Bei einem jähzornigen Vater, der es für angebracht hielt, Meinungsverschiedenheiten mit Schreien oder Schlägen ein Ende zu setzen, schien es dieses Risiko kaum wert zu sein. Doch was ich in der Schule lernte, war offenkundig und unwiderlegbar wahr und gleichzeitig köstlich tröstend. Es verlieh der Welt Sinn, und dies sicher besser als eine Welt, in der ein Mann ein Wolf und ein Mädchen ein Fisch sein könnte. Diese Namen waren der Anfang von Freiheit und Kraft. Die Welt begann eine neue Rationalität anzunehmen.

Doch das Lachen blieb selten. Die Eigenheiten und Absurditäten der menschlichen Natur bildeten vielleicht das beste Ziel für den Humor, und meine Schwiegermutter vermochte es hervorragend, solche Augenblicke einzufangen und zu Hause zu berichten. Sie konnte diese Geschichten ebenso über sich selbst wie über andere erzählen. Eine ihrer Standardgeschichten über einen Ausflug nach Coney Island, dem beliebten Strand in Brooklyn, direkt am Atlantik – anderthalb Stunden in der U-Bahn, mit einem halben Dutzend Kindern, bepackt mit dem erforderlichen Picknick aus Borschtsch und hartgekochten Eiern –, war eine Saga, nach der auf Familientreffen verlangt wurde, und in der die Mißgeschicke und Zwischenfälle mit jedem Erzählen zunahmen.

Was diese Geschichte heraufbeschwor, war weder Selbstmitleid noch ein Gefühl der Bedrängnis. Vielmehr zeigte sie die hochkomische Art meiner Schwiegermutter, wenn sie ihre Bemühungen beschrieb, ihre sechs jüngeren Kinder während der Gefahren des Umsteigens von Zug zu Zug auf dem weiten, verschlungenen Weg nach Coney Island im Auge zu behalten. Ihr ältester Sohn war natürlich zu dieser Zeit längst mit ernsthafteren Unterfangen beschäftigt. Dieser Ausflug, der gewisse Ausgaben erforderte – Fahrgeld für sieben Personen zuzüglich 25 Cents für ein Schließfach –, bedeutete eine Nachgiebigkeit, die man nicht mehr als einmal im Jahr in Erwägung ziehen konnte. Essen und Getränke wurden von zu Hause mitgenommen, aus Gründen der Kaschrut ebenso wie aus finanziellen Erwägungen. Wie mein Schwiegervater gerne zu sagen pflegte: »Ein armer Mann weiß stets genau, wie viel Geld er in der Tasche hat.«

Die Ankunft in Coney Island eröffnete erst den zweiten Akt des Dramas. Nachdem das Schließfach gemietet und die Straßenkleidung verstaut war, bildete die Suche nach einem kleinen Plätzchen an einem menschenüberfüllten Strand das nächste Problem – einen Platz, um eine Decke auszubreiten und ein Lager für den Tag aufzuschlagen. Dann begannen die unvermeidlichen Krisen verlorener und wiedergefundener Kinder sowie verschwundener Schuhe, Badekappen und Schlüssel. Während all diese Vorkommnisse in der Erzählung meiner Schwiegermutter viel Raum einnahmen, erinnerten die Kinder die kühlen, brechenden Wellen, in denen sie mehr paddelten und herumsprangen als schwammen, das köstliche Gefühl der Entspanntheit, wenn sie schließlich aus dem Wasser herausgerufen worden waren, den kühlen, süß-sauren Geschmack des Borschtsch und die im spätnachmittaglichen Schatten nachlassende Hitze des Tages, wenn die Flut von Menschen allmählich zurückging, so dass am Strand immer mehr freie Stellen zurückblieben und kompliziertere Spiele, größere Sandburgen, ja sogar Ballspielen möglich wurden.

Ausgerechnet zu dieser schönsten Zeit des Tages galt es, die lange Heimfahrt anzutreten. Man sammelte feuchte Decken und sandige Schuhe vom Strand auf, wickelte im Umkleideraum die nasse Badekleidung in Handtücher und zog sich die Straßenkleidung über die feuchten Körper. Bei einer denkwürdigen Gelegenheit, als meine Schwiegermutter für ihre 25 Cents schlauerweise statt des gewöhnlich engen Schließfaches eine Ecke in irgendjemandes Garage angemietet hatte, stellte sie bei ihrer Rückkehr fest, dass ihr Korsett in einen Eimer Wasser gefallen war; natürlich musste sie, selbst wenn sie nach Coney Island fuhr, für die lange Zugfahrt auch ihr Korsett anziehen. Dieser Vorfall mit seinen schrecklichen Folgen – sie musste auf der Heimfahrt das nasse Korsett anziehen – bildete den Höhepunkt der Saga. In ihrer Erzählung war sie zugleich Blitzableiter und Erzählerin all der Sorgen und Missgeschicke, die den Tag kennzeichneten, während die Kinder, die sich des sie umgebenden Dramas nicht bewusst waren, lachen konnten, wenn sie sich an die Freuden des blitzenden Wassers, die willkommene Kühle inmitten der stickigen Hitze New Yorks und das Abenteuer der Fahrt erinnerten. In anderen Geschichten wies ihr tragischer Stil andere Rhythmen auf, nämlich dort, wo sie in gewissen Abständen bedeutsam innezuhalten und zu sagen pflegte: »*Nu, Got hot geholfen*« – dann wussten wir, es stand eine *wirkliche* Katastrophe bevor.

Später, als ich alt genug war, meine eigenen Abenteuer zu erleben, stellte ich fest, dass ich aus dem Erlebten Geschichten machte und das Drama in der Kluft zwischen Erwartung und Wirklichkeit entdeckte. Mein Blickwinkel war vor so langer Zeit geprägt worden, dass ich die Welt mit einer Art zweifachem Blick betrachtete. Die Geschichten wurden jetzt in einer anderen Sprache erzählt, doch ich konnte den Rhythmus, die Ausdrucksweisen und die Pausen der alten jüdischen Geschichtenerzähler vernehmen.

2

Fußböden

In der alten Heimat war meine Mutter in einem Haus mit einem Lehmboden aufgewachsen. Sie hat mir dies niemals erzählt. Ich erfuhr es nur zufällig, als mein Vater sie einmal, in Reaktion auf ihre Allüren und feinen Manieren, damit hänselte. Meine Schwiegermutter dagegen stammte aus Warschau, wo sie in einem Wohnhaus gelebt hatte, in dem alles, auch die Böden, aus Stein war. Die Geschichten über diese Fußböden wurden gewissermaßen zum Talisman, der eine Quelle der Scham für die einen, der Belustigung für die anderen bildete. Meine Schwiegermutter liebte es, zu erzählen, wie sie sich auf ihren ersten Schabbat im neuen Land vorbereitete. Da sie den Küchenboden putzen wollte, füllte sie einen Eimer mit Wasser und schüttete, bereit, den Wischlappen zu schwingen, den Inhalt auf den Boden. Was folgte, waren Aufschreie der Nachbarn unter ihrer Wohnung, Hämmern an der Tür, Proteste gegen die *Grine* – das Greenhorn. In Warschau hatte sie mit Steinfußböden gelebt: Woher sollte sie also wissen, dass die Böden in der Neuen Welt aus geringerem Material gemacht waren?

Selbst in der Neuen Welt waren die Fußböden, vor allem die linoleumüberzogenen Küchenböden, eindeutige Barometer für die Prinzipien und Fähigkeiten einer Hausfrau. Wenn ich am Freitagnachmittag von der Schule nach Hause kam, war gerade der Höhepunkt des Wettrennens mit der Zeit erreicht, bei dem die Wohnung in den Zustand vollkommener Reinheit gebracht werden musste, bevor die Schabbatruhe uns einholte. Wenn ich kam, fand ich die Küchenstühle aufgestapelt im Wohnzimmer, während das frisch geputzte Linoleum trocknete. Es wurde mit Bahnen aus Zeitungspapier bedeckt, das die perfekt glänzende

Hochzeitsfoto der Eltern (die Braut trägt das neue, legere Brautkleid), New York 1922

Oberfläche schützen sollte, bis irgendwann das Papier, wenn es selbst unter den Füßen eine Masse zerknüllter Fetzen bildete, aufgehoben wurde und den tadellosen Fußboden freigab. Sauberkeit war mehr als ein Selbstzweck. Sie stellte eine Probe dar, einen Wertmaßstab, einen Maßstab der Kompetenz. Eines der vernichtendsten Urteile jener Zeit war das Gerücht, eine bestimmte Nachbarin sei »schmutzig«. Nun hatte Sauberkeit nichts mit Ordnung oder Gelassenheit zu tun; meiner Erinnerung nach wurde sie meist auf Kosten furchtbaren Durcheinanders, schlechter Laune und großen Zeitdrucks erreicht, da orthodoxe Hausfrauen sich am Ende jedes Freitags ein hartes Maß an Arbeit auferlegten, wobei das »Ende« unerbittlich durch den Sonnenuntergang bestimmt wurde. Und ein Freitag im Winter war bitter kurz für die viele Arbeit, die in diesem Zeitraum zu leisten war.

Ich pflegte frühmorgens beim Geräusch des *Hakmeser* aufzuwachen, des rundkantigen Hackmessers, mit dem meine Mutter die Mischung für die *Gefilte Fisch* zerstampfte. Obwohl der Fisch bereits zerhackt war, erforderten die letzten Stufen der Vorbereitung ein nochmaliges Zerkleinern mit der Hand in der hölzernen Hackschüssel, die extra für diesen Zweck bereitstand. Wenn ich zur Schule aufbrach, sah ich Teile des Ofens demontiert im Spülbecken liegen, eingetaucht in eine aggressive Lauge, die meine Mutter zwang, schwere Gummihandschuhe zu benutzen. Dann wurden die Betten wie jede Woche mit Kerosin eingesprüht, um Wanzen fernzuhalten. Erst viel später begriff ich, was für eine schreckliche Feuergefahr hier im Namen der Sauberkeit riskiert wurde. Die Furcht vor *Wantsen* strukturierte den Arbeitstag der Hausfrau. Die Betten wurden nicht am Morgen gemacht, denn es würde, so dachte man, nur die spontane Fortpflanzung dieses Ungeziefers ermutigen, wenn man die warme Luft, in der wir geschlafen hatten, unter dichten Decken verschloss. Stattdessen wurden die Fenster aufgerissen, selbst im kältesten Winter, die Matratzen in der Mitte gefaltet (das war natürlich vor dem Aufkommen der Federkernmatratzen) und die Kissen und Federbetten auf der Fensterbank an die frische Luft gelegt. Luft und Sonne waren die großen Allheilmittel des New Yorker Mieterlebens. Sie hielten Wanzen fern, beugten der Tuberkulose vor, förderten die Gesundheit und bildeten das Kennzeichen der Ehrbarkeit. Es war die Suche nach Luft und Sonne, die zur Abwanderung aus der Lower East Side und selbst aus Harlem in die ruhigen Straßen Brooklyns und auf die Höhen der Bronx führte.

Erst am Spätnachmittag wurde die Bettwäsche hereingeholt, die Fenster geschlossen und die Betten halbwegs wiederhergerichtet. Wanzen waren schon an sich eine lästige, ungesunde Plage. Darüber hinaus empfand man sie jedoch als eine Quelle der Scham, und es war mehr die Scham als die Hygiene, die die Hausfrauen dazu trieb, ihre Wohnungen zu scheuern und miteinander um das absolute Höchstmaß an Sauberkeit zu wetteifern. Dies war nicht der einzige Bereich, in dem Scham das Verhalten der Einwanderer prägte. Die Scham über ihre armselige, primitive Herkunft bestimmte die Art, wie sich die Neuankömmlinge an Amerika anpassten, und hinderte sie daran, ihren Kindern viel über ihr eigenes Leben in der alten Heimat zu erzählen. Die Anekdoten, die überlebten, vermittelten nur wenig von den eigentlichen Lebensumständen, sondern nahmen die Form einer Abenteuererzählung mit glücklichem (oder schlechtem) Ausgang an, eines klugen Wortwechsels, einer Familienerzählung. Doch wie sich die Menschen kleideten, was sie aßen, in was für Betten sie schliefen, wie die Zimmer möbliert waren, von denen sie sprachen – all das blieb im Dunkeln.

Meine Mutter war im Grunde eine schlechte, nach amerikanischen Maßstäben wohl überhaupt keine Hausfrau, doch sie musste durch den Zwang, ihre Stellung als eine solche geltend zu machen, sich ein entsprechendes Scheinbild zulegen. In dieser Gemeinschaft war es das höchste Kompliment für eine Frau, als *Berje*, der jiddische Superlativ für eine Hausfrau, bezeichnet zu werden. Der Begriff besagte etwas über Geschicklichkeit, Klugheit, Leistung und die Fähigkeit, etwas zu Stande zu bringen. Die *Gefilte Fisch* meiner Mutter waren, um ehrlich zu sein, furchtbar, und wir lebten die ganze Woche über in einem Chaos aus Unordnung und Notbehelf. Doch am Freitag, dem Höhepunkt der Woche, übte die Vorbereitung für den Schabbat ihre Macht auf sie aus. So unbeholfen ihre Haushaltsführung auch war, spornten sie doch die alten Erinnerungen an; auch die Atmosphäre in unserem Viertel, die am Freitagmorgen von einer außergewöhnlichen Geschäftigkeit bestimmt war, motivierte sie zu einem weitgehend symbolischen, aber rigorosen Aktionismus.

Meine Eltern waren noch sehr jung, als sie nach Amerika einwanderten. Mein Vater kam als sechzehn- oder siebzehnjähriger Junge – er war sich seines Alters nie ganz sicher – in Ellis Island an; er stammte aus einer Kleinstadt in der Nähe von Bialystok, die so klein war, dass er sich schämte, sie zu nennen, und zunächst erzählte, er komme aus Bialystok selbst. Mit der Zeit sprach er von Tiktin (Tykocin) – auch dies eine relativ große Stadt. Schließlich, als er über neunzig war, gestand er ein, dass er in Rutki, einem Dorf einige Kilometer westlich von Bialystok, geboren worden war. Er schämte sich etwas dafür, dass er aus einem Dorf, einem Schtetl kam, und für vieles andere, was er verdrängte, weil er es in Amerika für unpassend hielt. Meine Mutter, die aus einer Kleinstadt in Galizien stammte, war dreizehn, als sie zusammen mit ihrer vierzehnjährigen Schwester Chana nach Amerika kam. Sie waren die letzten der fünf Kinder ihrer Familie, die in die Neue Welt aufbrachen, und nutzten die Chance, gemeinsam mit einer Nachbarin den Ozean zu überqueren. Aufnahme fanden sie bei ihrem Bruder Ascher, später Harry, und seiner Frau Feigele, die sich in Amerika Fanny nannte. Ihr frommer alter Vater, ein Anhänger des Chortkower Rebbe, blieb zurück, da er nicht in einer »*trejfe Medina* – einem unheiligen Land« leben wollte. Meine Mutter war auf die Wunder im goldenen Land vorbereitet. Doch das erste große Rätsel ergab sich für sie, als sie im Einspänner ihres Bruders von ihrem Schiff durch die Lower East Side fuhr und die hohen, dicht gedrängten Wohngebäude erblickte. Sie waren unbegreiflich. Zwar hatte sie von den Hochhäusern in New York gehört, doch was sie nicht verstehen konnte, waren die Wäscheleinen, die vier oder fünf Stockwerke über dem Erdboden aufgespannt waren. Wie sollte man an sie herankommen?

Ihr Erstaunen über die Wäsche und die Angst vor der Peinlichkeit, danach zu fragen, markierten, wie im Fall der Fußböden bei meiner Schwiegermutter, den Beginn von Verwirrung und Desorientierung. Die Folgen waren Vorsicht und ein Rückzug auf sichereren Boden, wo die Gefahr, Fehler zu begehen oder als eine *Grine* verspottet zu werden, geringer war. Doch zurück blieb ein Rest von Unsicherheit, ein Verlust des Selbstvertrauens, der ihre Erfahrung mit »Amerika« prägte. Meine Schwiegermutter kam als verheiratete Frau mit zwei Kindern an. Anders als meine Mutter hatte sie die Möglichkeit, im sicheren Bereich der Familie zu bleiben, so dass sie niemals große Englischkenntnisse erwarb, deren sie auch nicht bedurfte, da sie ja in einer ganz und gar jiddischsprachigen Welt lebte. Dort konnte sie aus sich herausgehen, Respekt einflößend und dramatisch auftreten.

Für meine Mutter dagegen, die in sehr jungen Jahren nach Amerika gekommen war und sofort in einer Hemdenfabrik zu arbeiten begonnen hatte, wurde das Misstrauen zum ständigen Lebensgefühl. In ihrer Werkstatt waren die anderen Arbeiterinnen an der Nähmaschine junge jüdische Mädchen wie sie selbst, von denen einige wie sie in die Abendschule gingen, um Englisch zu lernen. Lange Zeit blieb dies jedoch die Sprache von Fremden. In ihrer Familie ebenso wie in der Werkstatt lebte sie in der abgeschlossenen Welt der Einwanderer. Ihr Leben spielte sich, weit über die Gespräche hinaus, ständig in der Sphäre des Jiddischen ab. New York bot damals eine Vielfalt jiddischer Zeitungen, Zeitschriften, Kabaretts und Theater. Vor allem die Theater mit ihren Stars und Matinee-Idolen wie Boris Thomashevsky, dem Lieblingsschauspieler meiner Mutter, zogen die Arbeitermädchen an.

In den Jahren kurz vor dem Ersten Weltkrieg hatte das jiddische Theater in New York seinen Zenit erreicht, und seine eifrigen Besucher waren keine anderen als die Werkstattangestellten wie meine Mutter, Geschäftsinhaber, Handwerker, Arbeiter, Hausierer – kurz, die gesamte Generation der Einwanderer, die gerade neu angekommen waren und das Theater liebten, weil es ihnen ihr Leben zurückgab, erhöht, in gehobener Sprache, dramatisiert. Natürlich hatte meine Mutter in ihrem winzigen Schtetl in Galizien niemals das Theater erlebt. Gewiss hätte ihr Vater auch das Geschehen auf der Bühne niemals gutgeheißen. Singende Frauen in tief ausgeschnittenen Kleidern, Paare, die einander auf der Bühne küssten, Kinder, die respektlos über ihre Eltern sprachen – all dies hätte nur seine Auffassung bestätigt, wonach Amerika ein unheiliges Land war, welches das Leben selbst verdarb, wenn man sich dort einlebte. Seine Familie war nicht die einzige, die ihre Kinder an die Neue Welt verlor, doch er scheint es nie bedauert zu haben.

Meiner Mutter, die ihren gelehrten, heiligen Vater verehrte, bereitete dies großen Kummer, ohne dass dies jedoch ihre neu entdeckten Vergnügungen beeinträchtigt hätte. In ihren späten Teenagerjahren war sie bereits eine erfahrene »Maschinenarbeiterin« und begann in der Werkstatt Spezialaufgaben zu übernehmen. Von morgens bis abends nähte sie im Akkord Kragen an die Hemden. Das bedeutete ein hohes Einkommen, und da sie im Hause ihres Bruders lebte, hatte sie genügend Geld für Putz im großen Stil übrig. Sie war Kundin bei einer Damenschneiderin und bestellte elegante Abendkleider für das Theater, für *Simches* – Feiern – und Hochzeiten. Zwei dieser Kreationen überdauerten die Zeit bis in meine Kindheit hinein: ein mit vielen Perlen verziertes ärmelloses rosa Tanzkleid aus Satin und ein kunstvoll gearbeitetes langes Modekleid mit langen Ärmeln, gefertigt aus schwarzem Samt-Dévoré; ich habe seither nur selten einen Stoff gesehen, der diesem gleichgekommen wäre.

Es war natürlich eine Welt, in der sich alte Bräuche und neue Chancen miteinander vermischten. In der reichen jüdischen Kultur New Yorks während der ersten Jahrzehnte des zwanzigsten Jahrhunderts begannen neue Regeln die Gewohnheiten jüdischen Lebens zu bestimmen. Es war selbstverständlich, dass im jiddischen Theater freitagabends oder samstags keine Vorführungen stattfanden. Doch am Samstag nach Sonnenuntergang und auch sonntags strömten große Mengen zum Kartenverkauf. Wie meine Mutter mir erzählte, kauften die Menschen keine Karten im Voraus – ein Überbleibsel der Furchtsamkeit der Alten Welt, in der man das Schicksal nicht durch vorzeitige Vorbereitungen herausfordern wollte. So wurden der Tumult und die Aufregung in den Foyers dieser Theater vor den Aufführungen durch die Sorge verstärkt, ob man zum Anfang der Schlange vordringen würde, bevor die Karten ausverkauft waren.

Das Publikum liebte vor allem die Melodramen, welche die allzu lebhaft bekannten Augenblicke des eigenen Lebens widerspiegelten: Geschichten über verlassene Frauen, entfremdete amerikanische Kinder, vernachlässigte Eltern, unterbrochen durch berauschende Musicals und Geschichten aus der alten Heimat – eine Mischung, in der das Heimweh bereits in Nostalgie überging. Kann es verwundern, dass Shakespeares *König Lear* in der Second Avenue ein so überwältigender Erfolg war? Shakespeare war für das jüdische Publikum ein so vertrauter Dramatiker, dass sich die Übersetzer einige Freiheiten herausnahmen. Eine Ankündigung des *Hamlet* warb damit, das Schauspiel sei für seine Darstellung in jiddischer Sprache nicht nur übersetzt, sondern auch verbessert worden – »*ibergezetst un farbesert*«.

Das Einwandererpublikum der zwanziger Jahre ließ sich sowohl durch ein glückliches als auch ein tragisches Ende leicht zu Tränen rühren. Es waren junge, entwurzelte Menschen, besorgt darüber, wie sie ihren Lebensunterhalt verdienen sollten und ob sie sich in Amerika zurechtfinden würden. Sie rangen darum, das in der alten Heimat Gelernte mit den unerwarteten Freiheiten und Möglichkeiten Amerikas zu versöhnen. Für viele, die als junge Teenager gekommen waren, verblasste die »Heimat« als Ort und als Lebensweise. Zurück blieben die Erinnerungen an die zurückgelassenen Eltern und die eigene Kindheit. Doch sie wurden rasch durch die Erfahrungen in einer völlig andersartigen Gesellschaft und den Wunsch überlagert, auf irgendeine Weise Zugang zu dieser neuen Welt zu erlangen.

Wenn sie reif genug waren, um zu heiraten, verfügten nur wenige dieser Kinder über Familienandenken, die ihnen bei der Gründung eines Haushalts halfen. Bestenfalls hatten sie, wie meine Mutter, eine Daunendecke – eine *Perene*, bedeckt mit einem robusten roten Baumwollstoff, deren Inhalt beschützt wurde wie Diamanten. Wenn gelegentlich die Daunen gereinigt oder der Überzug erneuert werden mussten, brachte meine Mutter ihre Decke – wie die Damen, die zu Tiffany's gingen, um ihre Perlen neu auffädeln zu lassen – zum Aufarbeiten und überwachte jeden Schritt dieses Vorgangs, um sicherzustellen, dass man auch wirklich *ihre* Daunen in den neuen Überzug hineinstopfte. Da sie selbst schon einmal Gänse gerupft hatte, war sie eine Kennerin und pflegte manchmal ein zweifelhaftes Kissen zwischen ihren Fingern zu drücken, um zu prüfen, ob die kleinen Federkiele noch zu ertasten waren. Diese *Perene* war ihre einzige greifbare Verbindung zur Heimat. Die älteren Einwanderer, die verheirateten oder bereits verlobten Paare, waren bei ihrer Ankunft besser ausgestattet und hatten ihre silbernen Kerzenleuchter oder sogar einen silbernen Samowar in ihrer Daunendecke eingewickelt. Doch abgesehen von dieser lebensnotwendigen Bettdecke besaßen die jungen Leute, wie meine Mutter, bei ihrer Ankunft nichts und waren nicht nur bereit, sondern sogar darauf bedacht, sich ihr Leben mit den Gütern der Neuen Welt einzurichten.

Unerwartet war vielleicht ihr Hunger nach Pracht, kamen sie doch aus Dörfern, in denen Bänke verbreiteter waren als Stühle. Anders als die Sozialarbeiter, die Sittlichkeit nur in geraden Linien kannten und für die Wohnungen der Einwanderer schlichte Holzmöbel empfahlen, investierten meine Eltern und ihre Nachbarn in Kurven, Hochglanz, reich verzierte Schnitzereien und kunstvoll gestaltete Linoleum-»Teppiche«. Ich verbrachte viele Stunden meiner Kindheit damit, kopfüber vom Sofa zu hängen und die Palmetto-Ornamente und stilisierten Blumen des Linoleums auf dem Boden mit dem Finger nachzuzeichnen. Erst im Alter von neun oder zehn Jahren begriff ich, dass es weiche gewebte Teppiche gab, auf denen unsere Nachbildungen beruhten. Zu dieser Entdeckung kam es im Wohnzimmer einer Schulfreundin, die in unserem Viertel lebte, deren Vater aber eine hoch angesehene Stellung in unserer kleinen Welt einnahm. Er war der Apotheker des Viertels, was ihn praktisch zum Arzt machte; höher hinauf reichte die eigene Phantasie, abgesehen von einem »Professor«, nicht. Bei dringenden Krankheitsfällen wurde das Opfer manchmal von einem »Professor« operiert – ein Zeichen des Privilegs und der Verzweiflung gleichermaßen.

Obwohl er in unserem Viertel lebte, war unser Apotheker eindeutig viel wohlhabender als wir, und in seiner Wohnung befand sich ein herrlich weicher chinesischer Teppich, über dem noch dazu ein Flügel aufragte (so meine Perspektive), auf dem die ältere Schwester meiner Klassenkameradin in einem für meine Ohren glänzenden Stil spielte. In meiner Vorstellung verwoben sich Teppich und Klavier miteinander zu einem Ensemble aus Wärme, Kultur und Luxus. Ich weiß nicht, ob meine Eltern wirklich an ihre Worte glaubten, wenn sie die unhygienische Natur des Teppichs kritisierten – er fange den Staub auf und verschmutze die Luft und die Lungen. Linoleum dagegen ließ sich immer schrubben, und seine glänzende Oberfläche gewährleistete seine gesundheitsfördernden Eigenschaften.

Diese abschätzige Haltung überzeugte mich nicht ganz, wenn ich über die Welt des Apothekers nachdachte – die Sanftheit, die Großartigkeit und die Weltläufigkeit, die dort herrschten. Die Klavier spielende Schwester heiratete schließlich einen deutschen Flüchtling und zog nach Pittsburgh; angesichts unseres eng umgrenzten Kreises waren dies alles Elemente unvorstellbarer Fremde und Distanz. Natürlich kamen auch unsere Familie und ihre Freunde und *Landslajt* aus Europa. Doch sie waren für mich bekannte Größen, die sich miteinander in der vertraut-beruhigenden jiddischen Landessprache unterhielten. Aber Deutschland? Das war eine andere Welt.

Was Ärzte und Apotheker betrifft, so brachten meine Eltern diesen Selbstständigen zumindest tiefen Respekt entgegen. Es war ein Respekt, der auf demselben Erstaunen beruhte, das auch ihren Umgang mit der Welt prägte. Die Universität und die medizinische Ausbildung lagen außerhalb ihrer Vorstellungskraft. Ihnen war nicht klar, wie oder wo man die Leiter betrat, um eine solche Stellung zu erreichen. Doch es bestand keinerlei Zweifel, dass dies Männer an der Spitze der Menschheit waren, die es sich leisten konnten, auf dem Grand Concourse in der Bronx zu leben. Dieser glanzvolle Boulevard, vergleichbar den Champs-Élysées en miniature, mit seinem begrünten Mittelstreifen und seinen noblen Art déco-Wohnhäusern, stellte für jeden den Gipfel des Strebens dar. Er verlief zudem auf dem Kamm des Hügels und bildete so buchstäblich den Höhepunkt der Bronx, trennte Ost und West und war, wie die Champs-Élysées, ein beliebter Spazierweg für die Wochenenden und Feiertage. Hier waren nicht nur die Wohnungen, sondern natürlich auch die Foyers, vor denen uniformierte Türsteher standen, mit kostbaren orientalischen Teppichen ausgelegt; beschwert wurden sie durch dunkle, mit reichen Schnitzarbeiten ausgestattete Renaissance-Tische, und mannshohe chinesische Vasen hüteten die höhlenähnlichen Winkel.

Einmal, als ich mir den Arm gebrochen hatte, erhielt ich die Gelegenheit, mehrere Sonntage nacheinander in einem dieser Gebäude den Arzt aufzusuchen, der ihn geschient hatte und meine Fortschritte überwachte. Ich kam am Morgen, durchquerte zunächst das Foyer, in dem gedämpftes Schweigen herrschte, und nahm dann den Aufzug hinauf zu seiner Wohnung. Hier traf ich manchmal den Sohn der Familie an, etwa in meinem Alter, der einen Flur entlang in so etwas wie einem grenzenlosen Raum entschwand, nachdem er die Zeitung aufgehoben hatte, die vor die Tür *gebracht* worden war. Dieser Hauch eines anderen Lebens ließ mich nicht nur über die Teppiche, sondern auch über das Leben nachdenken, jene Art des Lebens, bei dem man orientalische Teppiche unter den Füßen hatte und an einem verschneiten Morgen eine Zeitung an die Tür gebracht bekam. Diese Eindrücke, so kurz sie auch sein mochten, zeigten mir ein Leben, das völlig anders war als jenes, das ich kannte.

Ich schrieb dieser Familie all das zu, wonach ich mich sehnte und was ich zu Hause vermisste: die Ordnung, Gelassenheit und Gleichmäßigkeit von Menschen, die sich ihres Weges sicher waren, die im Unterschied zu meinen Eltern weltmännisch auftraten und die wirklich wussten, wie man lebte. Schon sehr früh nahm ich meine Eltern in ihrer offenkundigen Verlorenheit wahr, hinreichend selbstsicher zu Hause, aber leicht einzuschüchtern durch Beamte, durch Autoritäten. Mein Vater, der gewohnt war, eine Familie von Frauen zu tyrannisieren, konnte durch ein Wort eines Polizisten oder durch einen behördlichen Brief zum Schweigen und zur Unterwerfung gebracht werden, während meine Mutter, als wolle sie uns für einen unausweichlichen Kampf wappnen, sagte: »Ihr wisst, wer ihr seid, gleichgültig, was die Leute sagen.« Was in den prachtvollen Räumen des Grand Concourse vor sich ging, war dagegen eine Existenz, in der die Menschen sanft sprachen und verhätschelt und verwöhnt wurden, da sich all ihre Wünsche erfüllten. Es machte nachdenklich.

Der einzige Teppich aus der alten Heimat, den ich je sah, gehörte einer Familie aus Rumänien. Grob gewebt, drückte er nicht Gelassenheit oder Luxus aus, sondern verlieh der Geschichte der Familie, für die es einen wertvollen Besitz darstellte, Tiefe. Er war groß und atemberaubend bunt, mit einem Muster aus roten und rosa Rosen auf grünem Untergrund. Man hatte ihn an der Wand über dem Sofa aufgehängt, um ihn nicht durch das Betreten zu entweihen. Die Rumänen, die in einer polnisch-russischen Enklave ohnehin einzigartig waren, erschienen dadurch, dass sie diesen bedeutenden Talisman aus der Heimat besaßen, noch exotischer; es war, als rückten sie dadurch näher an die alte Lebensweise heran als wir, die wir mit so wenig Gepäck eingereist waren.

Obwohl meine Eltern ihren Linoleumteppich als gegeben hinnahmen, hegte ich heimlich den Gedanken, sie vermissten etwas. Kannten sie nicht die Originale, auf denen dieses armselige kalte Ding beruhte, oder kümmerte es sie nicht? Erst viel später erkannte ich, dass dies ein perfektes Beispiel dafür war, wie sie mit dem umgingen, was ihnen das Leben zuteil werden ließ. Was sie auch besaßen oder erlangten, war gut und ausgezeichnet, ein Zeugnis ihres Fleißes und ihrer Umsicht. Was darüber hinausging, war Übermaß, Angeberei und Verschwendung. Mein Vater vermochte sich lebhaft an den Hunger seiner Kindheit als Waisenjunge zu erinnern, und meine Mutter kannte von ihrer frühen Teenagerzeit an das unsichere Leben einer Lohnarbeiterin. Eine dauerhafte Arbeitsstelle war, besonders, als die Wirtschaftskrise sich verstärkte, die äußerste Grenze der eigenen Träume. Ein Linoleumteppich wurde auf diesem Hintergrund zu einem außergewöhnlichen Bodenbelag.

3

Stühle

Wenn mein Onkel Schlojme abends von der Arbeit nach Hause kam, ließ er sich auf seinem Lieblingsstuhl in der Küche nieder, um Zeitung zu lesen. Die Küche war das erste, größte und beste Zimmer in der Wohnung in der Washington Avenue in der Bronx. Neben der Küche befand sich ein dunkler, selten benutzter Raum, der vollgestellt war mit einem ebenso dunklen Mahagonytisch, herrschaftlichen Stühlen und, dazu passend, einem Vitrinenschrank und einer Anrichte. Außer dem Esszimmer gab es noch zwei weitere Räume – ein kleines, ebenfalls dunkles Zimmer, das sich zu einem Luftschacht hin öffnete und in dem mein Cousin Abie schlief, und dann das Vorderzimmer, das zwei Fenster zur Straße hin hatte und hell war. Dies war das Schlafzimmer meines Onkels und meiner Tante. Die meisten Besucher kamen jedoch selten über die Küche mit ihrem Tisch mit der emaillierten Arbeitsfläche und ihren Holzstühlen hinaus. Anders als meine Mutter, die nach abstrakten, sehr hohen moralischen Normen kochte – kein Knoblauch, keine Gewürze, Hühnerfett ja, aber keine Butter –, kochte meine Tante Necha-Leah frei nach Gusto, und stets köchelte etwas Köstliches auf ihrem Herd.

Tante Necha-Leah war eine jener legendären jüdischen Hausfrauen, deren blasses Linoleum glänzte, deren Küchenvitrine unablässig poliert wurde und deren Organdy-Gardinen allwöchentlich so gestärkt und gebügelt wurden, dass sie selbstständig stehen konnten. In dieser glänzend erleuchteten Umgebung pflegte sich mein Onkel mit seiner Zeitung niederzulassen, mit *Der Tog*, einer konservativen Zeitung, die aber nicht so orthodox war wie das orthodoxe *Morgen-Zhurnal* und die mit schaurigen Krimis, einem Serienroman, Poesie und gemäßigt zionistischen Ansichten gewürzt war. Von Zeit zu Zeit hielt er in seiner Lektüre inne, um zusammenzufassen, was ihn interessierte, oder um aus besonders vielsagenden Passagen laut vorzulesen.

Nach jedem Tag in der »Werkstatt« – der Kleidungsfabrik, in der er arbeitete – war dies seine Erholung. Ich sah, wie er erschöpft und gebeugt heimkehrte. Doch dann, wenn er die Zeitung öffnete und sich in seinem Stuhl zurücklehnte, kam ein Gefühl der Erquickung über ihn, und er forderte uns im Befehlston auf, diesem oder jenem Stückchen zu lauschen, das er gefunden hatte. Meine Tante war von seiner Autorität jedoch alles andere als eingeschüchtert, und wenn sie die Küche fegte, klopfte sie mit ihrem Besen vernehmlich gegen seinen Stuhl, um zu demonstrieren, dass dies *ihre* Küche war. Selbst als Kind konnte ich sehen, dass er irgendetwas Rührendes und Verletzliches an sich hatte; vielleicht waren es die blassen Farben – das Haar, welches einst rot gewesen war und nun eine unbestimmte strohähnliche Farbe angenommen hatte, blassblaue Augen und die feine, leicht sommersprossige Haut der Hellhaarigen. Vor allem aber weckten seine Hände meine Aufmerksamkeit – weich, glatt und scheinbar knochenlos von einem lebenslangen Arbeiten in geschlossenen Räumen, ruhten sie auf einer Maschine und führten Stoff unter einer auf- und niedergehenden Nadel durch. Dies waren die Hände eines hilflosen Menschen. Die Hände der Frauen, die ich kannte, waren rau von der Hausarbeit, der Wäsche und der Witterung. Diese aber waren so zart wie die eines Kindes.

Tante Necha-Leah war im Gegensatz dazu klein, dunkel und intensiv und hatte ihr üppiges Haar zu einem strengen Haarknoten zurückgekämmt. Während mein Onkel Schlojme als Träumer galt, war sie es, die sich mit der Welt auseinandersetzte, Entscheidungen traf und die Kinder beriet. Sie war es auch, die, nachdem die beiden Töchter des Paares geheiratet hatten, beschloss, aus ihrer Wohnung in der Lower East Side, in der es nur kaltes Wasser gab, in die Wärme und Bequemlichkeit der Washington Avenue umzuziehen. Onkel Schlojme fügte sich, als er entdeckte, dass es dort eine kleine *Schul* gab, nicht eine der großen Synagogen für die Reichen, sondern eine für Arbeiter wie ihn, direkt um die Ecke. Am Samstagmorgen, wenn er zum Gebet hinunterging,

In einer Bekleidungsfabrik in New York, nicht datiert

hatte Tante Necha-Leah Zeit für sich selbst. Das Haus war friedlich, Arbeit war nicht erlaubt, und Onkel Schlojme war fort.

Das waren die Augenblicke, in denen sie ihre finanziellen Mittel nachzählte und träumte. Natürlich war es verboten, am Schabbat mit Geld umzugehen. Doch hier ging es nicht so sehr darum, damit »umzugehen«, sondern vielmehr darum, es zu beobachten. Wie jede jüdische Hausfrau ihrer Zeit besaß Tante Necha-Leah ihren *Knippel*, ihren »kleinen Knoten« Geld, das sie beiseite legte: kleine Summen aus dem Haushaltsgeld, kleine Extras, die ihr zufielen, oder Bargeldgeschenke. Einige Frauen verwahrten ihr Geld buchstäblich zusammengebunden in einem Knoten ihres Taschentuchs. Tante Necha-Leahs *Knippel* war gehaltvoller, und sie bewahrte ihn in der obersten Schublade ihrer Anrichte auf. Samstagmorgens, wenn sie an der Anrichte stand, fächerte sie gerne die Scheine auf und stapelte das Silbergeld – ganz ruhig, ganz sanft. Dann, nachdem sie es eine Weile lang betrachtet hatte, steckte sie alles schnell wieder weg.

Tante Necha-Leah wusste das Leben zu genießen, doch dies geschah zumeist in Abwesenheit Onkel Schlojmes. Bisweilen gestattete sie sich morgens, nachdem er gefrühstückt hatte und gegangen war, eine Leckerei. Am liebsten mochte sie ein dünnes, glasiertes *Pletzel* – ein weiches Mohnbrötchen mit gerösteten Zwiebelstückchen, leicht mit Butter bestrichen und mit frischem Bauernkäse belegt. Nachdem sie hineingebissen hatte, fühlte sie sich gestärkt für die Arbeit, die vor ihr lag.

Der Höhepunkt des Tages war für Tante Necha-Leah, ebenso wie für Onkel Schlojme, das Abendessen. Wenn sich in jenem Viertel Frauen auf der Straße begegneten, fragten sie: »Was kochst du heute zum Abendessen?« Es war in jedem Fall keine große Auswahl, doch alles, was genannt wurde, fand ein anerkennendes Nicken. In Tante Necha-Leahs Haus folgte man der Speisefolge der Alten Welt: zunächst ein großer Teller sättigender Suppe – eine Gersten- und Pilzsuppe oder eine Suppe aus getrockneten Erbsen oder Bohnen – und dann ein sehr kleines Stück Suppenfleisch oder -huhn und einige Kartoffeln. Zum Nachtisch gab es »compôte« – gekochte Trockenfrüchte, vielleicht ein paar Kekse und natürlich ein großes Glas Tee. Zu dieser Zeit war mein Onkel Schlojme recht leutselig, lehnte sich in seinem Stuhl zurück, wurde von Tante Necha-Leah bedient und vergaß ihre lauten Andeutungen, er sitze im Wege.

Gelegentlich wagte ich mich in das Esszimmer, eine fremde Domäne, nur um herumzuschauen. Es war natürlich kühler als die Küche und voller geheimnisvoller Gegenstände. Im Mittelpunkt, fast den ganzen Raum einnehmend, stand der wuchtige Tisch, umgeben von hochlehnigen, prunkvoll geschnitzten Stühlen mit Samtüberzug. Am Kopfende des Tisches stand der Einzelstuhl mit Lehne, der meinem Onkel Schlojme vorbehaltene Platz des Hausherrn. Ich habe gewiss niemals auf einem jener Samtstühle gesessen, doch liebte ich es, mich um sie herum zu bewegen, um zum Vitrinenschrank mit seinen Schätzen zu gelangen: einige japanische Tassen und Untertassen, damals der letzte

Schrei, in einer glänzend braunen Glasur mit blauem Rand, emailliert mit winzigen blühenden Zweigen im Hochrelief. Sie waren natürlich nur zum Vorzeigen, nicht zum Trinken gedacht. Dazu kam ein Set von sechs bunten langstieligen Weingläsern, die ebenfalls nie benutzt wurden, und dann, am allerrätselhaftesten, ein Mixbecher aus Chrom mit ebenfalls verchromten Martini-Stielgläsern.

Bei all dieser Betonung des Alkohols sollte man meinen, zur Lebensweise meiner Tante und meines Onkels habe das Trinken gehört. Und nicht nur zu ihrer Lebensweise – denn dieser Mixbecher trat immer wieder in zahllosen anderen Vitrinen in Erscheinung. Ich denke, sein Auftauchen fiel mit der Entdeckung der Designer zusammen, dass Chrom beinahe wie Silber aussah. Besser noch, man brauchte es nicht zu polieren, und es war viel billiger. Plötzlich waren die Haushaltswarengeschäfte in der Bronx voller verzierter Chromgefäße, die nach dem Vorbild ihrer Silberprototypen gestaltet waren: Butterdosen, Fruchtschalen, Brotkörbe und natürlich das Cocktail-Set.

Im Grunde wurde das Trinken bei Juden im New York der zwanziger und dreißiger Jahre in hohem Maße stilisiert, gebunden an ein Ereignis – den Kiddusch freitagabends, eine *Bris* (Beschneidung), eine Bar-Mizwa-Feier, eine Hochzeit – und daran, was gemäß dem jeweiligen Alter, Geschlecht und der eigenen Lebensphase angemessen war. Es war eine ordentlich geteilte Welt. Männer mochten (oder sollten es mögen) *Gezaltzenes* – salzige, gewürzte Snacks. Frauen hatten eine Schwäche für Süßigkeiten zu haben.

Was die Männer tranken, war die Entsprechung zu ihrem europäischen *Bronfen*, einem Roggen-Whiskey, der in kleinen Schnapsgläschen serviert und mit einem einzigen Schluck hinuntergeschüttet wurde, begleitet von einem lauten »*L'chaim* – Zum Leben« und gefolgt von einem Stückchen Hering. Zu besonderen Anlässen gab es vielleicht Sliwowitz, der langsamer genossen und eines Kommentars gewürdigt wurde. Frauen nippten Selterswasser oder Sodawasser mit Fruchtgeschmack, außer an Pessach, wo jeder den traditionellen süßen dicken Wein trank. Shapiro's, ein örtlicher Weinhersteller in der Lower East Side, pflegte auf großen Reklametafeln rund um New York mit dem Slogan zu werben: »Der Wein, den man mit dem Messer schneiden kann«, und überließ nichts der Phantasie, sondern bildete auf seinen Werbeplakaten ein kräftiges Messer ab.

Herr Shapiro, den ich einst befragte, erzählte mir, dass seine Familie aus Ungarn stammte und seit Generationen Wein herstellte. Als ich wissen wollte, wie lange er seine Weine reifen ließ, schaute er mich empört an und verkündete: »Jeder Tropfen ist frisch!« Danach zeigte er mir seine Weinkeller, wo die Fässer mit »X«, »XX« oder »XXX« gekennzeichnet waren, um so den Grad der Süße des Weins anzuzeigen. Für Pessach wurde natürlich Wein in Mengen gekauft, und viele Bewohner der Bronx fuhren zur Lower East Side, um dort ihren Vorrat für die beiden Sederabende zu erwerben, an denen jeder ihrer etwa zwanzig Gäste vier Gläser Wein pro Abend trinken musste.

Die Zeit der Prohibition stürzte das jüdische Leben in eine wahre Krise, denn für die relativ winzigen Mengen, die eine Familie im Verlaufe eines Jahres trank, war es kaum der Mühe wert, einen Schwarzhändler zu finden. Das Gesetz enthielt jedoch eine humane Klausel, die es Einzelnen gestattete, Wein oder Spirituosen für den eigenen Bedarf herzustellen. Mein Vater war einer von vielen, die sich in die Weinherstellung stürzten und im September büschelweise Concord-Trauben kaufte; nach einem langen Prozess des Gärens, Auspressens und wissenschaftlichen Messens des Alkoholgehalts mit Hilfe eines Hydrometers stellte er schließlich einen sehr achtbaren dicken, süßen Wein her, der gewiss Herrn Shapiros Beifall gefunden hätte.

Auf der anderen Straßenseite taten unsere italienischen Nachbarn dasselbe, pflanzten aber ihre eigenen Trauben an. Die Hinterhöfe der Einfamilienhäuser, insbesondere in der nördlichen Bronx, wurden den mit Wein bedeckten Pergolas überlassen. Im Sommer holte die Familie bei schönem Wetter den Küchentisch und die Stühle heraus, saß im Schatten ihres Weins und nahm dort ihre Mahlzeiten ein. Im September ernteten sie die Trauben und stellten einen ganz anderen Wein her als mein Vater – einen dünnen, sauren Wein, den wir höflich probierten, wie sie den unseren.

Auch wir saßen im Sommer draußen, wenn auch nicht unter einer Pergola. Die Hinterhöfe der Mietshäuser, in denen wir lebten, waren Betonwüsten, die allenfalls ein Stückchen Himmel freigaben. Doch die Nachbarn in unserem Gebäude wussten es sich gemütlich zu machen. Sie holten ihre Holzklappstühle heraus und saßen in kleinen Gruppen auf dem Bürgersteig vor dem Haus, warteten auf das Nachlassen der Hitze und redeten leise und beschaulich miteinander bis tief in die Nacht.

Im Sommer, wenn die Temperaturen stiegen, wurden diese Wohnungen, die im Winter warm und hell waren, allmählich stickig. Kein Raum war dann drückender als das Esszimmer mit seinen schweren Möbeln und samtüberzogenen Stühlen. Nur an einem Feiertag wie Pessach oder Rosch Haschana kam dieses Zimmer voll zur Geltung. Dann wurde der Tisch voll ausgezogen, mit einem weißen Tischtuch versehen und mit den besonderen Weingläsern und Tellern für Pessach gedeckt, die das ganze Jahr über nicht benutzt wurden, bis der Feiertag wiederkehrte. Zu Pessach thronte Onkel Schlojme am Kopfende des Tisches im Lehnstuhl, gegen Kissen gelehnt, wie es die Haggadah vorschrieb, während Tante Necha-Leah ihm – wie eine moderne Salome – einen Krug Wasser und ein Becken mit ihrem besten Leinenhandtuch brachte, so dass er feierlich waschen konnte, wie unsere alte zweisprachige Haggadah es forderte.

Auch bei offiziellen Besuchen, wenn Fremde von weit her kamen, saßen wir im Esszimmer. Bei Familienbesuchen nahmen wir natürlich alle in der Küche Platz. Doch offizielle Besuche waren feierlich; sie lockten Tee und Kuchen hervor, und der Besucher wurde lange ausgefragt. Er (es handelte sich gewöhnlich um einen Mann) war häufig ein Unbekannter, der von einem fernen Ort kam und »*a lebedike Gris*«, einen »lebendigen Gruß« von einem Verwandten oder Landsmann mitbrachte. Diese Besuche ereigneten sich lange bevor irgendjemand von uns ein Telefon besaß, und an jedem Nachmittag oder Abend konnte plötzlich ein Fremder auftauchen. Nachdem man sich an der Haustür des Zwecks seines Besuchs vergewissert hatte, wurde er hineingebeten, mit Erfrischungen versorgt und intensiv befragt, und zwar nicht nur, sagen wir, über Cousine Dwora, die seinen Besuch veranlasst hatte. Man wollte einfach alles über ihre Stadt, ihre Lebensumstände, andere Verwandte, zurückgelassene enge Freunde, über Nachbarn und die Situation der Juden wissen – und fragte in konzentrischen Kreisen immer weiter. Jahrzehnte später erfuhr ich von Benjamin von Tudela, der im zwölften Jahrhundert durch die gesamte bewohnte Welt reiste, jüdische Gemeinden besuchte und überall dort, wo er hinkam, solche Befragungen durchführte. (Sein Werk bleibt die beste Volkszählung der jüdischen Welt des Mittelalters.) Und bis zum heutigen Tag stelle ich selbst dann, wenn Freunde aus dem Urlaub von den Cayman-Inseln zurückkehren, fest, dass ich selbst dem alten Muster der Befragung folge: Und wie viele Juden leben dort, ist ihre Gemeinde gut etabliert, ist die Regierung ihr gegenüber positiv eingestellt ...? Ich muss mich zusammenreißen, da ich weiß, dass ich andere Dinge fragen sollte – aber was? Über Tennisplätze, das Surfen, die Strände, die besten Restaurants?

Das Esszimmer meiner Tante Anna sah anders aus als das von Tante Necha-Leah. Sie lebte nicht in der Bronx, sondern in Brooklyn. Die Möbel waren ebenfalls aus Mahagoni, hatten aber eine hellere, wärmere Farbe. Der Tisch war kleiner, die Stühle hatten niedrigere Rückenlehnen, und in diesem Zimmer standen nicht nur der übliche Vitrinenschrank und die Anrichte, sondern auch das aufziehbare Grammophon meines Onkels Philip und ein kleiner Konzertflügel, auf dem meine beiden Cousinen übten. Der Vitrinenschrank mit seiner verspiegelten Rückwand war für mich ein Garten der Freude. Ich pflegte davor zu stehen und das reich verzierte, teils durchstochene, teils ziselierte Silbergeschirr zu bewundern, die schlanken Silbervasen, die kunstvoll bemalten Chinatassen und eine Silberschale mit Schokoladenstückchen, die stets vor Augen war und von Zeit zu Zeit sogar herausgeholt wurde.

Da mein Onkel Philip ein großer Liebhaber volkstümlicher jiddischer Lieder und ein Kenner des Kantorengesangs war, der als Kunstform galt, spielte er stets irgendeinen neuen Hit, den er mit nach Hause gebracht hatte, oder summte einfach herum. Wir durften dann auf den Wohnzimmerstühlen herumlümmeln, das auch zur Küche hin offene Zimmer war hell erleuchtet, und die

Musik drang durch die ganze Wohnung. Bei einem denkwürdigen Anlass erwischte seine Liebe zu den neuesten Volksliedern meine Eltern auf dem falschen Fuß, als sie aus dem Rathaus zurückkehrten, wo sie soeben heimlich in einer zivilen Zeremonie geheiratet hatten. Als sie das Wohnzimmer betraten, spielte Onkel Philip sein neuestes Lieblingslied: »Lasst uns einander küssen. / Auch die Mutter mag schon wissen, / dass wir geheiratet haben ... – *Lomer sich zerkischen, / di Mama meg schojn wissen ...*«, was dem Paar ein verlegenes Geständnis entlockte.

Mein Onkel Philip war Fensterputzer in Brooklyn und hatte, so dachte ich immer, mit seinem rosigen Teint, seiner Glatze und seinen Zigarren etwas von einem *Bonvivant*. Er war Mitglied der örtlichen Synagoge, wo er seine Vertrautheit mit kantorialen Klängen in die Praxis umsetzte, indem er sich erhob und in den Pausen, in denen der Kantor schwieg und die Gemeinde laut betete, lauthals sang. Mein Vater war angesichts dieses Schauspiels stets etwas verärgert, da es sein eigenes schnelles, flüssiges Lesen, auf das er so stolz war, ziemlich klar in den Schatten stellte. Doch da er die Tropen nicht kannte, konnte er nicht mit Onkel Philip mithalten. Dieser nahm das Missfallen meines Vaters gar nicht wahr und genoss seine Samstagmorgende in der Synagoge, wo er die Melodien, die er die ganze Woche über summte, endlich mit voller Stimme singen konnte. Dies war sein Club, wo er seine Freunde traf, beim Betreten der Synagoge überall Hände schüttelte und nach dem Gebet ein Glas *Bronfen* und die Fröhlichkeit des Kiddusch genoss.

Trotz seines geringen Einkommens gelang es ihm und Tante Anna, eine Atmosphäre luxuriösen Vergnügens zu vermitteln. Zu jenen Anlässen im Jahr, da sie groß ausgingen, ihre beste Kleidung anzogen und meine Tante meinem Onkel sogar eine häusliche Maniküre zuteil werden ließ, blühten sie sichtlich auf. Doch sie wussten auch, wie man prosaischere Augenblicke in Festivitäten verwandeln konnte. In einem Winter bot der Lebensmittelladen unten in einem dicken Zuckersirup haltbar gemachte gefrorene Erdbeeren an. Tante Anna kaufte mit erhabener Geste einen ganzen Karton dieses Luxusartikels, und wir alle schwelgten im Genuss des außergewöhnlichen Geschmacks und der Süße von Erdbeeren mit saurer Sahne im Dezember.

In der Wohnung meiner Eltern gab es im Wohnzimmer keine Stühle, auch keine Esszimmereinrichtung. Es war einfach ein leerer Raum, ohne Möbel, nur von der Decke hing ein dunkelblauer seidener Lampenschirm mit Quasten herab. Er hatte schon vor dem Einzug in die Wohnung dort gehangen und deutete auf den Tisch hin, der darunter stehen sollte, aber, solange wir dort lebten, niemals auftauchte. Während der ersten fünf Jahre meines Lebens betrieben meine Eltern ein Schreibwarengeschäft in der Bronx, und sie hatten Möbel für ihr Schlafzimmer, einen Küchentisch mit Stühlen und ein Bett für mich gekauft. Kurz nach der Geburt meiner Schwester ging das Geschäft meines Vaters bankrott, und wir zogen nach Brooklyn, nicht weit von Tante Anna.

Meine Eltern zogen mitsamt ihrer Schlafzimmereinrichtung, dem Küchentisch mit den Stühlen, meinem Bett, einer Truhe mit Unterwäsche und der Krippe für das Baby in ihre neue Wohnung ein. Der Raum, der als Esszimmer gedacht war, blieb leer, eine Erinnerung an das Scheitern oder die Hoffnung, beleuchtet durch das unheimliche bläuliche Licht des hängenden Lampenschirms. Es waren die ersten furchtbaren Jahre der Wirtschaftskrise, in denen mein Vater sich an einem scheiternden Geschäftsunternehmen nach dem anderen versuchte, bis er schließlich Arbeit fand, den berühmten »dauerhaften Job«, und wir in die Bronx zurückzogen. Auch Onkel Philip konnte seine Familie in New York nicht länger ernähren und zog nach Ohio; verschiedene Cousins und *Landslajt*, die sich dort bereits etabliert hatten, versprachen ihm ein besseres Leben.

In den wenigen Jahren, bevor sie fortzogen, kurz bevor die Wirtschaftskrise zuschlug, haben scheinbar alle meine älteren Cousins einer nach dem anderen geheiratet. Anlässlich dieser Ereignisse – ich hatte gerade das richtige Alter und die richtige Größe, um ein Blumenmädchen zu sein – wurde ich mit einem taillierten, mit Rüschen besetzten rosa Seidenkleid ausgestattet, und selbst mitten im Winter durfte ich *Kurze,* rosa Seidensocken in offenen Lederschühchen tragen. Die herrliche glatte Kälte, die ich spürte, wenn ich in diese Schuhe schlüpfte, verursachte stets ein erwartungsvolles Kribbeln in mir, wenn ich an die bevorstehenden Festlichkeiten dachte. Ich sollte wohl erklären, dass ich von Oktober bis Mai in »Kombinationen« eingehüllt lebte, deren schweres geripptes Baumwollgewebe mich wie eine zweite – runzlige – Haut umgab. Wenn ich dieses drückende Gewicht zugunsten zarter Seide abwerfen konnte, fühlte ich mich, als besäße ich Flügel. Wie köstlich war es, die Kälte zu spüren!

Die besten, verschwenderischsten Hochzeiten fanden in den speziell für diesen Zweck vorgesehenen Sälen der Second Avenue statt, und in den aufregendsten von ihnen hing eine facettierte Glaskugel von der Decke, die langsam zum Tanz kreiste. In dem nur gedämpft beleuchteten Raum warf sie einen beständigen Regen prismatischen Lichts über die Tanzenden, die Wände und die Zuschauer. Doch das kam erst spätabends. Erst gab es die Hochzeitszeremonie, dann ein üppiges, selbstverständlich koscheres Dinner, während zwischen den Gängen und nach dem Essen getanzt wurde.

An dieser Stelle muss ich leise kritisch anmerken, wie jene Generation ihre Orthodoxie verstand. Zunächst waren sich die Menschen sicher, dass sie das abgeschlossene Leben, das sie von Osteuropa her kannten, schlicht nach Amerika verlagern würden. In der Synagoge saßen die Männer noch immer getrennt von den Frauen; einzig die Männer zählten in der Gemeinde, und nur ein Mann konnte die Pflichten eines Kantors oder Rabbiners erfüllen. Und natürlich beachteten diese Einwanderer zu Hause alle Rituale der Kaschrut, ließen ihre Söhne beschneiden und hielten den Schabbat ein (sofern es ihnen möglich war).

In ihrem sozialen Leben schritt jedoch die Amerikanisierung fort, und zwar auf heimtückische Weise, wie es schien. Die Erzählungen der Einwanderer betonen, wie wichtig ihnen äußere Erscheinung und Auftreten waren. Sie wollten nicht aussehen, als kämen sie soeben vom Einwandererschiff, und vor allem die jungen Leute kleideten sich nach ihrer Ankunft sobald wie möglich amerikanisch. Mary Antin, die aus der russischen Stadt Plotsk kam, schrieb in ihrer Bestsellerautobiografie *The Promised Land*, die 1912 erschien, dass ihr Vater ihrer Mutter eine strenge Ermahnung schickte, die Eheperücke abzulegen, bevor sie nach Amerika aufbreche.

Diese Einstellung war sogar bis ins Innerste Galiziens vorgedrungen, in die winzige Stadt am Bug, in der meine Mutter aufgewachsen war. Ihre älteste Schwester, meine Tante Elke, hatte den Haushalt geführt, seit ihre Mutter in jungen Jahren gestorben war, und war zu einer starken, offenen Frau herangereift. Sie hatte mit ihrem langen roten Haar auch ein auffallendes Äußeres, und als die Zeit der Heiratsanträge gekommen war, wählte mein Großvater für sie einen freundlichen, aber ziemlich ruhigen jungen Mann aus. Tante Elke akzeptierte diese Wahl vor allem deshalb, weil er genauso wie sie unmittelbar nach der Hochzeit nach Amerika auswandern wollte. Als die alten Frauen des Dorfes ihr an ihrem Hochzeitstag die Haare abrasieren wollten, lehnte sie sich dagegen auf. Da sie nach Amerika gehen würde, müsse sie die veralteten Vorschriften des rückständigen Schtetls nicht befolgen. Zur Empörung der Gemeinschaft setzte sie sich durch. Später brach sie sogar das Tabu der Kaschrut. Doch das ist eine andere Geschichte.

Die Neue Welt stand für die Möglichkeit, ganz neu beginnen und korrigieren zu können, was in der bisherigen Lebenswelt falsch gewesen war. Vor allem den Frauen bot sie eine Unabhängigkeit, von der sie in ihren Dörfern nicht einmal hätten träumen können. Amerika verschaffte ihnen jene Art persönlicher Freiheit, die sie in ihrem alten, beschränkten, strikt bewachten Leben niemals erlangt hätten. Was in der Heimat gewagt erschienen wäre, war in dem seltsamen neuen Land völlig üblich. Fast unmerklich begannen sie die Vorschriften zu überschreiten.

Die Hochzeit war eine der ersten Einrichtungen, die aufzeigte, wie sich die Alte Welt nach dem Bild der Neuen Welt neu schaffen ließ und dabei eine kraftvolle Mischung hervorbrachte. Eines der wichtigsten Merkmale einer Hochzeit in der Alten Welt war die von besonderer Musik begleitete Zeremonie des »Hinsetzens der Braut«. Während sie, umgeben von ihren Freundinnen, in ihrem Hochzeitsstaat dasaß, rezitierte der *Badchen* oder Barde die traditionellen traurigen Verse, die sie gewiss zum Weinen brachten, indem sie ihr all die Schwierigkeiten vor Augen malten, die ihr bevorstanden. In Amerika thronte die Braut noch immer da, wenn die Gäste ankamen, doch in der Second Avenue geschah dies nur, um deren Grüße und guten Wünsche entgegenzunehmen. Aus dem scherzenden Versmacher wurde ein jovialer Zeremonienmeister, der während des Dinners die Gratulationstelegramme abwesender Freunde und Verwandte verlas. Die unvermeidlich scherzhafte Botschaft: »As you start on the road to *martial* (statt *marital*) happiness Wenn ihr euch auf den Weg zum *kriegerischen* (statt *ehelichen*) Glück macht«, gab den heiteren Ton des Abends vor.

Während in der alten Heimat Männer und Frauen getrennt waren und jeweils für sich tanzten, war hier in Amerika der Tanz im gemischten Ballsaal der letzte Schrei, und bei Hochzeiten wechselten sich Walzer und Foxtrott mit den traditionellen Hochzeitstänzen Osteuropas ab. Ohne ein Wort darüber zu verlieren, gaben die jungen Einwanderer auf Grund einer allgemeinen Übereinkunft eines der grundlegenden Prinzipien der traditionellen Gesellschaft auf, die auf der Trennung der Geschlechter bestand. In Amerika tanzten Männer und Frauen gemeinsam, einander fest in den Armen haltend, und gaben sich dem Gefühl ihres Körpers hin.

Mein Onkel Jake war der bevorzugte Partner meiner Mutter für den Walzer, den sie mit großer Feierlichkeit tanzten, indem er sie auf Armeslänge hin- und herwirbelte. Doch später am Abend, wenn das Orchester immer lauter und schneller wurde und Melodien aus der alten Heimat spielte, stürzte er sich in den »Kazotske«, einen Tanz, bei dem ein Einzeltänzer, umgeben von klatschenden Zuschauern, in immer niedrigeren Kreisen herumwirbelte, bis er unten auf dem gebohnerten Boden war, seine Beine von sich werfend, die Arme auf der Brust verschränkt. Danach war die Zeit der Solisten gekommen – für das Schluchzen der Violine oder den in bunte Lichter gehüllten Klarinettisten, der sich zwischen den Tischen bewegte und seinem Instrument beinahe menschliche Klänge entlockte.

Beim Bankett saßen dann Männer und Frauen beisammen, die Mädchen flirteten und Partien wurden besprochen. Zu unserer Erleichterung wurden wir Kinder, je nach Alter, an eigene Tische geschickt und mit unerwarteten Dienstleistungen und Wundern in Gestalt von Sorbets mitten im Winter überschüttet. Was diese

Bankettsäle besonders prachtvoll erscheinen ließ, waren die Stühle. In erster Linie der Thron, auf dem die Braut saß, dann aber auch die goldenen Stühle mit ihren roten Seidenbezügen für uns andere. Dies und meine kalten Zehen sagten mir, dass ich von Pracht umgeben war; dazu kam das Aussehen meiner Tanten, Onkel und Cousins. Mit einem starken Gefühl für die Würdigung des Augenblicks erhoben sie sich mit all dem Flitterwerk und allen Farben, über die sie verfügten, über ihren Alltag. Die Männer in ihren dunklen Anzügen und mit der Eleganz, mit der sie ihre Zigaretten zwischen den Fingern hielten, erschienen kaum wie die abgearbeiteten Gestalten, die wir jeden Tag sahen. Es machte nichts, dass der diamantene Verlobungsring meiner Mutter gelegentlich zum Pfandleiher wanderte, um uns über eine schlechte Phase hinwegzuhelfen. Bei diesem festlichen Anlass trug sie ihn, dazu ihren »lavalière« und natürlich die goldenen Ohrringe, die sie als Kind geschenkt bekommen hatte.

Für die Generation meiner Eltern gab es bloß zwei Lebensstile, so wie es nur zwei Arten von Stühlen gab – den Küchenstuhl und die Pracht des mit roter Seide überzogenen Goldsessels im Hochzeitssaal. Es war dieser Hunger nach dem Genuss des Luxuriösen bei den bedeutenden Anlässen des Lebens – Geburten, Hochzeiten, Jubiläen –, die den arbeitsreichen Tagen, die sie in den Geschäften und bei ihren Arbeitsstellen verbrachten, einen Sinn verliehen. Freizeit bedeutete für sie, die schönsten Kleider anzuziehen, nicht die ältesten. Anlässlich einer Hochzeit lebten sie in einer Phantasiewelt, in der sie allesamt Könige und Königinnen waren, prachtvoll ausstaffiert und von unterwürfigen Bediensteten verwöhnt. Nun, vielleicht doch nicht so unterwürfig. Doch in jedem Fall saßen sie auf ihren Stühlen, wurden mit dem besten Essen bedient, das sie sich vorzustellen vermochten, und konnten bei einem Ober bestellen, was auch immer ihr Herz begehrte.

Es war eine leidenschaftliche Gesellschaft, eine Welt, die sich neu erfand, ohne Unterstützung, ohne das Sicherheitsnetz nachsichtiger, wohlhabender Eltern, vielmehr abhängig von Nachbarn, Freunden, *Landslajt* und den kleinen Selbsthilfeorganisationen, die sie für die unvermeidlichen Phasen der Arbeitslosigkeit schufen, die gefürchtete »Flaute« der Textilindustrie. In

Zeiten des Leids bildeten diese Freunde und Verwandte eine Phalanx, die alle gewöhnliche Fürsorge beiseite schob und die Hingabe der Nähe anbot.

Doch zarte Worte und sanfte Liebkosungen bildeten in dieser Gesellschaft nicht die Normalität. Die schmachtenden Blicke und zärtlichen Passagen, die sie in jiddischen Theaterstücken erlebten, wurden ihnen vielleicht während einer kurzen Phase ihres eigenen Lebens zuteil. Mit einer Scheu, die zum Teil ein Überbleibsel jener alten getrennten Welt war, die sie hinter sich gelassen hatten, oder aus einer Unfähigkeit heraus, die von fehlenden Vorbildern herrührte, zeigten Ehemänner und Ehefrauen einander ihre Zuneigung eher symbolisch als tatsächlich. Sie umsorgten einander hingebungsvoll, wenn einer von ihnen krank war, berührten einander jedoch in Zeiten der Gesundheit nur selten mit einer zärtlichen Geste.

Als mein Onkel Philip alt und gebrechlich wurde, sagte meine Tante Anna, sie habe keinen einzigen Augenblick ihres Lebens bedauert, in dem sie sich um ihn gekümmert habe. Für sie bedeutete jeder Dienst eine Freude. Beide waren allerdings ein außergewöhnliches Paar und sprachen stets liebevoll miteinander. Das war nicht wirklich üblich. Verbreiteter war eine Redeweise, die von einem irgendwie ironischen Klang geprägt war, einem fragenden Tonfall, einer Bereitschaft, eine Schwäche auszunutzen. Wenn mein Vater in unserer koscheren Küche etwa eine Gabel für Milchiges in der Schublade mit dem Fleischbesteck fand, legte er sie nicht einfach an die richtige Stelle. Vielmehr nutzte er die Gelegenheit, eine Rechnung mit meiner Mutter zu begleichen: »*Chassidische Tochter!* – Tochter eines Chassid!«, sagte er dann und erinnerte sie damit an ihre ach so fromme Herkunft, die bisweilen *ihre* Trumpfkarte war. Auch die Kinder wurden eher voll Sorge als zärtlich geliebt. Sie wurden gezwickt, geneckt, angeschrien und überbehütet. Doch es gab nur wenige Augenblicke ruhiger Zuneigung und freundlicher Unterhaltung. Auch hier wurden Zeichen der Liebe indirekt, durch Signale und Symbole ausgetauscht.

Für all das gab es ein sehr gutes Vorbild. Eine der Gelegenheiten, bei denen das leidenschaftlichste Liebesgedicht in hebräischer Sprache, das Hohelied, rezitiert wird, ist zugleich der dunkelste und heiligste Augenblick des jüdischen Jahres: Nach Beendigung des Kol Nidre-Gebets an Jom Kippur wird es, nachdem alle anderen Gottesdienstbesucher gegangen sind, von denen gelesen, die besonders fromm sind und die Nacht in der Synagoge verbringen. Dann wird dieses unverhüllteste, sinnlichste aller Liebesgedichte als Allegorie auf die Liebe zwischen Gott und Israel rezitiert.

Es gab auch eine Zeremonie, bei der die Stühle verbannt wurden, nämlich in der Trauerzeit. Dann verlangten die Regeln der Observanz, dass die Trauernden mit feierlich eingerissener Kleidung und ohne Schuhe auf niedrigen Schemeln saßen. Wir hatten nur einige wenige Schemel in der Bronx, und der übliche Ersatz bestand in hölzernen Milchkästen, die irgendein Nachbar für die Trauerwoche aus einem nahen Lebensmittelgeschäft hergebracht hatte. Inmitten eines ständigen Kommens und Gehens pflegte die Familie in Erfüllung des Rituals für die sieben Tage der Trauer auf ihren Holzkisten zu sitzen. Nachbarn kochten für sie; die Männer des Viertels und die Familienmitglieder erschienen rechtzeitig, um zum Morgen- und Abendgebet einen *Minjan* zu bilden, und die Besucher kamen und gingen ohne Gruß – wie wir es gelernt hatten. Sie saßen bei den Hinterbliebenen, redeten miteinander, und ein tröstendes Stimmengewirr füllte das Zimmer. Das Gefühl der Menschlichkeit. Die einzige Formel, die ein jeder beim Aufbruch mit großer Emotion aussprach, lautete: »Mögen wir einander nur bei *Simches* begegnen – bei freudigen Anlässen« – was als Bejahung des Lebens gemeint war.

Viele Jahre später starb die junge Schwester meines Freundes Joseph bei einem Unfall, und die Familie versammelte sich in seinem Haus zur Trauer. Er war damals ein junger Mann, der am Anfang einer glanzvollen Karriere als Verleger stand; seine Eltern waren Einwanderer aus Polen, die in den »Werkstätten« begonnen und schließlich ihr Glück in der Bekleidungsbranche gemacht hatten. Sie hatten es früh genug geschafft, um es vollständig zu genießen, und lebten in großem Stil in der Park Avenue, wurden von einem Chauffeur durch die Stadt gefahren und konnten bei Tisch hervorragende Musiker und Künstler als ihre Gäste begrüßen. Die Möbel und die Ausstattung ihrer vierzehn Zimmer waren von einem modischen Innenarchitekten mit kosmopolitischem Geschmack ausgewählt worden. Doch hatte er sich an Westeuropa orientiert, nicht am Osten, aus dem seine Kunden stammten. Das Esszimmer bildete eine englische Szenerie des achtzehnten Jahrhunderts ab, die einem Robert Adam würdig zu Gesicht gestanden hätte, und das Wohnzimmer entführte uns in das vorrevolutionäre Frankreich. Inmitten all diesen Glanzes waren sie noch immer Izzi und Sadie, die mit dem Akzent ihrer ersten Jahre in diesem Land sprachen.

Doch die Nachricht vom Tod ihrer Tochter hatte sie gebrochen, und in der Zeit ihrer Qualen nach der Beerdigung wurden sie in die Wohnung ihres Sohnes gebracht, wo sie von ihrer Familie umgeben waren. Gemäß dem alten Brauch kamen im Verlaufe der folgenden Woche eine Fülle von Menschen, die von dem Ereignis erfahren hatten, um die Eltern zu trösten, die in ihrem Kummer wie gelähmt schienen. Josephs Frau war eine hervorragende Designerin, und die Wohnung, in der alle zusammengekommen waren, um »Schiwa« zu sitzen (die sieben Trauertage), war in kompromisslosem Bauhaus-Stil gehalten, dessen Sprödigkeit in Einklang mit der Stimmung der Trauernden stand. Verloren in dem Stimmengewirr der Freunde und Verwandten, die zu Besuch kamen, waren die schmerzerfüllten Eltern in eine frühere Zeit zurückgekehrt, die Welt um sie herum vergessend, des Zierrats beraubt, mit eingerissener Kleidung. Ihr einziger Trost und ihre einzige Flucht waren die alten Rituale.

Als ich kam, um zu kondolieren, fand ich die Eltern des toten Mädchens ohne Schuhe vor, ihre gewöhnlichen Ehrenplätze vermeidend. In ihrer Trauer wurden sie von dem Luxus der Welt verfolgt, die sie sich geschaffen hatten, die ihnen jedoch in diesem Augenblick des Kummers nicht half. Auf der Suche nach den vom Gesetz und Brauch vorgeschriebenen Stühlen ohne Lehne fanden sie nicht etwa die hölzernen Milchkisten der Bronx, sondern saßen stattdessen mit einem merkwürdig peinlichen Gefühl auf den luxuriösen schwarzledernen Fußhocker der Barcelona-Sessel ihres Sohnes.

4

Markisen

Die ersten Anzeichen des Wechsels der Jahreszeiten in den Straßen der Bronx machten sich nicht durch Wetterveränderungen, sondern durch eine Reihe von Ereignissen bemerkbar. Der früheste und sicherste Vorbote des Sommers war die Ankunft des Hausmeisters, der die Markisen anbrachte. Sobald sie an ihrem Ort waren, mit ihrem orangenen Hintergrund und den vielfarbigen Streifen, verliehen sie der Straße ein ziemlich feierliches Aussehen, als ob Fahnen oder Banner im Wind wehten. Mir aber gaben sie, wenn ich mich allein in meinem Schlafzimmer aufhielt, das Gefühl, in einer beschützten, schwach beleuchteten Höhle zu sein. Wenn ich die Markise herunterließ und das glatte Seil durch meine Hände glitt, nahm mein Schlafzimmer, das zuvor im grellen Sonnenlicht gelegen hatte, eine schattige Stimmung an. Das gefilterte Licht spielte dann über die blasse Oberfläche von Bett und Wand und brachte neue Farbtöne und Schattierungen hervor. Die Markise schien die Geräusche ebenso abzuweisen wie das Licht und machte das Zimmer zu einer Art geheimem Ort. Nur die Räume, die zur Straße hin lagen, erhielten Markisen. In die anderen, die zum Luftschacht hinauszeigten, drang das ganze Jahr hindurch kaum die Sonne, so dass dem Hausmeister die Arbeit und dem Vermieter die Ausgabe erspart blieben.

Ein weiteres Zeichen für den Beginn des Sommers war, wenn wir unsere »Kombinationen« ausziehen durften, jene Unterwäsche, die in der fiebrigen Phantasie jüdischer Mütter gewährleistete, dass wir den Winter über gesund blieben. Die Angst, sich zu erkälten, war unter der Generation der Einwanderer so groß, dass wir Kinder bei der leisesten Andeutung von Regen oder Schnee, noch bevor wir uns wehren konnten, mit Schals, Hüten und Galoschen ausgestattet waren. In unserem jugendlichen Sicherheitsgefühl taten wir ihre Ängste ab. Doch sie wussten es besser. In der Alten Welt wurden Menschen vom einen zum anderen Tag scheinbar ohne Grund dahingerafft. Ein leichter Husten, eine Erkältung – wer konnte die fatalen Folgen voraussehen? Sie alle wussten Geschichten darüber zu erzählen. Vor allem meine Mutter, deren eigene Mutter infolge einer Erkältung gestorben war, die sie sich während einer Geschäftsreise zugezogen hatte, kam nie über diesen Verlust hinweg, der sie im Alter von drei Jahren zur Waise gemacht hatte. Mein Großvater war ein Getreidehändler gewesen, doch gemäß der althergebrachten Tradition des Schtetls hatte er sich dem Studium hingegeben, während seine Frau sich dem Geschäft widmete. Eines Tages, sie reiste in einem offenen Wagen von einem Geschäftsabschluss in einer Nachbarstadt zurück, war sie von einem Regenguss überrascht worden, hatte sich eine Erkältung zugezogen, die sich zur Lungenentzündung auswuchs und – wenig überraschend – innerhalb kürzester Zeit zu ihrem Tod führte.

Jede Familie kannte eine ähnliche Geschichte über den unvorhersehbaren und brutalen Verlauf einer einfachen Erkältung – *Farkilung* – zu erzählen. In einem der bewegendsten und surrealsten Lieder des jiddischen Liedbestandes, einer Parabel Itzik Mangers über die Flucht der jungen Leute aus dem Schtetl, verlässt ein Junge das Elternhaus, um ein Vogel zu werden und in einem Baum zu leben. Seine Mutter kommt ihn besuchen, als die Blätter fallen und der Winter naht. Sie kann verstehen, dass er weg wollte, doch sie drängt ihn: »Nimm wenigstens einen Schal gegen die Winterkälte und ein Paar Galoschen.« Auch für I. J. Peretz war der Schal der magische Talisman der Liebe. In einer kleinen Erzählung, in der ein Mann sich, wie es sein Recht ist, nach zehn Jahren Ehe von seiner Frau scheiden lässt, weil sie ihm kein Kind zu gebären vermochte, spielt sich die letzte Szene außerhalb des Hauses des Rabbiners ab, wo soeben der Scheidungsbrief ausgestellt und der Frau überreicht wurde. Als sie das Haus verlassen und der Mann gerade in seinen Wagen steigen will, beginnt ihm seine geschiedene Frau zuzurufen, er solle seinen Schal anziehen, und ertappt sich somit selbst bei der Sünde, mit einem fremden Mann zu sprechen.

Markisen in einem Straßenzug der Bronx (Morris Avenue) 1923

In der Bronx schleppte sich der Frühling dahin, die Tage wurden milder und wärmer, und wir trugen noch immer unsere Kombinationen. Ich entwickelte schließlich die Theorie, dass meine Mutter auf irgendeinen geheimen Kurier wartete, der ihr mitteilte, das Eis auf der Dnjepr sei gebrochen, und dass wir erst dann mit gutem Gewissen von unseren Winterfesseln befreit werden konnten. Dann trat die köstliche Leichtigkeit der Freiheit von dem Gewicht des Winters und seinen Gerüchen aus nasser Wolle und muffiger Kleidung ein. Mit dem Sommer kamen der Geruch der Stärke in den Baumwollkleidern und der Duft der Brisen im Klassenzimmer, wenn die Fenster erstmals geöffnet wurden. Als ich in der zweiten Klasse war, wurde ich einmal Zeugin, wie die Lehrerin die Notwendigkeit der Veränderung erkannte und sie geschehen ließ. Eines der kleinen Mädchen in der Klasse war eindeutig ärmer als alle anderen. Sie kam jeden Tag mit einem schweren Wollkleid in die Schule. Es war nicht irgendein Wollkleid, sondern offenkundig eines, das zu Hause aus einem ausrangierten Mantel gefertigt worden war. Im Laufe des Frühlings schien dieses dunkle Wollkleid jeden Tag dunkler und schwerer zu werden, und das Gesicht des kleinen Mädchens wurde immer röter, da es unter dem Gewicht schwitzte. Eines Tages, zur Mittagszeit, sahen wir, wie die Lehrerin unsere Klassenkameradin an der Hand nahm und mit ihr das Klassenzimmer verließ. Als wir um ein Uhr zurückkamen, war sie wieder da und trug ein leichtes weißes Baumwollkleid mit Ballons in lebendigen Farben, deren Auftrieb die Erleichterung zum Ausdruck brachten, die wir alle empfanden, als wir sie aus ihrem winterlichen Gefängnis befreit sahen.

Wenn das Wetter wärmer wurde, schienen die Schultage immer länger, und die letzten Juniwochen brachten wir damit zu, unsere Lehrerin beim fleißigen Ausfüllen ihrer Listen zu beobachten, dieweil wir an unsere Stühle gefesselt waren. Einige wenige Privilegierte durften umherlaufen, um die Tafel abzuwischen oder die Tintenfässer zu leeren. Dann endlich, mit der Verteilung der Zeugnisse und der Versetzung in die nächste Klasse, war die Schule vorbei, und wir waren frei für einen ganzen Sommer auf den Straßen.

Ich frage mich heute, wie wir unseren Sommer verbrachten. Es gab für uns kein »Programm«. Die Betonflächen des Schulhofs waren bisweilen zugänglich, aber damals hatte sich Basketball noch nicht als Sport nach der Schule eingebürgert. Wir wussten nichts von ländlichen Gegenden. Natürlich hatten wir von reichen Kindern gehört, die ins Camp fuhren. Doch all das war Teil des mythischen Amerika, in dem andere wohnten. Unsere Wirklichkeit dagegen beschränkte sich ganz auf unsere eigenen Straßen und Hinterhöfe.

Wir nutzten sie gut. Im Sommer wie im Winter bekamen wir samstags 15 Cents für das Kino. Das waren faszinierende, sehr lange Nachmittage – eine Wochenschau, ein Zeichentrickfilm, die Hinweise auf die »nächsten Attraktionen« und dann zwei Spielfilme. Wir erlebten diese Filme die ganze Woche über immer wieder, denn wir erinnerten beinahe jede Geste und jede Zeile des Dialogs und pflegten die Filme originalgetreu nachzuspielen, indem wir auf den Hinterhoftreppen herumliefen und durch Kellertüren stürzten, die unsere improvisierte (und geheime) Bühne bildeten. Natürlich musste sie geheim sein, denn unsere Eltern betrachteten jede Betätigung unserer Phantasie oder Einbildungskraft verächtlich als absurd. Ohne dass wir dies untereinander zu diskutieren brauchten, wussten wir, dass diese begeisternden Nachinszenierungen im Verborgenen bleiben mussten. Uns war klar, dass solche Ausflüge in Leidenschaft und Gefühl in unserer Welt nicht akzeptabel waren. Das hielt uns selbstverständlich nicht davon ab, vielmehr wurde das Verbotene dadurch, wie immer, nur noch reizvoller.

Ich sollte hinzufügen, dass es sich um eine getrennte Welt handelte. Die Jungen verbrachten ihren Sommer anders als wir; in jedem Fall waren sie für mich eine geheimnisvolle Sorte Mensch. Während sie Handball spielten, spielten wir »Jacks«, ein Spiel, für das man einen kleinen Ball und Metallschläger brauchte. Sie spielten Stockball auf den Straßen; wir sprangen auf den Bürgersteigen Seil. Auch besetzten wir den Bürgersteig für unsere Reimballspiele und bemalten ihn mit Kreide für »potsy« (ein Straßenspiel, bei dem wir in auf den Bürgersteig gezeichneten Quadraten Sprünge vollführten), während sie die Straße für »ring a levio« (ein Spiel, bei dem zwei Teams um die Eroberung des Territoriums der jeweils anderen kämpften) beanspruchten. So kamen wir einander selten ins Gehege, sondern benutzten unterschiedliche Teile des Wohnblocks. Zufrieden vernahmen wir die Geräusche der jeweils anderen und wussten, es war Sommer.

Das Einzige, was uns zusammenbrachte, war die Ankunft des Eishändlers, der jeden Tag mit seinem tropfenden Wagen voller Stapel rechteckiger Eisblöcke auftauchte. Diese pflegte er gemäß seinem Bestellzettel rasch und fachmännisch mit seinem Eispickel in Stücke für 10 oder 15 Cents zu zerschneiden, sie mit seinen Zangen auf den Hanfsack zu heben, der seine Schultern schützte, und zur Wohnung seines Kunden hinaufzusteigen. Das war der Augenblick, auf den wir gewartet hatten, und wir verließen unsere Spiele, kletterten auf seinen Wagen und suchten uns köstliche Eissplitter aus, um daran zu lutschen.

Es gab auch die Bibliothek. Wie viele Passagen von Autobiografien haben New Yorker Bewohner den alten Carnegie-Bibliotheken gewidmet, die so großzügig über die Stadt verteilt waren? Jedes Viertel hatte eines dieser großen Gebäude mit Glasfront, die Andrew Carnegie bewusst so entworfen hatte, um einen verlockenden Blick von der Straße auf die Bücherregale drinnen zu eröffnen. Doch diese gewaltigen Fenster über zwei Stockwerke hinweg gaben auch Licht, und die soliden Eichenmöbel vermittelten ein Gefühl unzerstörbarer Dauer. Die Bibliothek bot mehr als eine Freizeitbeschäftigung; sie ermöglichte den Zutritt in jene rätselhafte, so überaus begehrenswerte und notwendige Welt des »Anderen«. Mochten unsere Eltern auch Verachtung und Distanz gegenüber diesem »Anderen« vortäuschen, wir wussten, dass wir es begreifen und damit zurechtkommen mussten. Und nach einer Weile begannen wir es zu lieben.

Zunächst einmal unterhielt es uns. Bereits in der ersten Klasse lasen wir, mit Hilfe unserer ersten Leseausweise, wunderbare illustrierte Bücher, die uns unterhalten sollten. Die Bücher erzählten uns Geschichten, beanspruchten unsere Aufmerksamkeit, schmeichelten uns und zogen uns mit schönen Bildern an. Sie brachten uns dazu, den Text zu lesen, und machten uns glauben, dass die Verfasser sich selbst belohnt fühlten, wenn es uns gefiel. Wo sonst wurden wir so gut behandelt? Zuhause erwartete man von uns, dass wir uns »benahmen«. Das bedeutete Schweigen und Gehorsam. Eine Klage über Langeweile pflegte meinem Va-

Eiswagen. Die Pferde zogen diese Wagen noch in den dreißiger Jahren durch die New Yorker Straßen

ter eine entrüstete Antwort (auf Jiddisch) zu entlocken: »Geh, schlag deinen Kopf gegen die Wand und ruf ›Bravo‹!« Eine derartige Empfehlung führte nicht zu Vertraulichkeiten. Meine Langeweile, bedeutete er mir, war eindeutig mein Problem, und weder er noch meine Mutter empfänden die Verpflichtung, mich zu unterhalten. Von der Unterhaltung ganz abgesehen, hatte ich schon sehr früh entdeckt, dass auf die Antworten meiner Eltern kein Verlass war. Schließlich befragte ich sie über eine Welt, die sie selbst nicht verstanden. Meine besten Freunde waren daher diese bezaubernden, geduldigen, freundlichen Bücher.

Sie nahmen uns an ferne Orte mit und entführten uns in völlig unergründliche, faszinierende historische Epochen. Auf überraschende Weise beantworteten sie bisweilen unsere Fragen. Wir kannten Zeitdramen aus unseren Samstagnachmittagsfilmen, so dass Shakespeare, Dumas, der *Graf von Monte Christo*, *Krieg und Frieden* und die Kreuzzüge in unseren Köpfen in einem Wirbel grandiosen und gefährlichen Lebens zusammenströmten. Unser Problem bestand natürlich darin, dass wir nicht zwischen Phantasie und Wirklichkeit zu unterscheiden vermochten und daher alles mit gleichem Ernst verstanden. Vom Grafen von

Monte Christo lernte ich, dass es ein Verdienst ist, pünktlich zu sein. Seine Gewohnheit war es, so las ich, immer genau in dem Augenblick einzutreffen, da die Uhr schlug. Bei *Little Women* lernte ich zudem, man solle stets fröhlich und freundlich sein. In *Gone with the Wind* entdeckte ich, dass es bewundernswert sei, so aufrecht zu sitzen, dass der Rücken niemals den Stuhl berührte. Und selbstverständlich waren Stärke, Mut und unermüdliche Entschlossenheit Teil all der Reiseerzählungen, die ich unablässig las.

Da diese Gewohnheiten seitens der Autoren so viel Beifall erhielten, glaubte ich, sie seien gewiss nachahmenswert. Selbst während der aufregendsten Episoden zogen diese Hinweise auf Sitten und Tugenden meine Aufmerksamkeit auf sich, und ich fügte sie meiner wachsenden Liste dessen hinzu, wie sich »die Leute« benahmen. Eines Tages würde auch ich »Leute« treffen, jene, die in diesen Büchern nach den Normen lebten, und dann wollte ich vorbereitet sein.

Doch die Bibliothek war noch mehr als eine Fundgrube für Bücher. Sie war zugleich ein Beispiel dessen, was ich für das wahre Amerika hielt. Die Bibliothekare hatten ihr System; sie waren nicht besonders höflich, aber gerecht. Es gab ein Gesetz, das für alle galt, ein Prinzip, das mich in meiner chaotischen Welt zutiefst befriedigte. Ich lernte dies in der ersten Klasse, während der ersten Woche, in der ich Bücher auslieh. Als ich an einem Samstagnachmittag zur Bibliothek zurückrannte, nachdem ich das einzige Buch, das ich am Morgen mitgenommen hatte, ausgelesen hatte, teilte man mir bestimmt mit, ich könne an diesem Tag keine weiteren Bücher erhalten. »Die Vorschriften« besagten, dass ein Leser nur einmal am Tag Bücher entleihen konnte. Ich war traurig, denn ich musste bis Montag immer wieder *Wags and Woofie* lesen. Doch diese Vorschriften richteten sich nicht gegen mich, und allein das Gefühl, dass ich keine extra Behandlung erfahren hatte, war an sich tröstlich. Für das nächste Mal hatte ich gelernt. Ich musste jede Menge Bücher ausleihen, so viele, wie erlaubt waren, damit mir nicht die Lektüre ausging. Auch hier gab es Vorschriften: erlaubt waren vier erzählende und vier Sachbücher. Was für eine herrliche Last konnte man heimtragen!

Wir lasen und lasen. An den Nachmittagen, wenn die Sonne hoch oben stand und die Straßen glühten, lag ich auf meinem Bett in dem von der Markise in Schatten getauchten Zimmer und las. Danach ging ich hinunter auf die Straße, nahm mir einen Stuhl und las weiter. Und wenn es ganz faszinierend war, las ich schon früh am Morgen, sobald es hell wurde, um herauszufinden, was in diesen atemberaubenden Abenteuern als Nächstes geschah.

Mehr noch, ich hatte das Gefühl, dass mir die Bibliothek und die Bibliothekare einen winzigen Einblick in das Innere des Lebens der »Anderen« gaben. Sie sprachen ruhig miteinander. Sie waren gleichmäßig in ihren Bewegungen. Sie hatten herrlich saubere Hände. Vor allem aber hatten sie kleine Vasen mit Blumen auf ihren Tischen. Das war ein ausgesprochenes Wunder. Ich konnte mir nicht einmal grob ausmalen, wie das Innere ihrer Wohnungen aussah.

»Natur« gab es ansonsten in der Bronx nur wenig. Gewiss war »Naturkunde« Teil unseres Stundenplans, doch mehr im Sinne einer Fortsetzung von »Erdkunde«. In Erdkunde lernten wir über Ausfuhr und Einfuhr fremder Länder, die Namen ihrer Hauptstädte, Flüsse oder Gebirge und den Verlauf ihrer Grenzen. In Naturkunde lernten wir, ebenfalls auswendig, die Namen der Bäume, wo sie wuchsen und wie hoch sie wurden. So lernte ich etwa, gerade als sie auszusterben begannen, dass Ulmen bis zu fünfzig Meter hoch werden, ohne je mehr als ein Bild eines solchen Baumes gesehen zu haben. Es kam weder mir noch unseren Lehrerinnen in den Sinn, nach dem Namen der Bäume zu fragen, die in den benachbarten Straßen wuchsen.

Vor einem der Wohnhäuser in unserem Block wuchs eine grüne Hecke, die zur Sicherheit von einem Eisenzaun umgeben war. Jedes Frühjahr trieb die Hecke Blätter hervor, und zu einem bestimmten Zeitpunkt öffneten sich wundervolle zartrosa Blüten, die ich pflückte, obwohl sie rasch in meiner Hand verwelkten. Hatten diese Blüten Namen? Ich traute mich nicht, zu fragen, doch mit den Jahren habe ich darüber nachgedacht. Was können sie gewesen sein? Heute, mit meinem winzigen Wissen über Gartenbau, meine ich bisweilen, es seien Azaleen gewesen.

Doch es war egal. Die Natur war nur ein Teil der großen Welt, die ich mit sprachloser Bewunderung betrachtete. Damit war ich, auch wenn ich es damals nicht wusste, keineswegs die Einzige. Auch das 1904 erschienene große dreisprachige Lexikon von Alexander Harkavy kapitulierte mit Blick auf die Naturgeschichte: Die jiddischen Namen der vielfältigen Blumen und Vögel wurde im Englischen schlicht als »eine Art Blume [...] eine Art Vogel« wiedergegeben. Bis zu diesem Tage übersetzt das von Uriel Weinreich herausgegebene und weit anspruchsvollere *Modern English-Yiddish Dictionary* die Begriffe »Osterglocke« und »Narzisse« mit demselben Wort – *Nartsis*. Die Welt der Natur, so muss man zugeben, ist nicht die Stärke des Jiddischen.

Es war uns ziemlich klar, dass das, was wir im Klassenzimmer lernten, und das, was wir auf den Straßen erlebten, in zwei vollkommen unterschiedlichen Welten existierte. Es kam uns nie in den Sinn, dass Lernen sinnvoll sein könne. Es schien ein esoterisches Spiel zu sein, das um seiner selbst willen gespielt wurde und seine reinste Form etwa in den Rechtschreibwettbewerben annahm. Unsere Ausbildung wies ihre eigenen inneren Strukturen und Symmetrien auf, mit dem Lohn guter Noten in Tests oder auf den Zeugnissen. Selbst die angeblich »nützlichen« Kochstunden für die Mädchen oder der Werkunterricht für Jungen passten zu dieser Struktur der Abstraktion. Im Kochunterricht lernten wir etwas über Gerichte, die wir nie probiert hatten und die zu probieren wir auch keinen Grund sahen, nachdem wir sie zubereitet hatten. Weiße Soße? Vanillepudding? Es war alles völlig fremd und irgendwie ekelhaft. Wir hatten nicht das Gefühl, dass wir dadurch erhoben wurden. Die Jungen arbeiteten fleißig das ganze Halbjahr, um einen Holzhocker oder einen Bilderrahmen herzustellen, die sie gewöhnlich als Geschenk für ihre Mütter nach Hause brachten. Diese Arbeiten wurden dankbar und staunend entgegengenommen, doch fiel uns auch hier nicht ein, dies könne dazu dienen, Jungen, die in Mietshäusern lebten, mit dem Gebrauch von Handwerkzeugen vertraut zu machen.

Viele Jahre später, als der Erste aus dem Kreis meiner Freunde heiratete und ein Haus kaufte, lud er uns alle ein, ihn in seinem neuen Prachtbau zu besuchen. Dieser lag jenseits der prosaischen Grenzen der U-Bahn. Wir mussten die Long Island Railroad nehmen und wurden vom Bahnhof aus mit dem *Auto* zu einer erstaunlichen Erscheinung gefahren, einem freistehenden Haus, das einem von uns gehörte. Schließlich, als wir es nicht länger aushalten konnten, fragte einer von uns: »Aber Marty, was geschieht, wenn etwas schiefgeht? Hier kannst du nicht einfach den Hausmeister rufen.« Marty gab bereitwillig Auskunft. Klempnerarbeiten und andere häusliche Funktionsstörungen, so informierte er uns, waren nicht schwieriger zu bewältigen als das Verständnis von Texten. Wir mussten lediglich der physischen Welt die gleiche Beobachtungskraft widmen wie unseren intellektuellen Fragen, dann würden wir sehen, dass sie ebenso lösbar seien. Wir schüttelten ungläubig unsere Köpfe. Wir hatten keine Väter, die den Großteil des Samstagnachmittags unter Autos verbrachten. Woher sollte man überhaupt nur wissen, wo man nachschauen sollte? Marty beharrte unnachgiebig darauf, und später entdeckte ich, dass er Recht hatte.

Ende der achten Klasse erhielten wir jedoch die Gelegenheit, unsere Ausbildung direkt auf das Leben anzuwenden. Die Jungen hatten die Möglichkeit, eine Berufsschule zu besuchen und ein Gewerbe zu erlernen, während die Mädchen eine kaufmännische Ausbildung beginnen konnten, die es ihnen ermöglichte, Sekretärin oder Buchhalterin zu werden. *Dort* führte alles, was sich im Klassenzimmer ereignete, unmittelbar in die Welt und zur Arbeit. Jenen unter uns, deren Eltern bereit waren oder es sich leisten konnten, uns auf ein akademisches Gymnasium zu schicken, war klar, dass wir unserer Verantwortung auswichen, Geld zu verdienen, dass wir Drückeberger waren; und dennoch war es ebenso klar, dass der »akademische« Weg höher bewertet wurde. Wir waren für höhere Dinge bestimmt, auch wenn unsere Freunde in der kaufmännischen Ausbildung viele Jahre vor uns in der Arbeitswelt, der wirklichen Welt, tätig sein und ihren eigenen Lebensunterhalt verdienen würden.

Irgendwann zu Beginn der dreißiger Jahre kam von der Schule ein Brief mit dem bemerkenswerten Angebot, meine jüngere Schwester für zwei Wochen in ein Camp zu schicken, ohne dass meinen Eltern daraus Kosten entstünden. Das Schreiben verursachte in der Familie ungeheuer viel Aufregung und Besorgnis. Die Aufregung beschränkte sich ganz auf die Jungen, die darin eine unerwartete Gelegenheit erblickten, Amerika zu erleben. Besorgnis herrschte dagegen bei meiner Mutter. Sie gab uns zu verstehen, sie kenne das Land auf eine Weise, die wir verhätschelten, unschuldigen Seelen uns nicht einmal vorstellen könnten. Mehr noch, sie wisse um seine Gefahren. Das Land bedeutete unreines Wasser, und unreines Wasser bedeutete Typhus – sollte sie einiger Spiele wegen das Leben und die Gesundheit ihrer Tochter riskieren und sie mit diesen ahnungslosen Amerikanern in die Tiefen des Landes schicken? Wir diskutierten. Wir führten die Statistik an – natürlich auf der Basis von Anekdoten –, die darauf hindeutete, dass die Kinder, die wir kannten und die ins Camp gefahren waren, zurückgekommen waren und zudem gesunder aussahen als zuvor. Doch wie es im Jiddischen heißt: »Sprich mit ihr, und du sprichst mit der Wand.« Meine Mutter wusste, was sie wusste, und ihre Ängste beruhten auf anderen anekdotenhaften Zeugnissen. Also fuhr meine Schwester nicht ins Camp.

Doch in Amerika lauerte die Krankheit nicht nur auf dem Land. Es ging etwas Neues um, das Reiche wie Arme gleichermaßen betraf: Kinderlähmung. Selbst unser Präsident war daran erkrankt, und in den Zeitungen sah man wiederholt die tapfer lächelnden Gesichter von Opfern, die an ihre eisernen Lungen gefesselt waren. Meine Mutter und ihre Nachbarinnen verfügten über ein altes Mittel gegen solche Übel, ein Stück Kampfer. Ich weiß nicht, ob sie auch Zaubersprüche darüber sprachen. Doch wir alle liefen den Sommer über mit unseren Kampferstücken umher, eingenäht in kleine Stofftäschchen, die um unseren Hals herumhüpften. Mit der Zeit gewöhnten wir uns an den Geruch, den wir hinter uns herzogen, und bemerkten kaum, dass wir, wenn wir manchmal alle zusammen in ernstem Konklave zusammensaßen, wie das Innere eines Schrankkoffers mit eingemotteten Kleidern rochen.

Kampfer war überhaupt beim Übergang vom Winter zum Sommer ein sehr wichtiger Stoff. Alles im Haus, das aus Wolle gemacht war, musste vor Motten geschützt werden. Als erster Schritt wurden alle Wollsachen, die wir während des Winters getragen hatten, draußen auf den Feuerleitern in die Sonne gehängt. Die Sonne galt allgemein als großer Reiniger. Dann wurden stechend riechende Kleidertüten aus Papier, gestreift wie Zedernholz, in die Schränke gehängt, um dort unsere Wintermäntel unterzubringen. Nachdem sie der Luft und dem Licht ausgesetzt worden waren, schichtete man kleinere Teile wie Pullover, Schals, Wollhandschuhe und Wollkleider sorgfältig in Schubladen mit Kampferkrümeln auf. In diesen kleinen Wohnungen war einer der ersten Sommergerüche jener des Kampfers, der aus den Schubladen und Schränken hervordrang, wo er sein Werk tun sollte.

In Häusern, die reicher waren als unsere, vollzogen sich noch weit umfangreichere Veränderungen. Wollteppiche wurden aufgerollt, zur Aufbewahrung gegeben und durch leichte indische Teppiche ersetzt; auch die schweren Wintertürvorhänge und Gardinen wurden abgenommen; an ihre Stelle traten bedruckte Baumwollgardinen, und die Polster erhielten einen Schutzüberzug, ebenfalls aus Baumwolle, damit sie während der bevorstehenden schwülen Sommermonate kühlende Linderung für die Haut spendeten. Der Sommer wurde ernst genommen, denn die meisten von uns reisten nirgendwohin, nicht einmal jene, die reich genug waren, um sich Teppiche und Brokatvorhänge leisten zu können.

Erst ganz allmählich entwickelten sich die Catskills zum sommerlichen Tummelplatz der New Yorker jüdischen Bevölkerung – aus ihren Pensionen wurden Hotels, aus Anlagen für Familien Bungalowsiedlungen. In den ersten Jahrzehnten des vergangenen Jahrhunderts gab es in den Catskills bereits bescheidene Hotels, vor allem für die jungen Arbeiter, die während des Sommers eine oder zwei Wochen Urlaub hatten. Abraham Cahan schreibt darüber in *The Rise of David Levinsky*. Auch meine Mutter besuchte in den Jahren unmittelbar nach dem Ersten Weltkrieg in ihren Fabrikferien diesen Ort. Sie nahm ihre besten

Kleider sowie ihre Handarbeiten mit, verbrachte Stunden auf der Veranda, hielt poetisch ihren Stickreifen und erfreute sich dieser Unterbrechung in ihrem Leben. Hoffte sie, den Mann ihrer Träume zu finden? Sie sprach nicht darüber. Doch diese Zeit bedeutete mit Sicherheit eine Phase der Ruhe und des Luxus nach langen Stunden und Tagen in der Werkstatt.

Nachdem sie geheiratet hatte, wurden diese Intermezzi seltener. Einige Sommer lang fuhren wir nach Rockaway Beach – damals ein Wohnviertel aus Einzelhäusern entlang den Straßen, die ans Meer führten. Viele dieser Hausbesitzer vermieteten den Sommer über Zimmer in ihren Häusern. Einige wenige, die bereit waren, Kinder unterzubringen, statteten die Zimmer sogar mit primitiven Küchen aus und machten sie damit für Familien aus der Arbeiterklasse, wie wir eine waren, sehr attraktiv. Das bedeutete, dass mein Vater in dem etwa einen Monat, den wir fort waren, allein zu Hause wohnte und nur an den Wochenenden mit der Long Island Railroad nach Rockaway kam.

Die Kinder in dem Viertel fanden rasch zueinander, und wie in der Stadt lebten wir unser eigenes Leben, erkundeten den Strand und paddelten im Wasser, da nur wenige von uns schwimmen konnten. Abends wurden wir schicklich angezogen, gingen auf dem Bohlenweg spazieren und gafften in die Geschäfte, vor allem in die Auktionshäuser mit ihren protzigen und ungeheuer begehrenswerten Kunstgegenständen: herrlichen mit Rosenknospen überzogenen Capodimonte-Vasen, chinesischen Jadefiguren, Tischen mit eingelassenem Perlmutt, Mokkatassen aus Messing auf ihren reich verzierten Tabletts, erhabenen Bronzefiguren – all die Exotika, die damals jeder Arbeiterhaushalt erstrebte. Mich zogen natürlich die Sprüche des Auktionators in ihren Bann, die uns vor allem davon überzeugen sollten, dass der Gegenstand vor uns nirgendwo sonst auf der Welt oder aber nur in fernen, unerreichbaren Kaufhäusern im Zentrum New Yorks oder, noch extravaganter, nur bei Tiffany's zu finden sei, wohin wir nicht einmal im Traum gehen würden. Doch hier, und nur hier, waren diese Schätze greifbar. Wie konnten wir uns diese Gelegenheit entgehen lassen? Wir mussten nur ein Wort sagen, und diese seltene Kostbarkeit gehörte uns. Wie begehrenswert plötzlich diese chinesischen Kakadus, diese bemalten Wandbehänge aus Samt und diese Teetassen mit Goldrand wurden! Sie alle stammten von unheimlich fernen Orten.

Am Strand ließ uns unser Unwissen über Flora und Fauna keine andere Möglichkeit, als Namen für das zu erfinden, was wir vor uns sahen. Eine Art Tang, der in regelmäßigen Abständen Klumpen aufwies, bezeichneten wir als »Hai-Eier« (natürlich weiß ich bis heute nicht, wie man dieses Seekraut nennt). Mit Staunen und Vergnügen starrten wir auf die namenlosen Muscheln zu unseren Füßen und sammelten sie – zum Ärger unserer Mütter – leidenschaftlich je nach Farbe und Form in hölzerne Zigarrenkästen. Wir errieten nur ungefähr, dass dies einmal die Gehäuse lebendiger Kreaturen gewesen waren. Ich denke, wir wussten, wie die Möwen genannt wurden, doch die übrigen Vögel, die gelegentlich durch den Sand dahinglitten, waren namenlose Besucher. Dennoch waren wir nicht, wie Adam im Paradies, dafür verantwortlich, Namen für das zu finden, was wir sahen. Es war eine Zeit des reinen körperlichen Vergnügens, ganz anders als unser Leben in den Straßen der Stadt. Hier verbrachten wir Stunden im Wasser, sprangen umher, ließen uns von den Wellen tragen, bis wir ganz blau vor Kälte waren und unsere Mütter uns an den warmen Strand riefen. Ich glaube, wir lebten in jenen Sommern von hart gekochten Eiern. Was sonst war so wirksam in seine Schale eingehüllt und abgedichtet gegen den Sand, bis zu dem Augenblick, da man es verzehren wollte?

Jene wenigen Wochen in Rockaway waren wie eine Zeit, die aus dem Kalender herausfiel, und wir pflegten in die Straßen der Bronx, also in die Wirklichkeit, zurückzukommen, als wären wir auf einem anderen Planeten gewesen. Es dauerte eine Weile, sich wieder an das starre Netz der Straßen und Häuser zu gewöhnen. Ich vermisste die salzige Luft, die abendlichen Spaziergänge auf dem Bohlenweg und das Geräusch, wenn das Meer auf den Sand klatschte, außer Sichtweite und doch der vernehmbare Herzschlag von Rockaway. Dennoch fügte ich mich wieder in den Rhythmus und die Lebensweise der Stadt ein.

Im Sommer aßen wir anders als im Winter mit seinen Mahlzeiten aus Fleisch und Kartoffeln. Plötzlich war unsere Kost ganz weich und leicht, die Welt des *Milchiks*, des Milchigen – leichte Suppen, Nudelgerichte, köstliche Blintzes, frischen Käse und jede Menge Früchte und saure Sahne. Zwei Suppen – Borschtsch und Schaw – waren das Grundnahrungsmittel des Sommers, beide mit dem bitteren Geschmack, der Erfrischung bedeutete. Der Borschtsch war, abgesehen von seinen anderen Eigenschaften, auch ein Charaktertest. Der klare Sommer-Borschtsch, der kalt gegessen wurde, mit einer heißen gekochten Kartoffel und Sauerrahm, ließ sich noch durch ein geschlagenes Ei verfeinern. Das allerdings erforderte eine reine, entschlossene Seele. »*Unterschlogn a Borschtsch*« – ein Ei unter den Borschtsch schlagen –, das tat man nicht leichtfertig. Hier erreichte der moralische Zugang meiner Mutter zur Kochkunst ihren Höhepunkt. Die kleinste Störung des moralischen Gefüges, und das Ei gerann.

Schaw bereitete noch mehr Arbeit, war aber nicht so gefährlich. Und natürlich lernte ich erst Jahrzehnte später, dass *Sorrel* [Sauerampfer], so der englische Name, in der französischen *Haute Cuisine* eine ausgesuchte Delikatesse war. Tatsächlich ist Sauerampfer eine solche Delikatesse geworden, dass es heute in Supermärkten in winzigen 25-Gramm-Päckchen als Gewürz angeboten wird. In der Bronx der Arbeiterklasse in den dreißiger Jahren wurde es noch pfundweise als »Sauergras« verkauft. Der niedrige Preis verhielt sich umgekehrt proportional zur aufwendigen Vorbereitung, da bereits die sandigen Blätter mehrfach gewaschen werden mussten. Dann mussten die Stachel entfernt und die Blätter klein geschnitten werden, die schließlich in Brühe oder Wasser gekocht und mit Zitrone gewürzt wurden, bevor man die Suppe später am Tag kalt und bitter, mit in Stücke geschnittenen hart gekochten Eiern servierte. Das war die asketische Version. Eine üppigere Variante erforderte die Hinzufügung von geschlagenen Eiern und Sauerrahm – was wir als Kinder nicht so schätzten, da wir sehnsüchtig darauf warteten, wieder auf die Straße, zu unseren Freunden und den unterbrochenen Spielen zurückzueilen.

Es war eine Küche, die jahrzehntelang intakt blieb, bevor sie durch Übertreibung und das Eindringen anderer Kulturen und Normen Schaden nahm. Heute ist sie ruiniert, und lediglich einige Fetzen davon haben in seltsam entstellter Form überlebt: ein Pastramisandwich mit Schmelzkäse? Damals war die Küche noch unverdorben. Man aß entweder Fleisch oder Milchiges, und man wusste, was je nach Jahreszeit zu erwarten war.

Zweifellos erforderte es sachkundiges Einkaufen und noch fachmännischeres Kochen, um ein Abendessen auf den Tisch zu bringen. Vor dem Zeitalter der Maschinen benötigte man sogar für so etwas Einfaches wie einen Biskuitkuchen Charakterstärke und einen starken rechten Arm zum Schlagen des Eiweißes von einem Dutzend Eiern. Zwar neigen wir nach so langer Zeit dazu, zu romantisieren, was in jenen Küchen vor sich ging, doch im Grunde war es ein überaus arbeitsreiches Leben. Die Küchentische der zwanziger Jahre waren mit Emaille überzogen und mit einem eingebauten Nudelbrett ausgestattet, das man wie eine Schublade unterhalb des Tischendes herausziehen konnte und das natürlich genau darauf passte. Diese Konstruktion war sehr praktisch und zugleich ein Hinweis auf die Anforderungen der Zeit. Auch wurden derartige Nudelbretter ganz selbstverständlich jede Woche benutzt. Doch die Anforderungen beschränkten sich nicht auf das Herstellen von Nudeln. Ein Teil der schwersten Wäsche dürfte in die »Nass-Wäscherei« geschickt worden sein und kam feucht in Netztaschen zurück, um draußen auf die Leine gehängt zu werden. Doch der Großteil der Wäsche wurde zu Hause auf einem verzinkten Waschbrett gewaschen; die Kleidung wurde geschrubbt, ausgespült, gebläut und auf jene beweglichen Wäscheleinen über dem Hof aufgehängt. Kein Wunder, dass die Hände unserer Mütter rau und hart wurden, da die endlose Arbeit viele der Frauen zu Schwerstarbeiterinnen machte.

Eine erstaunliche Ausnahme bildeten die »Amerikanerinnen«, die in denselben Wohnungen lebten, dieselbe Arbeit machten, aber doch so anders aussahen. Sie waren selbst inmitten ihrer Hausarbeit ausnahmslos frisch und gepflegt gekleidet. Nach dem Börsenkrach waren plötzlich einige dieser Familien mitten unter uns aufgetaucht. Es war offenkundig, dass sie früher in vornehmeren Verhältnissen gelebt hatten, nun aber auf die Wohnungen in der Bronx zurückgeworfen waren. Eine Frau, die uns erzählte, ihr Mann sei Bankier, erregte meine besondere Bewunderung.

Was sie unmittelbar von den anderen unterschied, war ihre Schlankheit. Die normalen Bewohnerinnen – die aus Europa stammenden Damen – waren allesamt rundlich, was, so nahmen wir an, die gewöhnliche Gestalt von Müttern war, die sich mit ihren einteiligen Korsetts in Ehrbarkeit und eine gewisse Stabilität der Kontur hineinschnürten. Die amerikanischen Damen dagegen kamen ohne Korsett aus. Sie trugen gut sitzende schmale Kleider, bewegten sich leichten Schrittes und hatten dünne, zierliche Schuhe statt der schweren Schnürhalbschuhe, die unsere Mütter mit ihren schmerzenden Krampfadern brauchten oder bevorzugten.

Meine Mutter, die möglicherweise noch von ihrer Zeit als unverheiratete Frau und ihren eleganten, maßgeschneiderten Kleidern träumte, äußerte sich warnend zu diesen derben Körpern und rauen Händen. Das kam vom Heiraten und Zuhause-Bleiben, sagte sie, sich damit über die allgemeine Weisheit hinwegsetzend, die sie ebenfalls bisweilen vertrat, wonach das Hauptziel im Leben eines Mädchens darin bestehe, zu heiraten. Tatsächlich wurde ich, wenn ich hinfiel und mir das Knie aufschürfte oder mir einen oberflächlichen blauen Fleck zuzog, mit dem jiddischen Spruch abgetan: »*Es wet nischt schatn tsum chasene* – das wird Dich nicht hindern, zu heiraten.« Die Botschaft über die Ehe war nicht ganz positiv, doch die Amerikanerinnen schienen eine elegantere Weise zu haben, damit umzugehen.

Die Frau des Bankiers erwarb sich sofort einen Platz in den Herzen ihrer neuen Nachbarn, indem sie sich über ihren Mann beschwerte – darüber, dass er nie hinter sich aufräumte, nasse Handtücher auf dem Badezimmerfußboden liegen ließ und so weiter. »Es ist nicht so, dass wir noch Dienstmädchen hätten«, pflegte sie hinzuzufügen; damit deutete sie die vergangene Pracht ihres früheren Lebens an und vermittelte zugleich, dass sie sich selbst nicht zu schade war, das nasse Handtuch aufzuheben. Es war eine Geschichte, die überall mit großer Befriedigung erzählt und aufgenommen wurde.

Die Folgen dieser Zwiespältigkeit über das Führen des Haushalts machten sich in der folgenden Generation auf ganz unterschiedliche Weise bemerkbar. Es gab jene, die die »amerikanischen« Prinzipien der Rationalität, Energie und Organisation anwandten und neue Methoden der Haushaltsführung ersannen. Sie mögen die Normen der alten Hausfrauen nicht abgelehnt haben, doch wollten sie kein geduldiges Martyrium auf sich nehmen, um sie zu erfüllen. Andere waren von dem, was sie sahen, so entsetzt, dass sie später, wie sie auf Jiddisch zu sagen pflegten, niemals auch nur »eine Hand in kaltes Wasser tauchten«. Lange vor dem Aufkommen von Fertigspeisen beherrschten diese Dissidentinnen die Kunst, eine Mahlzeit auf den Tisch zu bringen, ohne zu kochen, aufzuräumen oder zu putzen. Sobald sie nur ein wenig Geld sparen konnten, stellten sie rasch Haushaltshilfen ein, während der Rest von uns noch immer mit sozialen Bedenken und einer gewissen Scheu rang.

Wir wussten immer, dass der Sommer an dem Tag zu Ende war, an dem wir aufgefordert wurden, unsere weißen Sommerschuhe zur Prüfung vorzulegen. Wurden sie für intakt befunden, so schickte man sie zum Schuster, damit sie dort gefärbt wurden und wir sie noch einmal eine Zeit lang tragen konnten. Sie kamen schwarz oder braun und schön poliert zurück, das ist wahr, doch mit den alten Falten, und irgendwie ließ dies beim Schulbeginn Traurigkeit aufkommen. Alles andere war so frisch: der Geruch des neuen Anstrichs in den Fluren, der Geruch des Wachstuchs, in das wir unsere Schulbücher hüllten, die neuen Stifte und Kolleghefte. Und dann die alten Schuhe. Nun, sie würden ja nicht ewig halten.

Das Ende des Sommers war mehr als bloß das Ende einer Jahreszeit. Es bedeutete das Ende der Zeit der Verantwortungslosigkeit. Das ganze restliche Jahr über verbrachten wir, wie unsere Eltern, in der Tretmühle der Welt der Arbeit und Pflicht. Wir nahmen die Schule ernst, waren verängstigt, wenn wir zu spät kamen, fürchteten unseren Rektor wie einen Gott und erhoben uns wie auf Befehl, wenn er oder ein anderer Besucher unser Klassenzimmer betrat. Wir lernten früh über Hierarchie und Ehrerbietung und empfanden es als natürlich, jenen, die in einer überlegenen Welt lebten, Respekt entgegenzubringen.

Abgesehen von der Bibliothek und den Filmen war nur sehr

wenig Raum für unsere Entdeckungsreisen. Physisch legten wir nicht mehr als die wenigen Blöcke zurück, die uns unsere Beine in einem Radius um unser Heim trugen. Doch wir wussten, dass es noch mehr Welten und andere Wege jenseits dieses Radius gab. Eines Tages würden wir jenen Welten begegnen; in der Zwischenzeit, so sahen wir vorher, würde unsere Schule uns, wie indirekt auch immer, für diese Begegnung vorbereiten.

5

Hüte

Ende der zwanziger Jahre, als mein Schwiegervater und seine Genossen – seine *Chewra Lajt* – etwa zwei Jahrzehnte in diesem Land gelebt hatten, fühlten sie sich in der Neuen Welt heimisch. Sie hatten ihre Geschäfte und ihre harterkämpften Gewerkschaften. Sie waren Haushaltsvorstände und Familienväter und hatten einige Fähigkeiten und ein wenig Komfort angehäuft. Zu diesem Zeitpunkt beschloss einer von ihnen, es sei an der Zeit, in die alte Heimat zu reisen. Das war nicht nur für ihn ein wichtiges Ereignis, sondern auch für seinen ganzen Freundeskreis, der aus seiner Abreise einen Feiertag machte und ihn zum Schiff begleitete, um ihn dort zu verabschieden. Es gab jedoch eine Schwierigkeit: Das Schiff segelte am Samstag los, und natürlich wollte niemand von ihnen den Schabbat entweihen, indem er an diesem Tag an den Pier fuhr. Es gab jedoch eine Möglichkeit, dies zu umgehen. Sie würden am Freitag downtown Manhattan fahren, bei Freunden und Verwandten übernachten, sich einen Ausflug in der Stadt gönnen, natürlich alles zu Fuß, und dann am Abend, wenn das Schiff ablegte, den Freund verabschieden.

Am Samstagmorgen trafen sie sich zum Morgengebet und beschlossen aus Neugier und aus Spaß, den Temple Emanuel, die großartige Zitadelle der deutsch-jüdischen Liberalgemeinde in der Fifth Avenue, aufzusuchen, in die bekanntlich die Reichen und Großen in New York gingen. Wer mochte es sagen? Es könnte ja zufällig gerade ein Warburg oder ein Schiff dort sein. Unsere kleine Gruppe betrat die Synagoge, nahm in dem ruhigen, wenig bevölkerten Heiligtum Platz, legte den Gebetsschal um und schlug kundig die richtige Stelle im *Siddur* (Gebetbuch) auf. Plötzlich kam einer der Angestellten des Tempels den Gang hinab und redete mit ihnen. »Sie«, sprach er sie kollektiv an, »hier legen wir im Heiligtum unsere Hüte ab.« Sie waren stumm vor Staunen. Sie protestierten. Sie zitierten das talmudische Recht. Sie führten den Brauch an: Sie trugen stets ihre Hüte, nicht nur in der Synagoge, sondern auch auf der Straße, bei der Arbeit und natürlich zu Hause. Der Angestellte blieb ungerührt. Er war Herr in seinem Hause und bestand darauf, dass sie sich an die Regeln hielten. Mit wehem Herzen wollten sie soeben ihre Häupter entblößen, als ihr Peiniger plötzlich auf ein Mitglied der Gruppe deutete, das einen Bart hatte. »In Ordnung«, sagte er großmütig, »der da darf seinen Hut anbehalten.«

Dies war eine Geschichte, die über die Jahre beim Wiedererzählen an Bedeutung gewann. Mal war es das Motiv der Freunde, ihrer Kameradschaft und wechselseitigen Solidarität, das besonders wichtig war. Bisweilen waren es die Arroganz des Angestellten und unfreundliche Reflexionen über die deutschen Juden. Manchmal war es eine Meditation über den Unterschied zwischen dem Liberaljudentum und ihrem *echten* Judentum. Doch im Laufe der Jahre, als sie ihre Söhne barhäuptig herumlaufen sahen, von Synagogen hörten, in denen Männer und Frauen zusammen saßen, und Zeugen wurden, wie die *Tefillim* (Gebetsriemen), die sie mit so viel Sorgfalt für die Bar-Mizwa ihrer Söhne gekauft hatten, unbenutzt blieben, verschob sich der Sinn der Geschichte. Sie, die wagemutigen, abenteuerlustigen jungen Männer, die den Atlantik überquert hatten und an unerzählten Schwierigkeiten und Eskapaden beteiligt gewesen waren, waren plötzlich die alte Garde, die an Bräuchen festhielt, die im modernen Amerika ignoriert wurden oder außer Mode kamen.

Doch sie konnten nicht anders. Unterwegs trugen sie Hüte, moderne amerikanische Hüte, von denen der Fedorahut mit seiner unverwechselbaren Krempe am beliebtesten war. Zu Hause jedoch fühlten sie sich mit einer schwarzseidenen *Jarmulke* wohl, die genauso zur Bekleidung für zu Hause gehörte wie ihre gefütterten Hausschuhe. Es gehörte sich so für einen Juden. Und natürlich war es dieses vollkommene Akzeptieren und Festhalten des Brauches, das zu einem der liebenswürdigen Witze führte, die

die nächste Generation in einem spöttischen talmudischen Frage-Antwort-Spiel erzählte:

> Q: Woher wissen wir, dass Abraham eine Kopfbedeckung trug, als er die drei Engel empfing?
> A: Nun, es steht hier in der Bibel: »Und Abraham eilte ins Zelt zu Sarah und sprach: Eile, drei Maß Kernmehl knete und mache Kuchen …«
> Q: Ich sehe nicht, wie das etwas beweisen soll. Es steht dort nichts darüber, dass er eine Kopfbedeckung trug.
> A: Wie kannst du so einfältig sein? Würde Abraham ohne Kopfbedeckung in sein Zelt gehen?

Jene grauen Fedorahüte, die allgemein üblichen unauffälligen, allgegenwärtigen Hüte des ersten Jahrzehnts des vergangenen Jahrhunderts, die auf jedem Foto der Massen in der Fifth Avenue zu sehen sind, hatten auch für die jüdischen Einwanderer einen bedeutungsvollen Aspekt. Hier in Amerika fühlten sie sich nicht länger wegen der Mützen gezeichnet und verachtet, die die übliche Kopfbedeckung des Arbeiters ausmachten. In den jüdischen Dörfern Osteuropas waren Wohlstand und Stellung unmittelbar sichtbar. Reiche Männer – und selbst ihre jungen Söhne – trugen den eindrucksvollen pelzverbrämten *Streimel*, mal knapp sitzend, mal breit, aber stets mit Pelzrand. Bei den ganz Reichen und den bedeutenden Rabbinern war er vielleicht sogar mit Zobelpelz besetzt. In Amerika dagegen waren alle gleich, und selbst der Arbeiter konnte, wenn er wollte, einen Hut tragen. Und er *wollte*, vor allem an Ruhetagen. Im Winter einen Filzhut, im Sommer einen Strohhut.

Heute, zu Beginn des einundzwanzigsten Jahrhunderts, wo Jogginganzüge selbst bei den erhabensten Anlässen den konventionellen Anzug verdrängt haben, kann man sich kaum vorstellen, wie begehrt einst förmliche Kleidung war. Doch der Arbeiter, der die gesamte Woche über in seiner ältesten Kleidung gearbeitet hatte, zumeist in abgelegten Kleidungsstücken, wollte den Schabbat und seine Freiheit in etwas Feinem, einem guten Anzug und einem weißen Hemd, feiern. Der Sabbatfriede war noch intensiver, wenn er den glatt gebügelten feinen Baumwollstoff auf seiner Haut spürte. Für einen Tag, später sogar für zwei Tage, fiel seine Woche in einer lärmenden, schmutzigen Fabrik von ihm ab, und er konnte sich mit jedem anderen Menschen gleichwertig fühlen. Das Wochenende war die Zeit für Freizeit und für Familienbesuche, natürlich im Anzug, mit Krawatte und seinem Hut, der *balebatisch*, das heißt »anständig« und gerade auf seinem Kopf zu sitzen hatte.

Frauen erblickten nicht weniger als Männer im Hut ein aussagekräftiges Symbol, das in ihrem Fall auf Grund des in der Neuen Welt geführten Kampfes um die Eheperücke noch größere Bedeutung gewann. Dieses unausweichliche Symbol ihrer Stellung wartete auf jede traditionelle jüdische Braut, sobald ihr Haupt am Hochzeitstag rasiert wurde. In den Dörfern trugen die Frauen Kopftücher, ein *Tichl*, und im Winter hüllten sie sich in dicke Wollschals. Reiche Frauen trugen über ihren Perücken mit Perlen oder anderem Schmuck bestickte Stirnbänder. Doch in der großen Welt der Städte und Boulevards waren Hüte ein Vorrecht der Reichen und Weltlichen, und es war eines der Wunder der industriellen Revolution, dass sie auch den niederen Schichten Imitationen dieser kunstvollen Modeartikel kostengünstig zugänglich machte. Tatsächlich war dies Teil der Anziehungskraft des Stadtlebens, wo ein Dienstmädchen in ihrer Freizeit genauso wie eine Herzogin aussehen konnte.

Kleidung war demnach ein Code, eine Zeichensprache, die verriet, wie viel Geld man hatte, woher man stammte, ja, die selbst etwas über die eigenen Überzeugungen und Bestrebungen aussagte. Unter den Chassidim unterschieden sich die Anhänger der verschiedenen Gruppierungen durch ihre Kleidung; einige behielten sogar die Kniebundhosen und langen weißen Strümpfe des achtzehnten Jahrhunderts bei. Die *Maskilim*, die Anhänger der Aufklärung und der westlichen Ideale, übernahmen natürlich im Prinzip die westliche Kleidung, während die winzige Zahl jüdischer Gymnasiasten und Universitätsstudenten die Uniformen ihrer Schulen trugen. Ein Mensch kleidete sich also in seine Überzeugungen und war, noch bevor er ein Wort gesagt hatte, durch ein Dutzend Zeichen identifizierbar.

In den Erinnerungen einer Immigrantin, Rose Gallup Cohen, die 1892 aus ihrem »kleinen russischen Dorf« nach New York kam, lesen wir, wie lebhaft auch die kleinsten Veränderungen registriert wurden. Im Alter von zwölf Jahren war sie der übrigen Familie voraus zu ihrem Vater geschickt worden. Als sie ihn bei ihrer Ankunft schließlich erkannte, wusste sie, dass sie sich inmitten eines dramatischen Wandels befand. Einem Kind, das aus einer Gesellschaft mit strengen Regeln stammte, entging kein einziges Detail. Am »ersten Juli«, schreibt sie, »standen Tante Masha und ich in Castle Garden. Mit klopfendem Herzen standen wir da und musterten die Gesichter einer Gruppe von Amerikanern, die durch Eisentore von uns getrennt waren. ›Mein Vater kann niemals unter diesen wundervoll angezogenen Leuten sein‹, dachte ich.« Dann sah sie ihn,

> »diesen Mann in dem leichten gelbbraunen Anzug, der lächelte und winkte [...] Ich spürte meine Erregung. ›Bin ich wirklich endlich in Amerika?‹ [...] Vater war so verändert. Ich hatte kaum erwartet, ihn in seinem schwarzen langschwänzigen Mantel vorzufinden, in dem er daheim abgereist war. Natürlich aber mit demselben Vollbart und den Schläfenlocken. Jetzt aber sah ich stattdessen einen jungen Mann mit einem sorgfältig geschnittenen Bart und ohne jedes Zeichen von Schläfenlocken. Als ich ihn anschaute, konnte ich kaum meinen Augen glauben. Vater war der frommste Jude in unserem Viertel gewesen. Ich fragte mich, ob es also wahr sei [...], dass man in Amerika sofort zum Libertin wurde.«

Einige Wochen später sah sie mit Entsetzen, wie ihr Vater am Schabbat mit Geld umging und ihr anbot, eine Leckerei zu kaufen. In diesem Augenblick erinnerte sie sich an die Prophezeiung einer Nachbarin in ihrem Heimatland: »›Das Erste, was Männer in Amerika tun‹, hatte sie gesagt, ›ist, dass sie ihre Bärte abrasieren, während die Frauen als Erstes ihre Perücken weglassen. Und du‹, hatte sie gesagt, indem sie sich boshaft an mich wandte, ›die du jetzt keinen Faden am Schabbat abreißt, wirst in Amerika Schweinefleisch essen.‹«

Amerika war damals das Land der beängstigenden Möglichkeiten, da die Regeln und der Zusammenhalt des abgeschlossenen jüdischen Lebens aufgehoben wurden. In gewissem Sinne gab es nichts Geordneteres als die jüdische Welt mit ihren sich stetig wiederholenden Rhythmen, die im wöchentlichen Einhalten des Schabbat und im Fortschreiten der Feste durch das Jahr verankert waren. Viele Einwanderer kamen in Ellis Island an und wussten nur, dass sie »drei Tage vor Purim« oder »am siebten Abend des Chanukkafestes« geboren waren, hatten jedoch keine Ahnung, auf welchen Monat oder welches Jahr des gregorianischen Kalenders sich dies bezog.

In einem Leben, das keine Überraschungen bereithielt, hätte eigentlich Ruhe herrschen müssen. Doch Ende des neunzehnten Jahrhunderts war das Gerüst der Tradition eher beengend als tröstlich geworden. Es hatte einen Großteil des Jahrhunderts gebraucht, bevor die Aufklärung des Westens, die *Haskalah*, in die jüdischen Gemeinden Osteuropas vorgedrungen war. Als sie aber eintraf, führte sie nicht nur philosophische Ideen in den Osten ein, sondern brachte zugleich eine neue Grundlage für das alltägliche Leben und neue Prämissen für die Beziehung zwischen den Menschen mit sich.

Schalom Jacob Abromowitsch, der den Schriftstellernamen Mendele Mocher Sforim (Mendel, der Buchhändler) benutzte, war ein Pionier sowohl der modernen jiddischen Literatur als auch der schonungslosen Kritik des traditionellen jüdischen Lebens. In seinem 1864 veröffentlichten, aus der Sicht der Frommen niederträchtigen Roman *Das kleine Menschele oder eine Lebensbeschreibung* ging Mendele jedoch über die Entlarvung der Heuchelei des konventionellen Schtetl weit hinaus. Das Buch enthält auch ein lyrisches Kapitel, das den Haushalt eines »Deutschen«, das heißt eines Mitglieds der *Haskalah*-Bewegung, beschreibt. Herr Gutman (der buchstäbliche »gute Mensch«) lebt in einem kleinen Haus am Rande der Stadt und nimmt es hin, dass er von den Stadtbewohnern »häufig beleidigt und verfolgt« wird. Der Protagonist des Romans, ein verwaister Lehrling, wird für eine gewisse Zeit als Diener in diesem aufgeklärten, aber verarmten Haushalt aufgenommen. Hier erfährt das arme missbrauchte Diener-Kind erstmals die Annehmlichkeiten eines wohlgeordneten Heims und, bedeutsamer noch, der menschlichen, freundlichen Art und Weise, mit der die Familie mit ihm und miteinander umging. Dies war als unverbrämte Kritik am chaotischen Leben und den häufig von Brutalität geprägten Beziehungen gemeint, die für das jüdische Leben charakteristischer waren als moderne Mythenbildung uns glauben machen will.

»Er war sehr arm«, sagte der Erzähler über seinen Meister,

> »doch in seinem Heim war die Armut nicht an Schmutz, Schlampigkeit, Trägheit oder irgendeinem der anderen hässlichen Zeichen der Armut erkennbar, die man in den meisten armen Häusern, insbesondere in jenen armer Juden, sah. Das Haus war sauber, und alles hatte seinen Platz. Jede Ecke glänzte und war blitzblank. Madame, seine Frau [...], war beständig damit beschäftigt, zu kochen, zu backen, sauber zu machen, zu nähen, Kleider zu flicken – all das, was Frauen wild wie Tiere macht, doch sie war stets still und ruhig und hatte einen angenehmen Gesichtsausdruck. [...] Gleichgültig, wie beschäftigt sie war, fand sie immer noch Zeit, sich mit einem Buch hinzusetzen, um herauszufinden, was in der Welt vor sich ging. [...] Ich spürte instinktiv, dass Gutman und seine Frau irgendwie andere Menschen waren, nicht etwa wie [...] der reiche Besitzer des Gemischtwarenladens und seine fette, stramme Frau, eine Amazone mit unermüdlicher Zunge, die eine echte Perlenkette und ein Kleid aus echter Seide trug und dennoch völlig verdreckt war. Ich sah nur, dass dies ein ganz anderes Haus war und dass die Kinder nicht die üblichen verschmutzten, flegelhaften jüdischen Bälger waren.«

Die Rationalität etwa dieses Haushalts, diese neue Art, die Welt zu ordnen, und diese neue Denkweise zogen jedoch nur eine Minderheit der Juden in Osteuropa an. Und selbst diese stammten weitgehend aus dem kleinen Reservoir jener, die sowohl belesen waren und europäische Sprachen beherrschten als auch über die traditionelle Bildung verfügten. Die *Haskalah* zielte auf einen revolutionären Bruch mit der Trägheit von Jahrhunderten. Die

Maskilim mussten nicht allein eine tiefverwurzelte Glaubensweise, sondern gleich die gesamte gesellschaftliche Organisation bekämpfen, die dem Glauben und der mit ihm einhergehenden Lebensweise zu grunde lag. Es war, wie Mendele an seinem Gutman zeigte, überaus hart, als Außenseiter in den geordneten, streng organisierten Gemeinden Osteuropas zu leben.

Doch in Amerika lösten sich diese kraftvollen, wachsamen, zutiefst miteinander verflochtenen Gemeinden auf, und die jungen Einwanderer, die kamen, um sich ein neues Leben zu schaffen, waren bereit, viele Bräuche neu zu überdenken, die in der Alten Welt unvermeidlich gewesen waren, in der Neuen Welt jedoch als absurd erschienen. In Amerika bildeten sie unvermeidlich neue *Schtetlach*, doch allein um ihrer Nützlichkeit willen, nicht um neue Autoritäten zu schaffen. Sie wünschten sich zwar die Intimität des »Heims«, jene herzerwärmenden, sehr nahen Gefühle gegenüber der Familie und den Freunden, doch sie wollten darüber hinaus noch etwas anderes, was sie, so waren sie gewiss, im Westen finden würden.

Viele dieser jungen Reisenden vermochten nicht einmal zu benennen, was sie suchten. Doch sie erkannten es, sobald sie es antrafen. 1882 verlässt der dreiundzwanzigjährige Isidore Kopeloff aus Bobruisk während eines fünfstündigen Aufenthalts in Berlin heimlich den Zug, der ihn durch Europa zu seinem Schiff nach Hamburg bringen soll. Berlin versetzt ihn in Euphorie:

> »Die strahlende Welt war mir niemals so wundervoll, schön und erhaben erschienen. Und ohne dass ich es wollte, erschienen plötzlich Bobruisk, meine Mutter, mein Vater und unser armes Haus vor meinen Augen; allein die Straßen, in deren Schlamm man versank, standen in einem erstaunlichen Gegensatz zu den geraden, gepflasterten Straßen, die vor mir lagen; die gelben, düsteren Gesichter, die seltsamen Gesten und Manieriertheiten schienen im Gegensatz zu den glattrasierten, frischen Gesichtern der Deutschen mit einem Mal fremd und hässlich. Die eleganten Hüte erinnerten mich zufällig an den Hut mit Ohrenklappen, den Nahum Itsche, der Rufer, mindestens die letzten vierzehn Jahre im Winter wie im

Sommer getragen hatte und der aussah, als sei er mit ihm verschmolzen.

Vor meinen Augen erstanden die grauen Gestalten der Frauen von Bobruisk mit ihren gepolsterten Jacken und ihren Kopftüchern, die hinter ihren kleinen wärmenden Öfen auf dem Markt standen, und die jungen Mädchen, die beschämt wegschauten, wenn sie dem Blick eines Mannes begegneten. Und ich verglich sie mit den Frauen in Berlin. Ach, was für geschmackvolle Kleider diese Frauen trugen und wie anmutig und elegant sie sich bewegten.«

Natürlich finden seine Gedanken ein plötzliches und hässliches Ende, als ihn ein antisemitischer Polizist anpöbelt. Doch für einen Jungen aus Bobruisk war dies nichts Neues.

Der Hut, der in Berlin Kopeloffs Phantasie gefangennahm, war in Amerika ein kaum weniger starkes Symbol. Elegant geschnittene Phantasiegebilde für die Frauen, getragen auf ihrem natürlichen Haar, sowie Strohhüte für die Männer demonstrierten eine neue, freie und frohgemute Lebensweise. Hier hatte der Einzelne Sehnsüchte und Wünsche, die über die eng begrenzte Welt der Tradition hinausgingen. In seinem Roman *Yekl* macht Abraham Cahan den Hut oder sein Fehlen zum zentralen Wahrzeichen seines Buches. Als der Held, Yekl, nunmehr Jake, der vor seiner Frau nach Amerika ausgewandert war, sie nach drei Jahren bei ihrer Ankunft in Ellis Island erblickt, weicht seine »freudige Erwartung« in Abscheu und Scham. Er sieht sie zunächst hinter der Schranke – »ihr Haar versteckt unter einer üppigen pechschwarzen Perücke. [...] Die Perücke ließ sie beleibter [...] und mindestens fünf Jahre älter aussehen.« Nach diesem Blick »wandte er sein Gesicht ab, als wolle er nur ungern seinen Blick auf ihr ruhen lassen [...] und spürte den unbestimmten Wunsch, es möge unendlich dauern, bis sie durchgelassen würde«.

Später, als die verbotene Tanzpartnerin seiner Junggesellenzeit vor seiner unansehnlichen, abgearbeiteten Frau in seiner Wohnung auftaucht, gipfelt deren Selbstsicherheit in der Beschreibung ihres Hutes. »Die Tür flog auf, und hinein trat, eine Wolke Parfüm voraus, Mamie [...] Sie war gepudert, wohlgeschnürt und mit einer prächtigen glänzend roten, aufwendig geschnittenen Bluse mit Puffärmeln bekleidet, ein jeder weiter als die riesige Fläche ihres weißen Strohhuts, und gekrönt von einem ganzen Wald aus Straußenfedern, die ihren Kopf schmückten.« Im Verlaufe des Romans, der auf die unvermeidliche Scheidung hinläuft, probiert die Einwanderin Gitl, zugleich fasziniert und beschämt, den Hut und das Korsett an, die Symbole der Amerikanisierung, die ihr Ehemann ihr gekauft hat.

Cahan konzentriert sich auf die Episode, als Gitl in dem Augenblick, da sie sich durchsetzt und ihr Mann seine Niederlage erleidet, ihre Perücke ablegt. Am Tag der Scheidung taucht sie im Zimmer des Rabbiners auf und trägt erstmals in ihrem Leben einen modischen Hut auf ihrem eigenen Haar. Der Wandel ihrer Erscheinung, »ihre ganze amerikanisierte Aufmachung, vor allem aber ihr breitkrempiger, ziemlich überladener Hut, brachte ihn auf. Er schien einzig dem Zweck zu dienen, ihm ihren Trotz zu zeigen.«

War es schlicht Eitelkeit, die diese jungen Frauen (und Männer) dazu bewegte, einen Brauch zu verletzen, der beinahe die Kraft eines Gesetzes besaß? Die Antwort ist ungewiss. Die Reise in die Neue Welt brachte automatisch die Überlegung mit sich, nun sei alles in Frage gestellt und die Welt warte darauf, neu erfunden zu werden. Selbst die grundlegende Einrichtung der Ehe nahm eine neue Dimension an. Junge jüdische Frauen, die vielfach allein oder mit entfernten Beziehungen lebten, waren wie nie zuvor frei, ihr eigenes Schicksal zu bestimmen, sich selbst ihre Männer auszusuchen. Sie brauchten keine Ehestifter mehr, um einen Partner zu finden, aber auch nicht mehr die ausgeklügelten finanziellen vorehelichen Vereinbarungen, die in der Alten Welt häufig von der Anzahl der Jahre abhingen, in denen die Eltern der Braut das junge Paar unterstützten. Vor allem aber waren sie davon befreit, als unerlässliche Vorbedingung einer Heirat eine Mitgift aufzubringen. Und während sie arbeiteten, verwalteten sie allein das Geld, das sie verdienten.

Um die Jahrhundertwende war es für junge unverheiratete Mädchen selbstverständlich geworden, zu arbeiten und Geld zu verdienen. Wie eine Zählung durch das amerikanische volksstatistische Amt [Bureau of the Census] zeigte, waren beinahe neunzig Prozent der Arbeiterinnen in den Vereinigten Staaten unverheiratet, und die meisten von ihnen waren unter fünfundzwanzig Jahre. In New York mit seinen unzähligen kleinen Fabriken, die nur ein wenig Geschicklichkeit und Fleiß verlangten, konnten auch Mädchen vom Lande ohne jede Ausbildung einen Arbeitsplatz finden. 1911 machten jüdische Frauen, zumeist Einwanderinnen, sechzig Prozent der Arbeitskräfte in der Damenbekleidungsindustrie aus. In den Fabriken für künstliche Blumen und Federn, in den Bekleidungsgeschäften, den Hutmachereien, in den Zigarren- und Pappschachtelfabriken, überall dort, wo sie ihren Lohn verdienten, planten sie ein Leben, das ganz anders war als jenes, das sie von ihren Dörfern her kannten. Auch gaben sie ihr schwer verdientes Geld gemäß neuen Normen und einem anderen Geschmack aus. Zur Empörung ihrer italienischen Mitarbeiterinnen schienen die jüdischen Mädchen alles für Hüte und Handschuhe zu verschwenden, anders als die Italienerinnen, die nach wie vor in einem engen Familiensystem lebten und strengen Beschränkungen ausgesetzt waren.

Einer der besten Beweise für die Wahrheit dieses Vorwurfs findet sich auf einer berühmten Fotografie, die 1908 während einer Streikversammlung der Blusenmachergewerkschaft vom Balkon des Cooper Union-Auditoriums in New York aufgenommen wurde. Die Kamera schaut weit und breit auf dem Balkon auf ein Meer riesiger modischer, kunstvoll aus Gaze, Seide und Federn gestalteter Hüte. Die meisten waren zweifellos von ihren Trägerinnen selbst genäht worden, von Mädchen, die geschickt mit der Nadel umgehen konnten und hier einen einfachen Hut, dort die Schleifen und Blumen auflasen und daraus eine herrliche Kreation fertigten. Diese Sehnsucht nach »Brot und Rosen«, wie es die Frauen in den Textilfabriken New Englands ausdrückten, deutete auf die poetischen Empfindungen all jener jungen Leute hin, deren Arbeit und Hoffnung einem besseren Leben galten.

Meine Mutter war eine jener Frauen, die Handschuhe liebte, Glacéhandschuhe, ein weiteres Laster des arbeitenden Mädchens. Sie durften kurz oder lang sein, lose um das Handgelenk liegen oder mit winzigen Perlmuttknöpfen befestigt sein, doch sie mussten fein und dünn sein und eng anliegen. Sie hatte ganz besondere Vorstellungen darüber, wie man sich beim abendlichen Ausgehen zu kleiden hatte. Am meisten bewunderte sie schwarze Samtmäntel und natürlich schwarze Glacéhandschuhe. Einmal gestand sie mir: »Samt ist so warm!« In späteren Jahren erlaubte sie mir in den Augenblicken, in denen sie am zugänglichsten war, sie zu begleiten, wenn sie Handschuhe kaufte, was sich als ebenso feine Kunst wie das Kaufen eines Hutes erwies.

Die Größe von Glacéhandschuhen, so schien es, war etwas Unzuverlässiges, so dass man einen von ihnen über die Hand ziehen musste, um zu sehen, ob die Finger wirklich lang genug waren und ob an den Gelenken genügend Platz war. Für diesen Vorgang wurde ein kleines Samtpolster auf den Ladentisch gelegt, die Kundin legte ihren Ellbogen darauf, so dass die Hand nach oben zeigte, und dann wurde der Handschuh vorsichtig übergezogen, zunächst die Finger, dann der Daumen. Dann kam der Augenblick des besorgten Probierens. Waren die Finger etwas eng, so hatte die Verkäuferin ein zartes Holzgerät, das man in den widerstrebenden Teil einführte und ein wenig öffnete, so dass es gerade genügend Druck ausübte, um den Handschuh zu weiten. Erneut schien es mir, als sei der Prozess des Aussuchens und Anpassens in gleichem Maße Teil des Nimbus der Glacéhandschuhe wie der Handschuh selbst. Unsichtbare Verengungen, unsichtbare Falten, die nur das erkennende Auge derer wahrnahm, die den Handschuh anpassten, wurden geglättet. Dabei herrschte eine ausgeprägte Freundlichkeit, die der Käuferin das Gefühl vermittelte, sie habe nicht nur Handschuhe, sondern auch den Zugang zu einer anderen Seinsweise erworben. Ihr tadelloser Sitz, ihre wohltuende Weichheit auf den Händen und ihre Qualität bereiteten meiner Mutter eine ungeheure Befriedigung. Es hatte etwas Befriedigendes, jeden Handschuh einzeln über die Hand zu ziehen und einen Augenblick an den Knöpfen zu nesteln. Es war die Vollendung eines perfekten Kostüms. Wenn meine Mutter in Vorbereitung auf einen wichtigen Besuch ihre Handschuhe herausnahm, wusste man, dass sie für alle Eventualitäten gerüstet war.

All diese scheinbar belanglosen, tatsächlich aber herzzerreißenden Veränderungen, denen die ältere Generation ausgesetzt war, konnten die grundlegende Bindung der jüngeren Generation an *Jidischkejt* – das jüdische Leben – nicht wirklich in Mitleidenschaft ziehen. Was die alten Rabbiner als Verhängnis betrachteten, war in Wirklichkeit die Freiheit, jüdisches Leben auf neue Weise, in säkularen Formen blühen und gedeihen zu lassen – durch Theater, Musik, Tanz, Literatur und immer mehr politische Gruppierungen.

Auch die Widersprüche wuchsen. Es gab engagierte Sozialisten und Gewerkschaftler, die niemals einen *Minjan* – den religiösen Gottesdienst – verpassten, ebenso wie den Hebraisten und Zionisten, der alle hebräischen Zeitschriften abonnierte, aber nicht im Mindesten beabsichtigte, weiter als bis zum Borough Park in Brooklyn zu fahren. *Jidischkejt* nahm in der Generation der Einwanderer vielfältige Formen an, doch sie bedurfte keiner Definition, denn diese Menschen waren nur in der Welt von ihresgleichen wirklich zu Hause, setzten sich mit den alten Grenzen auseinander und schufen neue, doch immer mit einem klaren Gespür für die zentrale Stellung ihrer gemeinsamen Geschichte und Sprache.

Als sie ihre Dörfer verließen, zogen sie in die fortschrittlichsten Industriestädte Europas und Amerikas und ließen zugleich eine Atmosphäre mittelalterlichen Denkens hinter sich. Sie fanden eine Welt vor, in der viele der Vorstellungen, die sie mit sich brachten, der kritischen Überprüfung nicht standzuhalten vermochten. Bei wichtigen Dingen begannen sie nun zu schweigen und wachsam zu sein. In der Alten Welt hatten Frauen zu akzeptieren gelernt, dass nur die Hälfte ihrer Kinder überlebte. Eine ernsthafte Krankheit war eine physische Katastrophe, deren Heilung, wie jeder wusste, in Gottes Hand lag. Ein Gebet, ein Zauberspruch, in dunklen Augenblicken ein Gelübde, damit konnte man auf gewisse Weise ein schreckliches Schicksal mildern. Doch alles lag außerhalb menschlicher Verfügung. Die politische Welt war nicht weniger geheimnisvoll. Außerhalb des Halbschattens des Zaren gab es andere Staatsoberhäupter, andere Regierungen. In einigen Ländern, hieß es, konnte ein Jude vielleicht eine friedliche, ungestörte Existenz führen: in Argentinien, Kanada, England – dies waren exotische Namen. Doch selbst die erstaunliche physische Verbindung aus Lichtern, Dampf und Kraft, die sie in zehn Tagen über den Atlantik brachte, konnte sie kaum für das neue Industriezeitalter aus Straßenbahnen, Straßenlaternen, Abwasserbeseitigung und Trinkwasser aus dem Wasserhahn vorbereiten. Indem sie den Atlantik überquerten, vollzogen sie einen Zeitsprung von Jahrhunderten.

Was ist Sauberkeit in einem kleinen galizischen Dorf mit seinen verfallenen Häusern ohne fließendes Wasser oder Elektrizität, aber mit einem Abtritt im Hinterhof? Einmal im Jahr, zu Pessach, trug man Stühle, Tische und Schränke nach draußen, um sie gründlich zu schrubben, und der Boden erhielt eine neue Lehmschicht und wurde mit Sand bestreut. Nicht nur die Reinheit, sondern alle Schritte des Lebens bedeuteten beschwerliche Arbeit. In den galizischen Dörfern nutzte man das auf den Schultern des örtlichen Wasserträgers gebrachte Wasser sorgfältig und mehr als einmal. Holz für den Ofen musste im Wald geschlagen, zusammengebündelt und von irgendjemandem auf dem Rücken ins Dorf getragen, dort gestapelt und vor dem Wetter geschützt werden – ein kostspieliges Produkt anstrengender Arbeit.

Was bedeutete Sauberkeit in den litauischen Dörfern, die 1897 von den offiziellen russischen Volkszählern beschrieben wurden? In einem vertraulichen Bericht an die zaristische Regierung machten die Zählenden keinerlei Hehl aus den Vorurteilen, mit denen sie ihren wissenschaftlichen Auftrag begonnen hatten. Doch ihre Ergebnisse liefen allen Stereotypen zuwider, die sie gehegt hatten. »Sie waren von Kindheit an gewohnt«, schrieben die Volkszähler über sich selbst,

> »in jedem Juden einen Ausbeuter zu sehen. Doch sie waren überrascht, als sie mit eigenen Augen sahen, unter welchen Umständen die meisten Juden lebten. Furchtbare Enge, Not, eine Masse von Bettlern, Menschen ohne klar umrissenen Beruf. […] In einem Raum leben häufig zehn Menschen, selten weniger als sechs oder acht; eine ganze Familie besitzt nur ein Bett, auf dem natürlich nur einige schlafen können, während

Eine Aufnahme aus der Schulzeit. Der Rock ist selbstgenäht, wie es die Reifeprüfung der grammar school damals verlangte. New York 1935

die anderen einfach auf dem Fußboden liegen. Eine Familie von vier oder fünf Menschen muss sich einen ganzen Tag lang von einem Vier-Pfund-Laib Brot und einem einzigen Hering ernähren. Sie alle gehen barfuß und in Lumpen herum. Die Kinder sind mager, lustlos tuberkulös und unterernährt.«

Was hier auf dem Spiel stand, waren weder Ästhetik noch Hygiene, sondern das nackte Überleben.

Mein Vater beschrieb häufig, wie er von Pessach bis Jom Kippur barfuß lief, sogar über die Stoppeln des Feldes, doch er stellte dies als Akt der Freiheit und des Mutes dar. Mit Hilfe dieser kleinen Hinweise erzählte man uns und erzählte es auch wieder nicht, was es bedeutete, in der alten Heimat arm zu sein. Gelegentlich kam eine Geschichte, ein Vorfall an die Oberfläche, aber es bedurfte einer besonderen Aufmerksamkeit, sie in dem Augenblick, da sie erzählt wurde, zu entziffern, wenn der Erzählende spürte, dass er einen beschämenden Teil seiner Vergangenheit dem öffentlichen Blick aussetzte, und sich drehte und wand, um sie für einen amerikanischen Zuhörer annehmbar zu machen. Indem mein Vater uns mit einem gewissen Schwung erzählte, er sei barfuß gelaufen, glaubte er die Tatsache zu verbergen, dass seine Mutter zu arm gewesen war, um ihm Schuhe zu kaufen, und betonte stattdessen seine eigene Zähigkeit, mit der er bei jedem Wetter und über jeden Boden lief.

Doch in der Bronx wurden andere Anstrengungen unternommen, andere Maßstäbe angelegt, um gutes Verhalten und Sauberkeit zu bemessen und inmitten des Chaos des täglichen Lebens Ordnung zu schaffen. Darin waren unsere Eltern genauso unwissend wie wir, doch wir hatten unsere täglichen Lektionen von unseren irischen Lehrerinnen. Wir alle mussten, bisweilen zu unserer Beschämung, lernen, worin die Anforderungen einer anderen Kultur bestanden. Wenn wir einige Nächte zu viel in unserer Unterwäsche geschlafen hatten, scheuten sich unsere Lehrerinnen nicht, uns aufzufordern, sie zu wechseln. So wie sie auch auf einer morgendlichen Inspektion bestanden, bei der sie unsere Fingernägel und unseren Hals untersuchten und hinter unsere Ohren schauten. Dass wir auch ein sauberes Taschentuch vorzeigen mussten, war so befremdlich, dass es bisweilen das Verständnis unserer Mütter überstieg.

Unsere Lehrerinnen griffen sogar noch weiter in unser Leben und in unser Zuhause ein, indem sie uns auftrugen, unseren Müttern mitzuteilen, es sei unhygienisch, wenn die ganze Familie dasselbe Handtuch benutze, und jeder solle sein eigenes haben. Das war endgültig zu viel für meine Mutter, die sich über den langen Arm Amerikas beklagte, der sich anmaßte, in ihr Zuhause einzudringen, und gleichzeitig darüber spottete. Am nächsten Tag gab es nicht mehr das flauschige türkische Handtuch, sondern vier dünne, schlaffe baumwollene Küchenhandtücher – für jeden von uns eines. Ich konnte entscheiden, was mir lieber war.

Ich pflegte meinen »amerikanischen« Klassenkameraden verwirrt und fasziniert zuzuhören, wenn sie sich über die irritierten Vorwürfe ihrer Mütter beklagten, sie hätten ihre unordentlichen Schränke nicht aufgeräumt. Ich versicherte jedem, der zuhörte, dass auch meine Unordnung beachtlich war, doch insgeheim versuchte ich mir vorzustellen, wie ein Leben aussah, das solche Klagen hervorrief. Jedes dieser Kinder hatte einen ganzen Schrank für sich. Zudem hatten sie genügend zum Anziehen, ja im Grunde so viel Kleidung, dass sie nicht einmal mehr wussten, was sie besaßen. In unserer vierköpfigen Familie gab es einen einzigen Schrank für alle. Er enthielt die gesamte Familienwäsche sowie all unsere Unterhemden, Unterhosen, Strümpfe, Taschentücher und Pyjamas. Meine Mutter war die Gralshüterin dieses entscheidenden Möbelstücks, und nur sie besaß das Wissen oder die Autorität, es zu öffnen, um das Stück herauszugeben, das gebraucht wurde.

War unsere Suche nach Ordnung in bestimmten Teilen unseres Lebens vielleicht ein Widerhall von Mendele und den *Maskilim*? Viele der jungen jüdischen Schriftstellerinnen in Amerika stellten ebenfalls fest, welch erlösende Qualität Ordnung hatte. Ein eigenes Zimmer, vor allem ein sauberes Zimmer, erfüllte in New York denselben Zweck wie im London Virginia Woolfs. Anzia Yezierska beschreibt, wie sie in New York in der Lower East Side einen Ort suchte, wo sie leben konnte. Einmal bietet man ihr »einen kleinen Sarg von einem Zimmer an, dunkel wie das Grab.

›Hier schlafen bereits drei Mädchen‹, sagt die Vermieterin. ›Doch es ist noch Platz im Bett für ein viertes.‹« Als Yezierska verkündet, sie wolle ein Zimmer »ganz für mich allein«, sagt die Vermieterin grimmig: ›Das ist ein anständiges Haus. Ich bin eine angesehene Frau.‹ Doch Yezierska setzt ihre Suche fort. »Zum ersten Mal in meinem Leben«, schreibt sie, »nahm ich wahr, was es für ein Luxus für ein armes Mädchen war, allein in einem Zimmer leben zu wollen.« Als man ihr schließlich ein dreckiges Zimmer anbietet, nimmt sie es. »›Das ist genau das Richtige für mich‹, weinte ich. ›Ich werde es putzen, bis es wie ein Palast aussieht.‹«

Wenige der jungen Mädchen aus der Gewerkschaft für Damenblusenhersteller strebten eine literarische Karriere oder auch nur ein eigenes Zimmer an. Doch sie wollten einen neuen Platz in der Welt.

Von den Männern vollzogen nur sehr wenige, wie mein Vater, den außergewöhnlichen Schritt, als Geste der Freiheit der U.S.-Armee beizutreten. Was für eine größere Möglichkeit gab es, seine Distanz zur alten Heimat zu zeigen, wo Männer sich lieber selbst verstümmelten, als einberufen zu werden? Er war mit sechzehn Jahren in diesem Land angekommen, nahezu ohne Ausbildung, aber platzend vor Energie und Ehrgeiz. Sein erster Arbeitsplatz war die Etage der Kleiderwerkstatt gewesen, in der sein Bruder und andere Familienmitglieder arbeiteten. Er lernte gut, arbeitete sich rasch in den Rhythmus des Geschäfts ein und verschaffte sich einen Platz unter den anderen Einwanderern. Doch sobald er in dieses Leben hineingefunden hatte, wuchs die Besorgnis, die er verspürte, wenn er seine Freunde und Verwandten beobachtete. Er erschrak darüber, was die Stunden, die die jungen Männer um ihn herum über eine Nähmaschine gebeugt verbrachten, aus ihren Seelen und Körpern machten, und ihm wurde klar, dass er sich etwas anderes suchen musste. Es war lediglich eine Frage der Zeit und der Gelegenheit. Und tatsächlich, eines Frühlingstages, ein Jahr nach seiner Ankunft in den Vereinigten Staaten, nahm der Lockruf eines Unteroffiziers, der Rekruten anwarb, seine Phantasie gefangen und verleitete ihn zur

Unterschrift. Nun war es an seiner Familie, entsetzt zu sein: Sich *freiwillig melden*?

Mein Vater, der in Texas stationiert war, diente ganze vier Jahre lang und erwog sogar, sich für eine zweite Dienstzeit einzutragen, beschloss dann jedoch, die Zeit für die Rückkehr ins zivile Leben sei gekommen. Obwohl er eifrig und wiederholt über seine Erfahrungen in der Armee sprach, hörte ich niemals auch nur ein negatives Wort über seine vier Jahre als Fremder in einem harten militärischen Umfeld. Seine Zeit in der Armee hatte ihn gelehrt, laut und heftig zu fluchen, sein Englisch verbessert und ihm eine gehörige Achtung vor dem Nutzen eines disziplinierten, ordentlichen Lebens vermittelt. Seitdem wurden wir auf Familienfotos stets fein säuberlich der Größe nach aufgestellt. In der Küche ordnete er, zur Verzweiflung meiner Mutter, immer die Töpfe neu in die Regale ein und stellte das Geschirr in einer Reihenfolge auf, die nichts mit seiner Funktion und der Häufigkeit seines Gebrauchs zu tun hatte. Doch die Erfahrung kam ihm in späteren Jahren zustatten, als er ein Geschäft betrieb und, lange bevor der Begriff üblich wurde, das Prinzip der Warenbestandskontrolle verstand.

Die jüdischen Einwanderer in Amerika, so bescheiden ihre Stellung aus amerikanischer Perspektive oder aus der Sicht ihrer Kinder auch sein mochte, erlebten, worauf sie in Europa niemals hätten hoffen können – Entscheidungs- und Bewegungsfreiheit. Über allem stand jedoch die Freiheit. Sie waren frei von Furcht an öffentlichen Orten, sie drängten sich mit anderen auf Coney Island zusammen, zogen knallige, komische Badeanzüge an und tollten mit anderen in der Brandung herum. Sie fuhren in die Berge, um die Luft zu atmen und in den Wäldern herumzustreifen. Ihr Erstaunen über ihren neuen Zeitvertreib kommt in einer Geschichte zum Ausdruck, die mit einer Spur Selbstironie von zwei Männern erzählt, die eine ungepflasterte Straße in den Catskills entlangschlendern und die Erfahrung des Landlebens genießen. Einer von ihnen bemerkt ein Fleckchen mit leuchtend bunten Blumen und fragt seinen Freund, ob er wisse, wie sie hießen. »Woher sollte ich das wissen?«, erwidert der Freund. »Arbeite ich in einem Putzmacherinnengeschäft?« Solchen Niederlagen zum Trotz setzten sie ihre Erkundungen fort.

Sie lernten tanzen und suchten die Tanzsäle auf, die samstagabends in der Lower East Side eine beliebte Abendunterhaltung waren. Sie gingen ins Varieté und ins Kabarett. Sie spazierten durch die Second Avenue und Houston Street und machten bei den gut besuchten Cafés Halt, um Leute zu sehen und gesehen zu werden. Innerhalb kurzer Zeit lernten sie, sich das Leben schön zu machen – eine Kategorie, die im Schtetl-Leben keine besondere Rolle spielte. Eines der denkwürdigen Fotos in unserem Familienalbum zeigte drei Paare, die sich nachmittags im Park amüsierten: die Mädchen in kleinen schwarzen Flatterkleidern, mit gut befestigten Topfhüten, die spitzbübisch in die Kamera schauten; die Gentlemen, einschließlich meines alles andere als romantischen Onkels Jake, trugen ihren unentbehrlichen kecken Strohhut.

Einige Zeit nach diesem Ausflug heiratete mein Onkel Jake und eröffnete gemeinsam mit seiner Braut ein Süßwarengeschäft in der Bronx. Diese kleinen Läden um die Ecke waren ein Schicksal, das viele der jungen Einwanderer auf sich nahmen, sobald sie ein paar hundert Dollar Kapital erworben hatten. In den Wohnvierteln in der Bronx und in Brooklyn reihten sich kleine, spezialisierte und dadurch unterschiedene Geschäfte aneinander, die jeweils mit Mühe und Not eine Familie ernährten, indem sie unverzichtbare Dienste anboten oder Alltagswaren verkauften. Alle außer den ehrgeizigsten Hausfrauen ließen etwa ihre Spitzengardinen außerhalb des Hauses professionell waschen. Vor diesen Wäschereien konnte man an jedem schönen Tag auf dem Bürgersteig an die acht bis zehn Holzrahmen sehen, an denen empfindliche Gardinen befestigt waren, damit der Faltenwurf beim Trocknen wieder die ursprüngliche Größe annahm. Nicht nur die Wäschereien betrachteten die Bürgersteige als Teil ihres Geschäfts. Lebensmittelläden reihten offene Säcke mit Bohnen und Gewürzen unter einer sorgfältig heruntergelassenen Markise auf, der Schreibwarenladen stellte einen hölzernen Zeitungsstand für die neuesten Ausgaben vor die Tür, und natürlich wurden bis zum ersten Frost Früchte und Gemüse in Kisten auf dem Bürgersteig angeordnet.

Viele Haushalte begannen provisorisch, ängstlich, indem sie in dem beengten hinteren Teil des Ladens lebten und Küche sowie Sanitäranlagen improvisierten, um keine Extrakosten zu verursachen, bevor der Erfolg des Unternehmens nicht gesichert war. In Henry Roths Roman *Call it Sleep* (zuerst 1934 veröffentlicht) diskutiert ein verlobtes Paar, das ein Süßwarengeschäft zu eröffnen beabsichtigt, seine Situation mit der Schwester der Braut:

> »›Wenn wir woanders wohnen‹, sagte Herr Sternowitz [der zukünftige Bräutigam], ›geht die Hälfte des Gewinns dahin. Warum Geld für die Miete zum Fenster hinauswerfen, wenn man umsonst wohnen kann? Wir brauchen nur einen Platz zum Schlafen – und einen Platz fürs Frühstück und Mittagessen.‹
> ›Es ist mir egal, wo wir wohnen‹, sagte Tante Bertha [die Braut], ›solange wir Gewinn machen. Geld. Verfluchtes Geld! Was, wenn es ein wenig unbequem ist. [...] Später, wenn wir das Geschäft verkauft und ein wenig Geld verdient haben, reden wir noch einmal darüber. [...] Eine kleine Weile werden wir kämpfen; wir werden im Dunkeln pinkeln. Dann werden wir ein Zuhause haben. Und wenn wir ein Zuhause haben werden, wird es ein anständiges Zuhause sein. Wuchtige Möbel mit roten Füßen, wie ich sie im Schaufenster sehe. Alles mit Glas bedeckt. Edle Kronleuchter! Ein Grammophon! Wir werden uns hocharbeiten! Dampfbäder wie die Chefs! Was für ein Segen, morgens aufzuwachen und nicht völlig durchgefroren zu sein! Ein weißes Spülbecken! Eine Toilette in der Wohnung! Eine Badewanne! Eine echte Badewanne für meine leidende Haut im Juli! [...] Nicht dieses Rettichreibeisen dort‹, und sie deutete auf das Waschbecken in der Küche.«

Mein Onkel Jake begann seinen Aufstieg weiter oben auf der Leiter, und obwohl er und seine Frau an sechseinhalb Tagen stundenlang arbeiteten, waren sie wohlhabend genug, sich eine bequeme Wohnung zu leisten. Als sie einzogen, wurden wir alle aufgefordert, die Parkettböden, das neue Mobiliar und den bemalten schwarzen Samtbehang über dem Sofa zu bewundern. Meine Tante Lena war jedenfalls ein Mensch, der den Augenblick zu genießen wusste. Einmal waren wir alle gemeinsam ins Kino gegangen und kehrten nach der Vorstellung zurück, um in der Küche eine Kleinigkeit zu essen. Als wir dasaßen und die Hollywood-Erfahrung nachklingen ließen, rief Tante Lena aus: »Gerade jetzt würde ich nicht einmal mit der Königin von England tauschen wollen! Würde sie so gemütlich in einer Küche sitzen und essen, was sie mag?« Wie gewöhnlich setzte dies in meinem armen konfusen kindlichen Gehirn verrückte Gedanken in Gang. Gab es eine Möglichkeit, die Freuden der Königin von England mit denen von Tante Lena zu vergleichen? Waren jene der Königin notwendigerweise größer, weil sie die Königin war, oder waren die Freuden Tante Lenas größer, wie sie unterstellte, weil sie wahrer und intensiver spürbar waren? Es fehlte uns in der Bronx gewiss nicht an Philosophie.

Doch Tante Lenas Fähigkeit, das Leben zu genießen, wurde von Onkel Jake arg strapaziert, der, nachdem er sie geheiratet und drei Söhne gezeugt hatte, den größten Teil seiner freien Zeit wie ein Murmeltier schlafend verbrachte, sofern ihn nicht seine Frau oder einer seiner Söhne aufweckten. Er übernahm die frühmorgendliche Schicht im Süßwarengeschäft, was bedeutete, dass er um sechsUhr früh die Lastwagen mit den Zeitungen traf, wenn sie auslieferten, die Zeitungen sortierte und für die ersten Kunden ordnete sowie das Geschäft für den Tag vorbereitete. Am Vormittag, wenn Tante Lena die Jungen in die Schule geschickt, die Hausarbeit erledigt und das Essen gekocht hatte, wurde es Zeit für ein Nickerchen. Er kehrte schließlich zurück, doch irgendwann am Nachmittag war das nächste Schläfchen an der Reihe, während Tante Lena das Geschäft betreute, die Bücher ausglich und die Entscheidungen traf, die Onkel Jake stets aufschob. Sie beklagte sich nie, doch sie suchte Trost bei der Putzmacherin.

Dann ließ sie sich auf einem Stuhl an einem flachen Spiegeltisch nieder, in dem sie in der reizvoll abgedunkelten Beleuchtung kaum ihr Gesicht sehen konnte. »Ich brauche etwas zum Anziehen für die Wochentage«, sagte sie seufzend. »Etwas Fröhliches.« Weder sie noch die Putzmacherin hatten es eilig. Sie wussten, dass es um etwas Größeres ging. Und wenn die Putzmacherin nach dem ersten Kandidaten griff, begann ein Stückchen von Tante Lenas Geschichte zum Vorschein zu kommen. Sie musste gar nicht zu viele Einzelheiten anführen. Schließlich waren sie Nachbarinnen. Sie kannten das Leben und das Bankkonto der jeweils anderen ganz genau. Tante Lena musste nur reden. Die Putzmacherin glättete ihr Haar, probierte erst einen, dann einen weiteren Hut an; sie hörte zu, nickte und machte Tante Lena Komplimente wegen ihres feinen Profils, ihres schönen Teints. Bei ihrem Aussehen, sagte die Putzmacherin, habe sie es nicht nötig, jene gewöhnlichen Hüte zu tragen, die alle trugen. Sie könne ruhig etwas Interessantes, Gewagtes probieren. Schließlich, wenn die Putzmacherin ihr einen Handspiegel reichte, so dass Tante Lena die Wirkung von hinten sehen konnte, wurde sie allmählich ruhiger, fröhlicher. Sie begann sogar den Hüten Aufmerksamkeit zu schenken.

Ich weiß nicht, ob Onkel Jake jemals Tante Lenas Hüte bemerkte. Doch sie waren Teil einer weiblichen Verschwörung, ein Signal in unserem Haus. Wenn Tante Lena mit einem ihrer Aufsehen erregenden Hüte zu Besuch kam, verstand meine Mutter dies als Hinweis. Nachdem sie ihn laut und ausgiebig bewundert hatte, pflegten die beiden in einem Schlafzimmer zu verschwinden, zu einer offenen Unterhaltung über den Lebensschmerz, der sich – zumindest eine Weile lang – durch Hüte stillen ließ.

Männer fanden anderen Trost. Für jene alte Gilde von Schneidern, gleichgültig welchen Beruf sie später ausübten, gab es nichts, was eine ähnliche Leidenschaft zu wecken vermochte, wie ein feines Stück Kammgarn. Und sie waren fanatisch darauf bedacht, dass alles genau passte. Ein Kragen musste den Rücken ohne den leichtesten Schatten einer Falte berühren, und niemals durfte es ein Ziehen an den Schultern oder ein Knittern unter den Armen geben. Wenn der Ärmel nicht genau den ersten Knöchel des Daumens traf, dann musste man schlicht die ganze Jacke auseinandertrennen. Sobald sie ein wenig Geld besaßen, gaben sie einen Anzug in Auftrag, der, sorgfältig in Kampfer aufbewahrt, für den größten Teil eines Lebens halten sollte. Wenn diese Musterbeispiele der Schneiderei für die über die Jahre verstreuten *Simches* – die freudigen Anlässe des Lebens – hergestellt wurden, beäugten ihre Besitzer einander ganz genau. Sie konnten auf einen Blick die ungleichen Streifen an der Schulter, die ziehenden Knöpfe, die Verdickung unter dem Ärmel des Anzugs mit einem schlecht geschnittenen Zwischenfutter erkennen. Das verstärkte ihre Freude über den eigenen passenden Anzug, so wie sie es gerne ausdrückten: »*wi gegosn* – wie angegossen.« In solchen Augenblicken übertraf ihr sinnliches Vergnügen an dem besten Kleidungsstück, dem perfekten Gewicht und Sitz des über den Körper gleitenden Gewichts sogar ihre Schadenfreude. Sie wussten ihre Genüsse zu schätzen.

Sie hatten einen langen Weg zurückgelegt von den *Kapotes* – den Gabardine ihrer Väter. Der Rhythmus der jüdischen Woche entfaltete nur noch wenig Einfluss auf das arbeitsreiche Leben, doch die *Jidischkejt* blieb unter ihnen lebendig. Nach einer Legende standen alle damals geborenen Juden und die Seelen aller Juden, die in späterer Zeit geboren werden sollten, gemeinsam am Sinai, um den Bund der Tora zu empfangen. Die *Jidischkejt* unter diesen jungen jüdischen Einwanderern war jedoch weniger theologischer als historischer Natur. Es war eine Identifikation mit jeder vergangenen Epoche und mit jedem Bösen, das Juden zugefügt worden war, seit *Mojsche Rabejnu* – unser Lehrer Mose – ihnen den Weg gewiesen hatte. Von Haman über Chmielnicki bis zu den Massakern von Kischinew war der Weg der jüdischen Geschichte voller Tränen und Leid gewesen. Doch es gab auch eine Kunst des Überlebens, des Wissens, wann es Widerstand zu leisten und wann zu fliehen galt. Wo immer sie hingingen, nahmen Juden jene lange Erinnerung ihrer Vorfahren von weit entfernten Orten mit sich, die in ihrem Bewusstsein unmittelbar gegenwärtig blieben, weil ihr Schicksal jederzeit das eigene werden konnte.

Später, in Amerika, wurde *Jidischkejt* weniger tragisch, weniger eine traurige Erinnerung denn eine Bejahung. *Jidischkejt* bedeutete, sich an die Vergangenheit zu erinnern, die gerade erst entschwunden war, sich mit ihr zu versöhnen, sie ein wenig zu vergolden. Es machte diesen jungen Juden nichts aus, dass sie sich von den Bräuchen, die sie von daheim mitgebracht hatten, entfernten, dass neue Rituale allmählich die alten Feste und Traditionen neu gestalteten. Was zählte, waren dieses Mindestmaß an Gemeinschaftsgefühl, die Ausdruckskraft ihrer eigenen Sprache und die Kraft ihrer Literatur, die sie ansprach, und die zu Herzen gehende Musik. Es gab Zentrales und Nebensächliches, doch für sie bestand kein Zweifel darüber, was zentral war. »*A Jid*«, sagten sie, »*blajbt a Jid* – ein Jude bleibt ein Jude.« Und in dieser Beharrlichkeit der Erinnerung und des Seins verpflanzten sie das alte Leben auf den neuen Kontinent.

6

Zeitungen

Wann fingen wir an zu lachen? Erst in dem Augenblick, da sich die amerikanische *Jidischkejt* herauszukristallisieren begann. Als die Komödianten ihr Ziel in neu geprägten jüdischen Typen fanden, als jiddische Zeitungen eindeutig amerikanische Szenen beschrieben – Flirts in den Tanzsälen der Second Avenue und den Hotels der Catskills, Streitigkeiten zwischen Hausfrauen in den *Kochalejns* (den Ferienbungalow-Kolonien, wo sich alle eine Küche teilten), die ewigen Kartenspiele. Diese Witze schufen die neuen Typen: den »all-rightnik«, den *Yente* (den vulgären Wichtigtuer), den *Kochlefel* (den tatkräftigen Organisator), den *Kibitzer* und den arbeitssüchtigen Textilfabrikanten. Manchmal denke ich, dass das Gespräch unserer beiden Männer auf der Landstraße, wäre es denn weitergegangen, folgende Passage enthalten hätte:

»›Sag, hast du in letzter Zeit etwas von Max gehört?‹
›Dann hast du es also noch nicht gehört? Max ist letzte Woche plötzlich gestorben.‹
›Was? Auf dem Höhepunkt der Saison?!‹«

Sobald wir unsere Besetzung der Charaktere beisammen hatten, war es leicht, fortzufahren. Wir hatten die alten osteuropäischen Typen aufgegeben, die Frau des Rabbiners, den Ignoranten, die Wagenfahrer, den reichen Mann und jene Quelle, die begann: »Zwei Juden fuhren nach Paris …« Diese Witze nahmen nun, da wir unsere eigenen Zielscheiben entwickelten, etwas Muffiges an.

Der erste einheimische komische Charakter in Amerika war

der Pensionsgast, jener allgegenwärtige Junggeselle, der zugleich eine Einkommensquelle für die Ehefrau und eine Quelle der Sorge des Ehemanns darstellte, der über die Gefahren nachdachte, die ein fremder junger Mann in seinem Haushalt mit sich brachte. Dass der Pensionsgast, in Wirklichkeit wie in der Fantasie, Besorgnis auslöste, zeigen die zahllosen Briefe an die Beratungskolumne des *Forward*. In äußerster Übersteigerung des Absurden wird der Höhepunkt seiner Entwicklung in Aaron Lebedeffs Lied »*Ich bin a Border baj majn Wajb* – Ich bin Pensionsgast im Haus meiner Frau« besungen. Hier findet der verheiratete Mann die beste aller Welten, indem er sich von seiner Frau scheiden lässt und als Pensionsgast in ihrem Haus weiterlebt. »Männer«, rät er dringend, »das empfehle ich euch. Was für eine wunderbare Sache! Sie sorgt für mich, doch sie kann nicht meckern oder nörgeln, wenn ich nach Hause komme und mich auf das Sofa lege, um Zeitung zu lesen.«

Als das Leben der Einwanderer in der Bronx Gestalt anzunehmen begann und sie von ihren jiddischen Zeitungen Abstand nahmen, gab es keinen besseren Spiegel für ihre Sorgen und Bestrebungen als die *New York Post*, New Yorks älteste Tageszeitung. Sie hatte seit ihrer Gründung 1801 unvermeidlich viele Wandlungen durchgemacht, deren merkwürdigste jedoch vielleicht die Transformation in den dreißiger Jahren des zwanzigsten Jahrhunderts war, als sie ihre jüdische Leserschaft entdeckte. Zeitung lesen war in der Gemeinschaft der jüdischen Einwanderer eine ernsthafte Nebenbeschäftigung. Die Menschen kauften zwei Zeitungen am Tag, eine morgens auf dem Weg zur Arbeit, die zweite auf dem Rückweg nach Hause. Die Morgenzeitung wurde im Zug oder während der Mittagspause gelesen und lieferte die Grundlage für das Gespräch in den Werkstätten. Die Abendzeitung schuf eine gemächlichere, weitschweifigere Atmosphäre, in der weniger die Nachrichten als die Meinungen so packend waren. Die Abendzeitung wurde, wie unser Pensionsgast bezeugt, mit der Vorstellung einer geruhsamen Lektüre assoziiert, bei der man auf dem Sofa lag, wo die Erholung von den Anstrengungen des Tages mit der Meinungsforschung über den Zustand der Welt verbunden war.

Diese stehenden Fahrgäste waren nicht nur passionierte Zeitungsleser, sondern begeisterten sich auch für Literatur. Irving Howe bemerkt in seiner Autobiografie: »Die New Yorker Kultur war damals noch eine Kultur des Wortes. [...] Ein Highschool-Absolvent hatte wenigstens einen Roman von Dickens oder ein Theaterstück von Shakespeare gelesen.« Als die *Post* dies verstanden hatte, begann sie sich eine Leserschaft aufzubauen, indem sie das Gesamtwerk bedeutender Autoren anbot. Schließlich umfasste die Liste Victor Hugo, Honoré de Balzac, Alexandre Dumas, William Shakespeare, Guy de Maupassant, Fenimore Cooper, Joseph Conrad, Charles Dickens und Mark Twain. Die Werbung sprach vielfältige Bedürfnisse an. Bei Victor Hugo versprach die *Post* »Nervenkitzel, Nervenkitzel und noch mehr Nervenkitzel«. Dickens, so hieß es, werde »Ihrem Haus eine lebendige Note der Schönheit, Würde und Vornehmheit« verleihen. Im Falle Mark Twains formulierte man grundsätzlicher: »Sie DÜRFEN sich selbst oder Ihrer Familie ein so tiefes, außergewöhnliches Vergnügen nicht vorenthalten. Diese berühmten Bücher erhalten Sie PRAKTISCH GESCHENKT.« Und das war sicherlich wahr.

Selbst in den dreißiger Jahren waren diese Editionen Schnäppchen. Sie wurden in Ausgaben von drei Bänden zugleich angeboten, zu 93 Cents pro Ausgabe. Balzac, der weitschweifigste, erschien in der Edition der *Post* in sechsunddreißig Bänden, während Mark Twain und Shakespeare jeweils in achtzehn Bänden herauskamen. Als einzige Bedingung musste der Leser beim Kauf zusätzlich zu den 93 Cents vierundzwanzig mit unterschiedlichen Nummern versehene Coupons vorlegen, die – jeweils einer täglich – in der Zeitung abgedruckt wurden. Zu einem solchen Preis konnte jede Wohnung mit diesen Ikonen der Kultur geschmückt werden, und es gab kaum einen Haushalt in der Bronx, der nicht seine Ausgabe von Dickens oder Twain, den beiden beliebtesten Schriftstellern, besaß. Die Bücher waren so erfolgreich, dass die *Post* auch ein Portefeuille mit Drucken van Goghs und später sogar Klassikaufnahmen präsentierte, alles gegen eine Kombination aus Bargeld und Coupons.

Letztlich reagierte die *Post* nicht nur auf ihre Leser, sondern formte mit ihren kulturellen Angeboten den Geschmack einer ganzen Generation. Das für seine Leserschaft klug ausgewählte Portefeuille von Gemälden war säkular. Keine Madonnen, keine Darstellungen der Geburt Christi, keine Kreuzigungsszenen. Irgendjemand hatte eine kühne Wahl getroffen. Die gesamte moderne Kunst wurde schlicht und einfach durch das Werk Vincent van Goghs, des »unsterblichen Fackelträgers der neuen Kunst«, präsentiert. »Acht Gemälde und ein Portefeuille im Großformat«, hieß es weiter in der Beschreibung. »Die schönsten Gemälde in einer Zehn-Millionen-Dollar-Sammlung«, die dem Heim der Leser garantiert »Schönheit und Würde verleihen« würden. Die *Sonnenblumen*, die *Berceuse*, die Darstellungen von Gemüsegärten wurden zum unvermeidlichen Wandschmuck der Wohnungen in der Bronx, wenn der Sammler für lediglich einen Dollar und 19 Cents sowie fünfundvierzig Coupons das Portefeuille eines renommierten Druckers erwarb. Kein neues Heim eines jungen Paares war vollständig ohne einen dieser Drucke, die sorgfältig aus dem Portefeuille ausgewählt und gerahmt wurden. Sie lehrten uns etwas über Farben, Harmonie und Ausdruckskraft und bereiteten uns auf unsere nächsten Begegnungen mit dem vor, was die *Post* »neue Kunst« nannte. Die Generation der Einwanderer war vielleicht weniger am kulturellen Kontext interessiert, griff aber ebenfalls van Gogh – als Beispiel einer für Amerika repräsentativen Kunst – auf. Milton Klonsky, der in Brighton Beach aufwuchs, erinnerte sich, wie das Bild seines Großvaters umgehängt wurde. »Sein Bild in einem goldüberzogenen Rahmen«, schrieb er, »wurde zunächst ins Wohnzimmer gehängt; doch nach einigen Jahren stellten wir fest, dass es zu den neuen Möbeln nicht ›schön‹ aussah, und so wurde *Zeda* [Großvater] ins Schlafzimmer verbannt. An seine Stelle trat ein van Gogh-Druck.«

In einer im Vergleich zur Werbung für das Bilder-Portefeuille stärker pädagogisch ausgerichteten Art und Weise bot die Musikreihe an, »Ihr Heim mit diesen vollständigen zehn Symphonien zu bereichern«. Die Sammlungen bewegten sich stetig und kompromisslos von zwei Brandenburgischen Konzerten Bachs über Mozarts Jupitersymphonie, Beethovens Fünfte, zu Schubert, Tschaikowsky und schließlich César Franck. Auch Wagner fand mit den Ouvertüren zu den Meistersingern und zu Parsifal Aufnahme. Als Einführung in die klassische Musik hätte man sie nicht besser auswählen können. Wenn wir diese Liste betrachten, so ist erstaunlich, dass die *Post* sich nicht zu den Vorlieben ihrer Leser herabließ. Sie bot nicht die »Tophits« an – einige Strauß-walzer, Sousamärsche oder neue »Unterhaltungsmusik« –, sondern tauchte direkt ins Herz der Tradition ein.

In den dreißiger Jahren gab es nur selten klassische Musik im Radio. Der nicht-kommerzielle städtische Sender WNYC sendete um sechs Uhr morgens ein »Sunrise Symphony«-Programm und eine weitere Stunde Klassik am Abend. Am Samstagnachmittag wurde aus der Metropolitan Opera gesendet, sonntags vom Philharmonic Orchestra. Es bedurfte also sorgfältiger Organisation, um mitzubekommen, was angeboten wurde. Erst allmählich, als ich einige Wiederholungen dieser Werke gehört und aufmerksam den Kommentaren von Deems Taylor gelauscht hatte, der während der Unterbrechungen des Sonntagsprogramms aus der Philharmonie sprach, begann ich zu begreifen, wo die wichtigsten Linien der westlichen Kompositionen verliefen.

Mittlerweile war für mich die Oper identisch mit der heiseren Stimme von Milton Cross, der über Jahrzehnte die Handlung erzählte, den Klatsch über die Stars verbreitete und die Pausen heroisch mit Geschichten über die Komponisten, mit der Geschichte der Oper und mit den Biografien der Sänger füllte. Seine Ausführungen waren tatsächlich so hypnotisch, dass mir, als ich endlich selbst die Metropolitan Opera besuchte, die wirkliche Erfahrung ohne seine Stimme in meinem Ohr weniger lebendig schien als meine Samstagnachmittage vor dem Radio. Bei diesem ersten Opernbesuch wurde *Madame Butterfly* aufgeführt, und ich empfand vor allem Bestürzung und Enttäuschung. Da ich weit vorne saß, konnte ich klar die ziemlich geschmacklosen Papierschirme sehen, die Suzukis Gefährtinnen herumwirbelten, während sie ihren Eröffnungschor sangen. Das bemalte Bühnenbild war nicht vergleichbar mit den geheimnisvollen wolkenverhangenen Bergen hinter Suzukis kleinem Haus, wie sie Cross beschrieben hatte. Und wo war der glitzernde Hafen, den sie ständig von ihrem Garten aus beobachtete? Nein, die Bühne der Metropolitan Opera war ein armseliges Holzgestell im Vergleich zu den reichen Bildern, die diese einschmeichelnde Stimme heraufbeschwor. Und beim Schlussbeifall erweckten seine schmelzenden Beschreibungen der Kostüme eine Art Sehnsucht nach einer schwer zu bestimmenden Schein-Erhabenheit, die sich nicht einfach durch Kleidung und Strassschmuck erzielen ließ.

An den Samstagnachmittagen eilte ich, sobald der Titel der Oper der nächsten Woche angekündigt wurde, in die Bibliothek, um das Libretto auszuleihen; dabei war ich ängstlich darauf bedacht, dort noch vor dem Ansturm von Opernliebhabern auf der Suche nach demselben Buch anzukommen, der, dessen war ich gewiss, bald einsetzen würde. Doch es kam mir nie in den Sinn, dass es zuverlässigere Möglichkeiten gab, die Musik zu hören, als die Zufälligkeiten des Radios. Die Redakteure der *Post* jedoch erkannten die grundlegende Tatsache, dass die meisten ihrer Leser keine Plattenspieler besaßen, auf denen sie die Schallplatten hätten abspielen können. Man bot ihnen daher an, einen solchen zu liefern: einen winzigen, fünfundzwanzig Zentimeter großen Plattenspieler, den man an jedes Radio anschließen konnte. Gegen die Einzahlung von fünf Dollar konnte der Reiche diesen Plattenspieler zusammen mit der ersten Symphonie erwerben und erhielt das Geld zurückerstattet, sobald er die zehnte gekauft hatte. Jene, die das Geld nicht in bar aufbringen konnten, mussten warten, bis sie die Serie vollständig hatten. Auch war dies nicht die Zeit der Bequemlichkeit. Jeden Tag druckte die *Post* auf ihrer zweiten Seite ein »nummeriertes Zertifikat für die bedeutendste Musik der Welt« ab. Der Bewerber musste »24 dieser Zertifikate, jeweils mit unterschiedlicher Nummer, zusammenheften, aufbewahren und gemeinsam mit dem Gutschein und einem Dollar und 93 Cents zur *New York Post* bringen« und erhielt dann »sofort die erste Sammlung von drei beidseitig bespielten 30-Zentimeter-Schallplatten«. Beim zehnten Mal bekam der Subskribent den Plattenspieler »vollkommen umsonst« ausgehändigt.

Nach meinem zehnten Besuch bei der New York Post empfing ich tatsächlich meinen Plattenspieler, der das neue Problem aufwarf, wie man ihn anschließen sollte. Auf einen Streich hatte die *Post* auch die ganze Welt des do-it-yourself eröffnet. Da ich in einem Haushalt aufgewachsen war, in dem man die Elektrizität immer noch fürchtete, war ich nicht darauf vorbereitet, die Kräfte zweier elektrischer Geräte auf einmal zu beherrschen und zu zähmen. Beschämt rief ich einen Freund an, der einen Großteil seiner Kindheit damit verbracht hatte, aus Spaß Toaster auseinanderzunehmen. Er kam, verlegte Kabel unter Teppichen, zauberte eine Auswahl an Zangen, Isolierband und Vierfachsteckern hervor, und nach einigen Augenblicken stiller, intensiver Konzentration erfüllte plötzlich herrlicher Klang das Wohnzimmer. Als meine Eltern an diesem Abend heimkamen, fanden sie auf ihrer glänzenden Stromberg-Carlson-Konsole einen hässlichen grauen Kasten vor, dahinter ein Gewirr von Drähten. Sie dürften protestiert haben, doch jetzt war ich, wie auch andere Leser der *Post*, auf dem besten Wege, von einer bloßen Zuhörerin zu einer Sammlerin klassischer Musik zu werden.

Im Sommer versammelten wir Enthusiasten uns beim Lewisohn Stadium – dem Open-Air-Amphitheater an der Ecke von der 138sten Straße und Amsterdam Avenue, im Viertel des City College – wo die New Yorker Philharmoniker und berühmte Solisten vor einem Publikum von fünfzehntausend Menschen spielten. Für 25 Cents konnten wir auf den steinernen Stufen sitzen und einen Abend lang der Musik lauschen. Menschen kamen direkt nach der Arbeit aus den Werkstätten, dazu Studenten, Büroangestellte und die älteren Leute, und wir alle standen gesellig in der Schlange, hielten Plätze füreinander frei, bis der Abend hereinbrach und endlich der Kartenverkauf begann. Bis zum heutigen Tag gibt es bestimmte Kompositionen, Lieblingsstücke des Lewisohn Stadiums wie das Violinkonzert von Mendelssohn-Bartholdy, denen es ohne das leichte Dröhnen der Flugzeuge über unseren Köpfen an Substanz zu fehlen scheint.

Vor uns auf dem Feld ausgebreitet standen Reihen aus Holzstühlen, und ganz vorne einige Dutzend runde Tische mit einem Ticketpreis von ein Dollar fünfzig pro Person. Dort saßen Herren in Palm Beach-Anzügen und Damen in kleinen pastellfarbenen Seidenkleidern, die an eisgekühlten Getränken nippten. Wir waren von ihnen durch mehr als nur die weniger als hundert Meter getrennt, die zwischen unseren Sitzplätzen und ihren bequemen Stühlen lagen. Dies war eine andere Welt, die wir so häufig zu Gesicht bekamen und noch nicht so recht verstanden. Doch Minnie Guggenheim, die Hauptsponsorin der Stadium-Konzerte, schüchterte uns nie ein. Mit ihrem vertrauten, schlichten Namen und ihrem herzlichen Auftreten gab sie uns das Gefühl, als seien die Konzerte nur für uns organisiert worden. Wenn sie ein oder zwei Mal während der Saison auf die Bühne trat, einen Block weit weg, um ein paar freundliche Worte zu sagen, empfanden wir es so, als spreche sie zu uns, und wir applaudierten ihr mit wilder Begeisterung. *Sie* wusste, was uns diese Konzerte bedeuteten.

Ganz abgesehen von den Preisen der *Post*, die weitgehend für die jüngere Generation mit ihrem ausgehungerten Verlangen nach Kultur von Interesse waren, spiegelte die Zeitung in ihrer Präsentation der Nachrichten, in ihren Kolumnen und sogar in ihren Werbeanzeigen die Gewohnheiten und Träume der Einwanderergeneration wider, die nun – wenn auch besondere – Amerikaner waren. Und es war genau dieser Spielraum der Besonderheit, der Differenz, welcher der jüdischen Bevölkerung der Bronx ihr Gepräge gab und die Normen begründete, nach denen sie lebte.

Die Autoren der *Post* unterstützten das Tabernakel der *Jidischkejt* in der Bronx mehr als ihnen bewusst war, wenn sie sich mit den politischen, sozialen und moralischen Problemen befassten, welche die Generation der Einwanderer so sehr beschäftigte. Die jüdischen Leser beobachteten aufmerksam den Zustand der Welt. Sie verfolgten intensiv die Erklärungen jedes Kolumnisten, diskutierten über die politischen Positionen und lasen die Nachrichten mit einem Maß an persönlicher Beteiligung, die andere sich für Familienangelegenheiten aufheben. Roosevelt war das Idol der jüdischen Arbeiterklasse, die ihn als den großen Vermittler zwischen den Unsicherheiten ihres eigenen Lebens und den bösartigen Kräften betrachteten, die ihnen das Wenige, das sie besaßen, wegnehmen konnten. Und dann war da die offenherzige Eleanor. Die Zeiten waren hart, doch wir in der Bronx hatten das Gefühl, Verteidiger an höherer Stelle zu haben.

Während der dreißiger Jahre begann das Hitlerregime seinen dunklen Schatten über die Bronx zu werfen, als seine Anhänger im *German American Bund* in Yorkville demonstrierten und Father Coughlin im Rundfunk sonntagnachmittags seine antisemitischen Brandreden hielt. Die Verbindung von Rowdys auf der Straße und aufwieglerischen Priestern war nur zu vertraut. Dass dies aber in Amerika geschah, war unbegreiflich. Plötzlich gab es in New York deutsche Flüchtlinge, und als sich das Jahrzehnt seinem Ende zuneigte, begannen Briefe aus Polen einzutreffen, von Verwandten, die Angst vor dem hatten, was vor sich ging, und um Hilfe baten, um das Land verlassen zu können. Tatsächlich wurden, wie sich herausstellte, die Europanachrichten in der *Post* zu erweiterten Familiennachrichten.

Die Politik der jüngeren Generation war nicht annähernd so prägnant durchdacht wie die der Einwanderer, und sie konzentrierten sich auch nicht auf die zwei oder drei Themen, die sie beseelten. Nachrichten aus Europa, die unsere Eltern so sehr bedrückten, wühlten uns weniger auf als unsere eigenen amerikanischen Probleme: unsere Wirtschaftskrise, unsere eklatanten sozialen Ungleichheiten, die Ausbreitung der Trockengebiete, die Teilpächter. Irving Howe hat in seinem Buch *Margin of Doubt* beredt über die Anziehungskraft der Sozialisten und seine eigenen Aktivitäten in der *Young People's Socialist League* geschrieben – über die YPSLs, wie sie umgangssprachlich genannt wurden. Selbst jene unter uns, die weniger politisch waren als Howe, konnten nicht umhin, mit einigen der linken Jugendgruppen in Berührung zu kommen, die in der Bronx oder in unseren Schulen aktiv waren und die unser Empfinden ansprachen, dass die Welt verbessert werden müsse.

Ich wurde zweimal zu Versammlungen der *Young Communist League* eingeladen und hatte jedes Mal das Gefühl, in eine Konspiration hineingezogen zu werden. Zu der ersten Versammlung, die von einem Klassenkameraden an der High School organisiert wurde, traf sich eine Hand voll von uns in einem nahe gelegenen Gebäude in der 92sten Straße, das als Treffpunkt für jüdische soziale Gruppen diente. Dort sprach ein Sprecher der Partei zu uns über dringend notwendige Sanktionen gegen Francos Spanien. Als wir aufbrachen, ließ er uns wissen, dies sei in Wirklichkeit ein Geheimtreffen, und wir dürften in der Schule nicht darüber reden. Doch wir sollten an unsere Kongressabgeordneten schreiben. Mein wirkliches Problem bestand darin, zu verstehen, was die Leute mit »Sanktionen« meinten. Meine Geschichtslehrerin, Miss Griffin, eine erklärte Katholikin, war gegen sie. Die Partei war dafür, und das Lexikon schrieb, »sanktionieren« bedeute, seine Zustimmung zu etwas zu geben. In dieser verkehrten Welt schien es jedoch, als hätten Sanktionen vielmehr etwas mit Missbilligung zu tun. Es war alles so verwirrend, dass ich nie wieder zu einem Treffen im YMHA gegangen bin, obwohl es ziemlich aufregend zu sein schien, Teil einer Geheimgruppe zu sein.

Meine zweite Einladung bekam ich für eine Party zur Anwerbung von Mitgliedern in Brooklyn. Eine besondere Wendung erhielt die Einladung dadurch, dass die Organisatorin die einschüchternd schöne und teuer gekleidete Tochter eines Rabbiners war. Die Verbindung zwischen der Rabbinerstochter und meiner Freundin Esther, die mich eingeladen hatte, bestand darin, dass Esther am Wochenende nachmittags und abends im Hochzeitszimmer des Rabbiners arbeitete, um ihre verzweifelt arme Familie zu unterstützen. Als wir eintrafen, entdeckten wir, dass die Gruppe (oder war es eine Zelle?) ausschließlich aus der Tochter des Rabbiners und ihrem Freund Teddy zu bestehen schien. Gleich zu Anfang wurde ziemlich klar, dass Teddy die treibende Kraft des Unterfangens war. Er schlug vor, wir sollten eine Studiengruppe bilden, in der wir die Nützlichkeit und Wahrheit der marxistischen Lehren entdecken würden, wenn wir uns – alphabetisch mit der Anthropologie beginnend – durch alle Gebiete menschlichen Lebens hindurcharbeiteten.

Als Beispiel für die universale Anwendbarkeit der marxistischen Lehren (und um den Abend mit einer etwas leichteren Note ausklingen zu lassen), kündigte er an, er werde uns nun Prokofjews *Peter und der Wolf* vorspielen und eine marxistische Analyse an den Anfang stellen. Er begann mit dem Großvater, der die unaufgeklärte Bourgeoisie verkörpere und Peter verbiete, sich in das Licht wahren Verstehens hinauszuwagen. Die Ente im

Teich mit der »verdammten Bedürfnislosigkeit des Armen« sei der leichtgläubige Arbeiter, der den Schmeicheleien und Versprechungen des vom Wolf verkörperten Kapitalismus Glauben schenke. Bereits 1862 hatte laut Teddy der Staatssozialist Ferdinand Lassalle auf seiner Reise durch Deutschland gegen das mangelnde Bewusstsein der Arbeiterklasse gewettert. Was den zwitschernden Vogel auf dem Baum anging, so stand er eindeutig für Rosa Luxemburg, die Peter, das Symbol des wachsamen, aktiven Arbeiters, ermahnte und ermutigte. Doch Peter, das heißt die Arbeiter, konnte den Kapitalismus nicht aus eigener Kraft besiegen. Hier kam Teddy zum Höhepunkt seines Gleichnisses. Für seinen Sieg, so Teddy, der nun mit genauer Quellenangabe anführte, was Lenin so zutreffend in *Was tun?* festgestellt hatte, brauchten sie die Hilfe der Avantgarde der Kommunistischen Partei, das heißt der Jäger, die rechtzeitig kamen, um den Wolf zu fangen. Dies wird, so gilt es festzuhalten, ohne Gewalt erreicht, doch sie bringen ihn in den Zoo, wo er vermutlich ein bequemes Rentnerdasein führt, vor dem befreiten Proletariat ausgestellt als Beispiel kapitalistischer Bösartigkeit.

Wir waren alle nicht nur von der zwingenden Kraft der Analyse dieses scheinbar unschuldigen Musikstücks, sondern auch von Teddys Gelehrsamkeit beeindruckt. Nach dem Treffen, auf dem Weg zur U-Bahn, beratschlagten Esther und ich uns miteinander. Sollten wir beitreten? Doch hier triumphierte die Vorsicht über den Idealismus. Es war unser größter Wunsch, irgendwann einen Platz im öffentlichen Dienst zu erlangen, sei es in New York oder Washington. Es war eine Zukunft, die einen Lebensunterhalt versprach und uns vor den hässlicheren Aspekten des Kapitalismus, dem Antisemitismus und der Arbeitslosigkeit, bewahren würde. Nun war die Kommunistische Partei vollkommen legal. Sie gab eine Zeitung heraus, und ihr Hauptquartier war im Telefonbuch verzeichnet. Earl Browder, der Parteisekretär der *American Communist Party*, in Anzug und Krawatte, der nicht anders aussah als der Gouverneur des Staates New York, Thomas Dewey, machte ebenso staatsmännische Aussagen gegenüber der Presse und den Kongresskomitees. Doch wie würde es aussehen, fragten wir einander, wenn wir in irgendwelchen Bewerbungsunterlagen schreiben müssten, wir seien Mitglieder der *Young Communist League* gewesen? Wir kamen übereinstimmend zu dem Ergebnis, dass dies uns nicht gut bekommen würde. Bedauernd lehnten wir es daher ab, uns der Zelle der Rabbinerstochter anzuschließen.

Meine nächste Begegnung mit der Kommunistischen Partei fand einige Jahre später statt (etwa 1938/39), als ich die Wochenenden damit verbrachte, im Delikatessenladen meines Vaters zu arbeiten. Einige Türen weiter befand sich ein großes Lebensmittelgeschäft, das einem Mann gehörte, der, wie sein Angestellter Mojsche, ein erklärter Kommunist war. In den lauen Sommernächten, wenn unsere jeweiligen Läden gegen Mitternacht schlossen, standen wir auf dem Bürgersteig und diskutierten über Politik. Mojsche war ein Mitglied eines Parteibezirks in der Lower East Side und wollte mich für die Gruppe gewinnen. Er hatte eine sehr direkte Verbindung zwischen seiner eigenen Geschichte und der Anziehungskraft der Partei gefunden.

Er stammte aus einer armen, äußerst frommen Familie, und sein Vater besaß ein kleines Geschäft in der Lower East Side. Doch als frommer Jude pflegte er freitags früh zu schließen und das Geschäft den ganzen Schabbat über geschlossen zu halten. Mojsche machte bitter die Sturheit und mangelnde Bereitschaft seines Vaters, sich an das moderne Leben anzupassen, für die Not der Familie verantwortlich. Die Religion, sagte Mojsche, war, wie Marx richtig herausgestellt hatte, Opium für das Volk, und es war die Religion, die das Leid seiner Familie verursacht hatte. Ich lauschte Mojsches Geschichte mit zarter Sympathie. Mojsche hatte glühende dunkle Augen, und seine Intensität war überaus verwirrend. Doch aus irgendeinem Grunde ging ich nicht zu den Versammlungen seines Parteibezirks.

Sein Vorgesetzter dagegen sprach stärker meinen Verstand als mein Herz an, wenn er mir das Arbeiterparadies der Sowjetunion vor Augen malte. Er erkannte allerdings nicht, dass er zu einer listigen Gegnerin sprach. Damals hatte ich mich marxistischen Lesegruppen angeschlossen und wusste etwas mehr als zu der Zeit, als ich die Sanktionen noch nicht verstand. Ich hatte von den Schauprozessen gehört, von der Unterdrückung der freien Rede, davon, dass das Land total und unerbittlich durch Anordnungen von oben, seitens der Partei, regiert wurde. Ein Mitglied meiner Arbeitsgruppe schrieb an einer Dissertation über die sowjetische Bürokratie, und als seine Arbeit voranschritt, erzählte er uns über seine Entdeckungen. Wir erfuhren von der Hungersnot in der Ukraine in den zwanziger Jahren, von der Ineffizienz der sozialistischen Produktion und vor allem von einer korrupten, aufgeblähten Bürokratie. Mojsches Vorgesetzter hörte sich meine Beschwerden, vor allem meine Kritik, dass eine wahre Demokratie andere Parteien zulassen würde, mit einem toleranten Lächeln an. Er hatte eine seiner Auffassung nach unwiderlegbare Antwort. »Weshalb«, fragte er, »weshalb sollte man, wenn man endlich in einem Land den Sozialismus erreicht hat, auch nur eine andere Partei wollen?« Er las weiterhin den *Daily Worker*, das Organ der *American Communist Party*, ich dagegen die *New York Post.*

Was mich an der Zeitung anzog, waren die täglichen Moralspiele unter der Ägide der Psychologin Rose Franzblau, die ihre Antworten üblicherweise damit begann, dass sie allen, um die es ging, Vorwürfe machte. Die Briefe an Rose Franzblau hatten einen anderen Charakter als jene an die Briefkolumne des *Forward* gerichteten gequälten Hilferufe verlassener Ehefrauen, betrogener Geschäftspartner oder von Töchtern, die darum kämpften, von zu Hause zu entkommen. Ihnen ging es darum, wie man leben sollte, um Maßstäbe der Höflichkeit und des Respekts. Es ist nicht ohne Bedeutung, dass die Bezeichnung für diese Eigenschaften im Jiddischen *derech Erets* ist, »die Verhaltensweise des Landes«. Unsere Freunde und Nachbarn in der Bronx suchten und erfanden genau das: neue Bräuche gemäß der Verhaltensweisen des Landes.

Sprache und Manieren waren in der Bronx freimütig, auch wenn sie noch nicht mit den Nuancen der amerikanischen *derech Erets* im Stile Emily Posts mithalten konnten. Eines vor allem galt es zur Sprache zu bringen: »Du könntest manchmal einen Onkel anrufen; das würde nicht schaden. Ich sage ja nicht, dass du uns besuchen kommen musst, aber frag doch wenigstens mal, wie es allen geht.« Diese klassische Klage bildete den Kern der

Beziehungen zwischen den Generationen. Die Einwanderer sahen ihre Kinder buchstäblich entschwinden, wenn sie in andere Stadtviertel oder gar in andere Städte zogen und andere berufliche Wege einschlugen, die man mit dem besten Willen nicht wirklich verstehen konnte. Rose Franzblaus Kolumnen waren voll mit den Klagen von Eltern, die sich von ihren Kindern verlassen, ihrer beraubt, nicht ernst genommen fühlten, auch wenn diese in der unbekümmerten amerikanischen Art soweit ganz nett zu ihnen waren. Doch dies war nicht *derech Erets*, das respektvolle Verhalten gegenüber den Eltern, das ihnen gebührte. Rose Franzblau vermittelte beruhigend und schlug vor, weniger vorwurfsvolle Telefonate zu führen und häufiger Einladungen zum Dinner auszusprechen.

Wir, die in Amerika Geborenen, hatten unsere eigenen Schwierigkeiten mit dem amerikanischen *derech Erets*. Die Verhaltensnormen in unseren beiden Gemeinschaften harmonisierten nicht recht miteinander, und man war im Nachteil, wenn man die amerikanischen Normen nicht kannte. Die *Daily News*, eine Zeitung mit einer etwas volkstümlicheren Ausrichtung als die *Post*, sprach diese Verwirrung in einer täglichen Reportage mit dem Titel »Das Richtige« an. Sie zeigte im Allgemeinen zwei peinlich ordentlich gekleidete junge Menschen, die lernen, einander die Hand zu geben oder bei der Begrüßung und beim Abschied die korrekten Formeln anzuwenden. Als ich auf die High School kam, dachte ich, die Zeit für eine systematischere Erkundung dieser Kultur sei gekommen, und ging in die Bibliothek, um ein Buch über Etikette zu suchen. Leider gab es die Hunter High School schon ziemlich lange, so dass ihre Bücher über Etikette aus dem neunzehnten Jahrhundert stammten. Völlig vertrauensselig und versunken fing ich an zu lesen und war sofort überfordert. Das erste Kapitel widmete sich den Ritualen des bürgerlichen Lebens vom morgendlichen Aufwecken hin zu den Geheimnissen der Visitenkarten. Ich beschloss, eine direkte Befolgung müsse genügen.

Trotz all ihrer Ängste war die Welt, die ich in der Bronx kennen lernte, eine Welt von Juden, die nicht mehr, wie es für die ersten Jahre nach der Einwanderung charakteristisch war, am

Rande des Existenzminimums lebten. Es herrschten Freiheit und Chancen, die aus ihrem neuen, wenn auch bescheidenen Wohlstand erwuchsen, und sie erforderten neue Formen der Schicklichkeit. Hier wurde Rose Franzblau zum Sprachrohr all der Neuerungen, die das Leben plötzlich eröffnete. Eine der Erfindungen der Neuen Welt war die Zunahme und Ausdehnung der *Simches* – der Feste und Feiern – die die Landschaft des jüdischen Lebens übersäten. Waren sie in der alten Heimat, wo sie in Inhalt und Form festgelegt und stilisiert waren, bescheiden und selten, so blühten sie in der Neuen Welt, wo die Menschen sich danach sehnten, gesellig beisammen zu sein, und wo die Speise- und Getränkelieferanten mit der Erfindung »traditioneller« Zeremonien zu Diensten waren, plötzlich auf. Die sich wandelnde Gestalt der Bar-Mizwa-Feier in den vergangenen fünfzig Jahren etwa ist schon an sich praktisch eine Hinführung zu den vielfältigen Formen jüdischer Akkulturation in Amerika.

Diese Ereignisse waren nicht gerade billig. Sie erforderten festliche Kleidung und ein angemessenes, sorgfältig austariertes Geschenk. Eine der verzweifeltsten Briefpartnerinnen Franzblaus schrieb genau über dieses Thema: Die Bühne ist das Wohnhaus in der Bronx. Die Protagonisten sind zwei hingebungsvolle Nachbarinnen. Die Verfasserin des Briefs ist über Jahre von ihrer Freundin häufig eingeladen worden und hat jedes Mal ein großzügiges Geschenk mitgebracht. Schließlich sind die Verfasserin und ihr Ehemann selbst Gastgeber einer großen Geburtstagsparty, und als die Geschenke öffentlich ausgepackt werden, stellt sich heraus, dass es sich beim Mitbringsel der Nachbarin – zur Bestürzung und Demütigung ihrer Freundin – um irgendeine Kleinigkeit handelte. »Glauben Sie mir«, schreibt sie gequält an Rose Franzblau, »ich brauche ihre Geschenke nicht!«

Dies war eine der beherrschenden Haltungen in der Bronx, eine hochgesinnte Einstellung gegenüber dem Geld, das beinahe geringschätzig als bloßes Mittel zur Verwirklichung höherer Zwecke betrachtet wurde. In den Kolumnen der *Post* erkannten die Verfasser bei anderen finanzielle Motive, während sie selbst stets aus Prinzip handelten. Aus Prinzip suchten sie auch die Discountläden auf, warteten auf die Auszahlung ihres Einkommens, bevor sie etwas erwarben, und kauften in Geschäften mit niedrigen Gemeinkosten und ohne unbewegliches Inventar. »Es ist nicht so sehr das Geld« (eine solche Überlegung verwies auf eine verachtungswürdige Schäbigkeit des Geistes), »doch wozu soll man mehr ausgeben, wenn man weniger ausgeben kann?«

Man verbrachte so viel Zeit damit, weniger auszugeben, dass es eine richtige Kunstform wurde, eine Art Multimedia-Kunst. Zunächst war da die tatsächliche Einkaufsaktion, der die Erzählung folgte, die kathartische Schlussfolgerung, wenn die Trophäen hochgehalten wurden und die Käuferin erklärte, wie sie diese erstaunlichen »Dingsda« gefunden hatte, wie es wirklicher Aufmerksamkeit bedurft hatte, es in dem Gewirr, das es umgab, zu erkennen, und dass, als sie es gefunden hatte, der Preis unerhört niedrig war. Es folgten ein Raunen der Bewunderung, eine genaue Untersuchung der Trophäe, Nachfragen nach der Adresse dieser Fundgrube und so weiter. Was für ein befriedigender Abschluss eines Tages!

Viele Jahre, nachdem ich New York verlassen hatte, kehrte ich einmal kurz zurück, um etwas Wichtiges einzukaufen. Ich wohnte bei Freunden, die jedoch, wie ich am eigenen Leibe erfuhr, ursprünglich nicht aus der Bronx stammten. Nach alter Tradition begann ich von meinen Abenteuern zu erzählen, hielt meine Trophäe in die Höhe und stellte die rhetorische Frage: »Und wisst ihr, was ich dafür bezahlt habe?« Doch bevor ich zum Höhepunkt meiner Geschichte kommen konnte, erhob sich mein Gastgeber, ein Mann mit wunderbaren Manieren, peinlich berührt und sagte nein, er glaube auch nicht, dass ich es ausführen sollte. Wir mussten danach ein langes Gespräch führen, in dem wir uns über die Probleme transkultureller Begegnung verständigten.

Tatsächlich hatten mich meine Kindheit und Jugend in der Bronx nicht auf die Ruhe und Verlässlichkeit seiner guten Manieren vorbereitet. Dort war das Gespräch vor allem von Temperament und Freimütigkeit über das gewöhnlich tabuisierte Thema des Geldes beherrscht, die wir später zu zügeln lernten. Als diese jungen Einwandererpaare erstmals die Gelegenheit hatten, mehr als nur das Lebensnotwendige zu kaufen, konzentrierten sie sich auf das, was ihnen als dauerhaft wertvolle Güter erschien – Möbel, feine Kleidung, Pelzmäntel oder Schmuck –, und gelangten auf diese Weise zu einem äußerst interessanten Konsens. Anders als die Italiener, die, sobald sie über etwas Kapital verfügten, Land und Häuser kauften, hielten die Juden in der Bronx an dem alten europäischen Glauben an bewegliches Vermögen fest. Danach lauteten die Schlüsselwendungen: »Wie oft im Leben kauft man eine Schlafzimmereinrichtung?«, worin eine gewisse weitblickende Vorsicht sichtbar wurde, oder: »ein Mantel, den man bei jeder Gelegenheit tragen kann«, als könne man jeden Augenblick in den Buckingham-Palace eingeladen werden. Was auch immer es war, es musste, um die Ausgabe zu rechtfertigen, »das Beste« sein. »Das Beste« war vermutlich kein absoluter Begriff, sondern es dürfte sich lediglich um das »Beste« in dem jeweils speziellen Geschäft gehandelt haben, doch es lieferte die notwendige moralische Basis dieser Ausgaben, so dass sie als weniger extravagant erschienen. Die langlebige Schlafzimmereinrichtung, der Pelzmantel für alle Gelegenheiten oder die an sich wertvolle goldene Uhr wurden zugleich erfreuliche Besitztümer und »Investitionen«.

Die Kolumnen der *Post* erfassten auch den Rhythmus des Jahres, den Zeitvertreib, die Freizeitbeschäftigungen und die bevorzugten Urlaubsorte jener, die außerhalb der ersehnten zweiwöchigen Ferien an ihre Wohnungen gebunden waren. Die ersten Anzeichen des Frühlings und des wärmeren Wetters in New York wurden sichtbar, wenn die Fenster, zunächst vorsichtig, geöffnet und dann weit offen gelassen wurden, um jeden Luftzug einzufangen. Dies hatte bald unschöne und hörbare Folgen, wenn die Bewohner etwas Knirschendes unter ihren Füßen spürten. Wenn der Ausstoß benachbarter Schornsteine in die Wohnungen flog und Fußböden, Fensterbänke und jede unbedeckte Fläche mit einer feinen Schicht schwarzen Rußes bedeckte, wussten die New Yorker, dass sich der Sommer ankündigte. Max Lerner beschrieb einmal in einer denkwürdigen Kolumne, wie er und seine Frau beschlossen hatten, auf ihrer Terrasse nur das gesprenkelte kohlegraue Russel Wright-Porzellan zu benutzen, weil es so schön die fliegende Asche tarnte.

Dennoch zeichneten sich die Sommerferien ab, und die Catskills boten eine verlockende Auswahl an Möglichkeiten. Klein- oder großgedruckt, gewissermaßen die eigene Größe auf der Seite typografisch nahelegend, kündigten die Ferienorte ihre Angebote an. Die Kleidungsindustrie hatte nur widerwillig dem Gedanken eines bezahlten Urlaubs zugestimmt und ließ die Ferienzeit in der ersten Juliwoche beginnen; diese Lösung umging fein säuberlich das Problem des Krankfeierns in den Tagen um den 4. Juli, den amerikanischen Nationalfeiertag. Diese Veränderung erweiterte die Bevölkerungsbasis der Urlauber erheblich. Die herkömmlichen konventionellen jüdischen Freizeitaktivitäten waren eher unsportlich geprägt, doch herrschte, wie wir gesehen haben, eine positive Ehrfurcht vor der frischen Luft und dem Ländlichen. Dahinter verbarg sich eine ganz einfache Logik. So wie die Mietshäuser Schwäche und Krankheiten hervorbrachten, musste das Gegenteil – offene Räume – zu guter Gesundheit führen, ein Glaube quer durch alle Klassen. Victor Erlich, der Enkel des großen russisch-jüdischen Historikers Simon Dubnow, erzählt, wie sein Großvater ihn in den zwanziger Jahren auf gesunde Spaziergänge in den Wäldern außerhalb Berlins mitnahm. In bestimmten Abständen pflegte Dubnow anzuhalten und zu sagen: »Atme, Victor, atme.«

In der Mythologie der Bronx waren »die Berge«, wie die Catskills genannt wurden, dem Strand, was die Förderung eines gesunden Körpers anging, überlegen. Bei jeder Kurve, die sich höher die Hügel hinaufwand, fühlte der Reisende, dass die Luft leichter, besser, reiner wurde. Die Frau und die Kinder auf das Land zu schicken, und sei es nur für ein oder zwei Wochen, war praktisch eine moralische Verpflichtung. Dies betrachtete man als eine Zeit, in der man Gesundheit in sich aufsaugte und für ihre späteren wohltuenden Wirkungen speicherte. Für die meisten Einwanderer waren die Unterkünfte in den Catskills jedoch weit entfernt von den Datschas im fiktiven Boiberik, dem Sommerurlaubsort von Scholem Alejchems Tewje-Geschichten. Dort wurden Sommerhäuser die Saison über von wohlhabenden Hausbesitzern gemietet, die mit Familie und Bediensteten ankamen und auch dort das luxuriöse Leben führten, das sie gewohnt waren, und in dem »jeder Leckerbissen fertig vor ihre Tür gebracht wurde«. Die Catskills waren wesentlich demokratischer organisiert, und selbst ein Arbeiter konnte Frau und Kinder nach »Livingston Manor – Blue Bird-Bungalows, am plätschernden Bach, zwölf Dollar fünfzig pro Woche« schicken. Wie die ersten scheuen Krokusse erschienen diese zweizeiligen bescheidenen Hinweise, die für ebenso bescheidene Unterkünfte warben, bereits früh im Frühling in der *Post.* Bei den Bungalows musste man schlau vorgehen und frühzeitig buchen. Erst kurz vor Sommerbeginn begannen die großen Hotels zu inserieren und warben mit den getrennten Speisesälen für Kinder. Obwohl das Leben noch nicht so durchorganisiert war wie später, hatten die Eltern zumindest die Erleichterung, ihre Kinder während der Mahlzeiten nicht beaufsichtigen zu müssen.

Der implizite Schlüssel zu diesen Ferien war die Sehnsucht nach Luxus. Nach einem harten Arbeitsjahr freuten sich die Urlauber auf ein oder zwei märchenhafte Wochen, in denen sie verwöhnt und umsorgt wurden und *»wi Got in Frankrajch* – wie Gott in Frankreich« lebten. Für die Frauen bedeutete das, dass die Betten gemacht und die Mahlzeiten gekocht wurden, so dass sie nur dafür verantwortlich waren, sich zu amüsieren. Ähnlich verhielt es sich bei den Männern – es war die *Befreiung* vom Rhythmus ihrer Arbeitswoche, die es ihnen ermöglichte, alle viere von sich zu strecken, im nahe gelegenen See zu schwimmen und ganze Nachmittage mit Kartenspielen zu verbringen. Die Abwesenheit von Aktivität – Ruhe – war in den Ferien das Schlüsselwort. Und gab es einen besseren Ausdruck für den Luxus als die üppigen Portionen köstlichen vertrauten Essens bei jeder Mahlzeit?

Dass sie die Ferien geradezu als ein Recht betrachteten, ihre Familien beflissen in die Berge zu schicken, verlieh den jüdischen Männern in den Einwanderergemeinschaften in New York besonderes Ansehen. Jüdische Ehemänner waren, stereotypen Vorstellungen zufolge, großzügig, nachsichtig und, vor allem, nicht gewalttätig. Wenn es ganz selten zu Mischehen kam, im Allgemeinen zwischen einem jüdischen Mann und einer nichtjüdischen Frau, beschwor die zukünftige Braut recht apologetisch dieses Bild.

Als die Weltwirtschaftskrise nachließ, lautete die Parole – in dem besonderen Englisch der Bronx – »live a little«. Bei Menschen, die aus einer Welt wirklicher Entbehrungen stammten, bezog sich »ein bisschen Leben« in erster Linie auf die elementaren Bedürfnisse – Nahrung, Unterkunft und Kleidung. Es bedeutete den Luxus, Sonntags frische Brötchen zu essen, oder einen Besuch in einem appetitanregenden Geschäft, um geräucherten Fisch und kleine schwarze eingelegte Oliven – *Maslines* – zu kaufen. Tewjes Sinnieren über die Freude an einem frischen Brötchen beschränkte sich nicht auf Scholem Alejchems literarische Welt. Was die nächste Generation als selbstverständliches sonntägliches Morgenritual verstand, bedeutete für die Generation der Einwanderer, für die die knusprigen und doch zarten Mohnbrötchen stets ein Luxus blieben, eine erlesene Verschwendung.

Zugleich offenbarten die Werbeanzeigen, welche die kleinformatigen Seiten füllten, beredsam die Bedürfnisse und Bestrebungen einer Gemeinschaft, die gerade begann, ein wenig disponibles Einkommen zu haben. Für das Wohnzimmer bedeutete dies Plüschpolstermöbel und schwere maßgeschneiderte Vorhänge. Als Tante Anna und Onkel Philip beschlossen, die klapprigen Eisenbetten ihrer beiden Töchter durch eine wirkliche Schlafzimmereinrichtung zu ersetzen, gingen sie hin und kauften etwas, was den Neid jedes anderen Mädchens in der weit verzweigten Familie weckte. Es war prunkvoll, aus Holz, und es war blassgrün mit Rosenknospenfestons, die sich in glänzende Blätter schmiegten. In einem ähnlich verschwenderischen Augenblick kauften meine Eltern eine lang ersehnte bestickte Tagesdecke mit dazu passenden Kissendecken und einer Kewpie-Puppe. Das Ganze wurde nur bei den seltenen Gelegenheiten, wenn wir Besuch hatten, über das Bett ausgebreitet. An der Freude meiner Mutter über den Satinstoff und das kunstfertige Design sah ich, dass dies ein Leben lang halten und nicht alltäglich unbedacht abgenutzt werden sollte. Erst viel später fragte ich mich, weshalb sie sich diese Freude nicht häufiger gönnte. Damals jedoch teilte ich noch die Auffassung, dass man die Freude nicht leicht nehmen, sondern in kleinen, unregelmäßigen Dosen genießen sollte. Schließlich wurden diese Gegenstände nicht einfach

Einrichtungsgegenstände, sondern Preise, Trophäen im Überlebenskampf in Amerika. Kann es verwundern, dass sie bewacht und zärtlich gehütet wurden – als sichtbare Früchte der Arbeit und Leistung?

Die Inserenten der *New York Post* waren sich mit ihren Lesern einig und redeten von »Qualität« und »Wert«. In späteren Zeiten betonten die auf die »*hi-gebojrenen* – die in Amerika geborene Generation« zielenden Werbekampagnen die »Rennaisance-Möbel« (so die fehlerhafte Schreibweise der *Post*) des Inserenten oder gestanden, dass er »bezaubernde Antiquitäten aus Frankreich und Italien, Spanien und England« anbot, »Schätze, die dazu bestimmt sind, Familienerbstücke zu werden. Alles einzigartig ...«. Doch die Generation der Einwanderer hatte genug von Europa. Sie wollte keine alten Möbel, nicht einmal neue Möbel, die frisch »antik gemacht« worden waren. Weder »Rennaisance« noch Queen Anne oder Louis Quinze waren Begriffe, die sie berührte. Sie wollte etwas Dauerhaftes, das »Beste«. Sie wollte endlich jene Art sichtbaren Wohlstands, der ihr den Atem raubte, wenn sie um sich blickte und an ihre Heimat dachte.

Erst nach dem Zweiten Weltkrieg begannen Juden aus der Bronx ihre Wohnungen zu kaufen, gemeinschaftlich erworbene Appartments in den nördlichen Bereichen des Stadtbezirks oder sogar Häuser in den Vorstädten. Bis dahin gaben sie sich damit zufrieden, von einer kleineren in eine größere Wohnung zu ziehen und sie mit den geliebten Schätzen zu füllen. Doch seit der Zeit, als Abraham die Höhle von Machpela erwarb, um Sarah zu begraben, gab es stets eine Art Grundbesitz, die jeder Jude kaufte, und zwar einen Platz auf dem Friedhof. Wenn arme Arbeiter zum ersten Mal in Amerika ankamen, bildeten sie ihre landsmannschaftlichen Organisationen, die, wir wir gesehen haben, als Erstes ein Stück Land für einen Friedhof kauften. Die Mitglieder bezahlten ihre monatlichen Gebühren, um sicherzustellen, dass sie im Falle eines vorzeitigen Todes in einem anständigen Grab unter ihren Freunden begraben würden. Etwas entfernt von den Einzel- oder Familiengrabstellen auf dem Friedhof wurden die Eingänge zu diesen Bereichen bisweilen durch feine Eisentore oder durch massive dekorative Granitsäulen bewacht, in denen der Name der Organisation, ihr Gründungsdatum und die Namen ihrer Hauptfunktionäre eingraviert waren. Die Geselligkeit blieb jedoch auch später, als Familien ihren eigenen Begräbnisplatz kauften, oberstes Prinzip. Die Werbeanzeigen der *New York Post* sprachen unmittelbar die Bedürfnisse dieser Generation unabhängiger Menschen an, die sich ihre eigene Ewigkeit auf neuem Grund aufbauen wollten.

In der alten Heimat besuchten Menschen den Friedhof, um ihr Herz auszuschütten, um sich Rat zu holen und um in entscheidenden Augenblicken die Toten anzuflehen, für sie einzutreten. In Amerika waren die Friedhöfe weit weg, für ein intimes Geständnis, ein geflüstertes Gebet nicht so leicht erreichbar, und doch gingen die Menschen weiter dorthin, wenn auch in größeren Abständen. Der Besuch der Familiengräber war für die Generation der Einwanderer mehr als eine fromme Pflicht. Es war zugleich ein Trost. Abgesehen von den Wallfahrten an den Jahrestagen, besuchten selbst nichtreligiöse Juden gewöhnlich in den Wochen unmittelbar vor dem jüdischen Neujahrsfest die Gräber der Verwandten. Für meine Mutter etwa bedeutete es einen stets neuen Kummer, dass ihre Eltern weit weg begraben waren und ihr der Trost dieser jährlichen Wallfahrten verwehrt war. Viele auf Geselligkeit bedachte Leute machten diese Besuche zu Familientreffen, indem Verwandte sich am Grab verabredeten und später zusammenkamen, um in einem nahe gelegenen Restaurant Erinnerungen auszutauschen und miteinander zu reden.

Friedhöfe waren keine Orte des Vergessens, sondern der Erinnerung. Als Juden in Amerika sich ihres Erfolgs ein wenig sicherer waren, wünschten sie sich Friedhöfe, die angenehmer und offener waren als die überfüllten Friedhöfe mit ihren mannshohen Grabsteinen, die für die alten Enklaven der Landsmannschaften charakteristisch waren. Die Werbeanzeigen in der *New York Post* stellten sich bald auf diese Empfindungen ein. Sie appellierten an die Geselligkeit ihrer Leser, an ihre Kultiviertheit und ihren Wunsch nach »dem Besten«. Die neuen Friedhöfe boten »würdige, exklusive, luxuriöse« Gräber, so dass selbst der Tod zu einem marktfähigen Gegenstand wurde. Eine der Anzeigen hebt hervor, dass der Friedhof lediglich »23 Minuten mit der U-Bahn vom Times Square [...] und nur fünf Minuten von den weiteren Friedhöfen« entfernt lag, »auf denen womöglich ihre nächsten Angehörigen ruhen«. Dann werden dreizehn Friedhöfe aufgezählt: Die Liste beschwört die Vision geselliger jüdischer Geister herauf, die sich in Ewigkeit durch Besuche bei ihren Verwandten unterhalten, wenn sie nicht gerade mit der U-Bahn zum Times Square hinüberfahren.

Eine Friedhofsanzeige, die den Blick fest auf das Hier und Jetzt richtete, bringt das unmissverständliche Argument: »Dieser Friedhof ist für die Lebenden gedacht!«, ein Motiv, das von den Konkurrenten sogleich aufgegriffen wurde. »Ehrfurcht, Gelassenheit, Schönheit, Inspiration« – dies waren die Begriffe, die die Anzeigen in der *New York Post* benutzten, um dem Friedhof wieder seinen früheren Platz im jüdischen Leben als Höhepunkt aller irdischen Wünsche zurückzugeben. Dieses Bestreben fand seinen prägnantesten Ausdruck vielleicht in einer jener klassischen Geschichten aus Osteuropa über zwei Juden, die eine Wallfahrt nach Paris unternehmen, wo sie – unter anderen Wundern – das Rothschild-Mausoleum zu sehen hoffen. Als sie angekommen sind und man ihnen den Weg zum Grab zeigt, erfüllt es mit seinem Glanz und seiner Erhabenheit all ihre Hoffnungen. Wir können ein Echo ihrer Befriedigung vernehmen, wenn unsere Besucher aus der Bronx einen der neu eingerichteten Friedhöfe mit seinen gepflegten Rasenflächen und Pflanzen sowie seinen im Gras eingebetteten dezenten Messingplatten bewerten. »Das«, so sagen sie mit den Worten jener europäischen Vorfahren, »das ist es, was man Leben nennt.«

7

Arbeit

1690 begann Glückel von Hameln, die Witwe eines wohlhabenden Hamburger jüdischen Kaufmanns, in jiddischer Sprache die »Denkwürdigkeiten« ihres Lebens als Erinnerung an ihren verstorbenen Ehemann wie als moralische Belehrung ihrer zwölf Kinder aufzuschreiben. Zu Beginn erzählt sie folgende Geschichte:

> »Es ist einmal ein Vogel gewesen, der hat drei junge Vögelein gehabt und hat sich mit ihnen am Ufer des Meeres aufgehalten. Mit einem Male sieht der alte Vogel, dass ein großer Wind kommt und dass das Meer größer wird und über das Ufer kommt. So sagt er zu seinen Kindern: ›Wenn wir nicht bald auf jener Seite vom Meere sind, so sind wir verloren.‹ Aber die jungen Vögelein haben noch nicht fliegen können. Also nimmt der Vogel das eine Vögelchen zwischen seine Füße und fliegt mit ihm über das Meer. Wie sie mitten über dem Meere sind, sagt der alte Vogel zu seinem Sohne: ›Mein Kind, welche Nöte und Sorgen habe ich mit dir und wie wage ich mein Leben um deinethalben. Wenn ich nun alt sein werde, willst du mir auch Gutes tun und mich in meinem Alter ernähren?‹ Sagt das junge Vögelchen: ›Mein herzlieb Vater, bring mich nur über das Wasser, ich will in deinem Alter alles tun, was du von mir verlangst.‹ Der alte Vogel wirft seinen Sohn auf diese Reden ins Meer, dass er versäuft, und sagt: ›So soll man es einem Lügner, der du bist, machen.‹«
>
> Das wiederholt sich noch ein zweites Mal. Als er dem dritten Vogelkind unter den gleichen Bedingungen dieselbe Frage stellt, erwidert dieser: »Mein lieber Vater, es ist alles wahr, was

du sagst, dass du große Not und Sorge für mich hast. Ich bin schuldig, solches wieder an dir abzugeben, wenn es möglich sein wird, aber gewiss kann ich es dir nicht sagen. Aber das will ich dir zusagen, wenn ich auch einmal werd Junge kriegen, so will ich bei meinen jungen Kindern tun, wie du bei mir tust.« Darauf sagt der Vogelvater: »Du redest recht und bist auch klug, dich will ich leben lassen und dir über das Wasser helfen.«

Zweieinhalb Jahrhunderte später erzählte mir mein Vater in unserem Wohnzimmer in der Bronx dieselbe Geschichte. In seiner Version war der Vogel ein Storch, doch er verfolgte die gleiche Absicht wie Glückel, die nach eigener Aussage zeigen wollte, dass Eltern sich äußerst »um ihre Kinder bemühen und sie mit großer Sorgfalt erziehen. Aber wenn die Kinder so viel Mühe und Sorgen von ihren Eltern haben sollten, wie bald sollten sie es müde werden.«

Diese Geschichte, die schon im siebzehnten Jahrhundert nicht besonders angenehm war, wurde mit der Zeit nicht besser, denn jedes Kind, das nicht den Rest seines Lebens seinen Eltern widmete, geriet für alle Zeit in die Position des Undankbaren. Doch es gibt nichts, was so klar die immerwährende Auffassung der Einwanderergeneration erhellt, dass sie in der Welt sich selbst überlassen worden waren und dass ihr Heil in unermüdlicher Arbeit lag. Sie hatten von ihren Eltern keine Hilfe empfangen und wappneten sich, dies auch nicht von ihren Kindern zu erwarten. In hohem Alter pflegte mein Vater, als wolle er dieses alte Gespräch wieder aufnehmen, einen Spruch zu wiederholen, der unter seinen alten Nachbarn in Florida gängig war: »Ein Vater kann für zehn Kinder sorgen, doch zehn Kinder vermögen nicht für einen Vater zu sorgen.«

Diese Generation erwartete keine Hilfe. Abgesehen von dem gelegentlichen Krankengeld, das ihnen ihre Landsmannschaften oder Gewerkschaften anboten, bei denen sie schließlich ihre Beiträge gezahlt hatten, rechneten sie damit, ihren Lebensunterhalt mit allen Kräften oder Mitteln zu verdienen, die sie für den Arbeitsmarkt aufzubringen vermochten. Und anders als in der alten

Heimat, wo die Berufe nach einer strengen Hierarchie bewertet wurden, entdeckten sie in Amerika, dass es gleichgültig war, was sie machten. Wichtig war es, dass man seinen Lebensunterhalt verdiente. Im Schtetl oder in den Großstädten Osteuropas waren die Synagogen häufig beruflich organisiert; die Schuster beteten gemeinsam, die Fleischer hatten ihre eigene Synagoge, und auch die Reichen, wo auch immer ihr Vermögen herstammte, hatten ebenfalls ihren eigenen Ort für den Gottesdienst; alle Synagogen waren nach dem jeweiligen Geschmack und den finanziellen Mitteln ausgestattet. In der unbarmherzigen Hierarchie des Ghettos standen die Synagogen der Schneider und die der Schuster in der Rangliste ganz unten. Im bevölkerten New York akzeptierten die Schneider, Hutmacher und Kürschner diese Unterscheidung und setzten sie fort, indem sie Synagogen in den Distrikten einrichteten, in denen sie arbeiteten und sich in kameradschaftlichen Gemeinschaften zum Morgen- und zum Abendgebet versammelten. Doch in Amerika genoss einer des anderen Gemeinschaft aus freier Entscheidung, ohne sich stigmatisiert zu fühlen.

In einer der Erzählungen Scholem Alejchems segelt die jüngste Tochter von Tewje dem Milchmann mit ihrem Mann nach Amerika, nachdem dessen Imperium zusammengebrochen ist. Nach einiger Zeit schreibt sie an ihren Vater, der »Panje« Scholem Alejchem berichtet, seine Tochter und sein Schwiegersohn seien nun gut etabliert und »verdienten ihren Lebensunterhalt«. Kein Wort über die Art ihrer Tätigkeit, auf die es auch nicht ankommt. Diese Unbestimmtheit der beruflichen Tätigkeit faszinierte Scholem Alejchem, der die letzten beiden Jahre seines Lebens in der Bronx verbrachte und die Amerikanisierung mit Hilfe der Stimme des Waisenjungen Motl beschreibt, der mit seiner großen Familie im Land ankommt. Scholem Alejchem faszinierte, wie schnell und ohne jede Vorbereitung seine weltfremden Charaktere, Motls älterer Bruder und dessen Freund Pinye, ihre Berufe wechselten. Weder sie selbst noch ihre Arbeitgeber erwarteten, dass sie irgendetwas von dem verstanden, was sie taten. Nachdem sie eine Viertelstunde lang mit einem Stück Stoff geübt haben, werden sie zu »operators« [»Handarbeitern«, »Maschinenbedienern«] erklärt, die für die Arbeit in einer Bekleidungsfabrik gerüstet sind. Danach werden sie Tuchpresser. Später wird Pinye, der noch immer kein Englisch spricht, Versicherungsmakler, der lediglich weiß, dass er bei jeder Adresse auf seiner Liste einen Vierteldollar einsammeln soll.

Scholem Alejchem war natürlich ein Humorist, der seine Karikaturen mit breitem Pinselstrich entwarf, doch seinem traurigen Bewusstsein des Chaos, das die Juden in der Neuen Welt erwartete, kann man sich nicht entziehen. An mehreren Stellen redet Motls Mutter stolz davon, dass die Familie aus einer langen Tradition von Kantoren abstamme, doch ihre Söhne und Schwiegertöchter bestreiten stets, dass dies in der Neuen Welt irgendeine Bedeutung habe. Schließlich wird sogar der Mutter klar, dass in Amerika keine Kantoren gebraucht werden und dass ihre Söhne, wie alle anderen Neueinwanderer, schlicht improvisieren mussten. Das steht im Gegensatz zu dem in Scholem Alejchems frühen Erzählungen vermittelten Eindruck einer intakten, geordneten Gesellschaft, in der Tewje auf die Qualität seiner Butter, seines Rahms und seines Käses stolz ist und sich brüstet, selbst die Nichtjuden kauften seine Produkte.

In Europa war Tewje, zumindest eine Weile lang, glücklich. Er hatte ein Gewerbe, eine Kundschaft und einen gleich bleibenden Arbeitsrhythmus: Er versorgte die Kühe, molk sie, verarbeitete die Milch mit Hilfe der Familie und verkaufte ihre Produkte. Auch die Schneider und Schuster hatten, so niedrig sie auf der sozialen Skala angesiedelt waren, ihr Gewerbe mit ihren eigenen Werkstätten und der Selbstachtung von Männern, die in ihrem Beruf Experten waren. Diese Fähigkeiten zählten im mechanisierten, industrialisierten Amerika, wo der fähige Handwerker lediglich in der Fabrik Arbeit fand, nur wenig. In Amerika wollten oder brauchten nur die ganz Reichen ein feines, maßgefertigtes Paar Stiefel, wo es sie doch billiger und in größerer Auswahl bereits fertig im Schuhgeschäft gab. Ähnlich war auch der Schneider, der eine jahrelange Lehre in diesem Gewerbe absolviert hatte, wenn er sich um eine Arbeitsstelle in einer der Werkstätten bewarb, jetzt nicht besser dran als der unerfahrenste Gehilfe auf der Fabriketage. Was gebraucht wurde, waren Fleiß und Schnelligkeit bei der sich immer wiederholenden Aufgabe, an dem Stapel Kleidung die Teile anzunähen, für die man jeweils zuständig war.

Was die Bedeutung des Handwerkers verringerte, erhöhte die Scharen von *Luftmentschen*, die das Schtetl bevölkerten. Diese Armen, die »von der Luft lebten«, von Tag zu Tag mit merkwürdigen Jobs improvisierten und niemals irgendein Handwerk erlernt hatten und, wie sie es ausdrückten, drei Mal täglich vor Hunger starben, durften jetzt hoffen. Selbst sie konnten einen Platz in Amerika finden, wo die Fabriken und andere Unternehmen unendlich Arbeitskräfte für die Industriegesellschaft brauchten, ohne Fragen zu stellen.

Letztlich war jedoch die – sei es gelernte oder ungelernte – Arbeit in Amerika für Männer wie Frauen eine lebenslängliche Strafe. Die Gewerkschaften in der Textilindustrie sowie bei den Kürschner- und Hutmacherbetrieben erleichterten diese Strafe, indem sie die Arbeitsbedingungen verbesserten, die Löhne stabilisierten und die willkürlichen Anstellungsvoraussetzungen kontrollierten. Doch sie konnten ihre Ziele nur auf Kosten von Streiks, bisweilen auch Gewalt und Tod erreichen. Die unsichere und saisonal unterschiedliche Situation der Bekleidungsindustrie und die heftige Konkurrenz, die zu einer ständigen Kürzung der Arbeitslöhne führte, verwandelten das alltägliche Leben in einen Kampf. Ein volkstümliches Lied über »*Motl der Aprejter* – Motl der ›operator‹« betont, Motl wolle »weder Reichtümer noch Geld«. Er möchte nur »Brot für seine Frau und seine Kinder«. Doch Motl wird von Schlägern getötet, die ihn in der Streikpostenkette angreifen. Das Lied drückte die hilflosen Gefühle von Arbeitern einer Industrie aus, in der die Funktion als »operator« beinahe einen garantierten Märtyrertod bedeutete.

Die Gewerkschaften waren jedoch mehr als bloß ein wirtschaftliches Bollwerk. Angesichts der intensiven Suche der Einwanderer nach Gemeinschaft stellten sie einen weiteren Knotenpunkt für Aktivitäten dar. Während des Arbeitstages waren die Werkstattetagen die Bühne für Aggressivität und Konkurrenz, doch sie boten den jungen, einsamen Neuankömmlingen auch Gemeinschaft. Mit ein wenig Geld in ihren Taschen waren sie eifrig bestrebt, die Welt zu erleben, und hier fanden sie ohne weiteres Gefährten. Aus ganz einfachen und praktischen sprachlichen Gründen zerfielen die Gewerkschaften in New York in nationale Sektionen, in denen die einwandernde Jugend ganz selbstverständlich ihre Freizeitbeschäftigungen mit anderen fand. Mein Cousin Abie, ein Mitglied der Hühnerrupfer-Gewerkschaft, spielte engagiert in ihrer Baseballmannschaft mit. Die Textilarbeiter organisierten Chöre, Mandolinengruppen, führten Theaterstücke auf und organisierten Picknicks. Im Sommer gab es dort auch Ausflüge und Camps für längere Aufenthalte.

Ich bin nicht sicher, ob die Gewerkschaften die Förderer oder ein bloßes Instrument für ein äußerst ausgeprägtes Klassenbewusstsein dieser gewerkschaftlichen Gruppen waren. Ein Beispiel der Gewerkschaftspropaganda der ILGWU [International Ladies Garment Workers Union] zeigte eine große Hand Bananen auf schlichtem Hintergrund, mit dem Slogan: »Bleib bei deiner Gruppe!«. Doch das war meines Erachtens nur eine nachträgliche Reflexion über die Wirklichkeit. »Wir sind schlichte Menschen«, pflegten meine Verwandten zu sagen, oder »Wir sind Arbeiter«, und in dieses Beharren auf dieser Schlichtheit mischte sich ein gehöriges Maß an Stolz. Sie rühmten sich dessen, was sie *nicht* hatten, jene Wahrzeichen des Luxus – Pelzmäntel, Juwelen, Autos. Es machte nichts, dass sie zunächst nicht über das Geld verfügten, um diese Dinge zu kaufen. Ich denke, es stimmt, dass sie nicht über ihren Platz im Leben hinaus nach dem verlangten, was sie sahen. Sie glaubten, ja, sie beharrten darauf, dass dieses Flitterwerk bloß Feindschaft und Unglück in die Welt brachte. Sie dagegen traten für die ewigen Wahrheiten der Schlichtheit, des Sich-nicht-Übernehmens sowie des vollen Genusses dessen ein, was Amerika ermöglichte. Das war nicht das, was Lassalle die »verdammte Bedürfnislosigkeit der Armen« nannte. Vielmehr war es die Erinnerung an die Entbehrungen, denen sie als Kinder entkommen waren, die für den Rest ihres Lebens auf ihnen lastete. Sie konnten kein Stück Brot fallen lassen, ohne es rasch und schuldbewusst aufzuheben. Und wenn es schneite, konnten sie noch immer, wenn auch schweigend, genießen, wie wunderbar es war, dicke Stiefel und einen warmen Mantel zu besitzen. Dies ließ schon gemäßigten Komfort als Luxus erschei-

Arbeiter in einer kleinen Bekleidungsfabrik in Warschau, 1908

nen. Ihren Kindern war vielleicht nicht bewusst, dass die moralischen Grundsätze und sozialen Programme, die in den Gesprächen ihrer Eltern und in ihrer Politik eine so bedeutende Rolle spielten, direkt aus einer entbehrungsreichen Kindheit erwuchsen, die zumeist vor den Blicken verborgen blieb.

Ihre Vergnügungen vermittelten bisweilen den Eindruck, als seien sie leicht zufrieden zu stellen. Jene mit einer Vorliebe für klassische Musik sprachen häufig verzückt von der Freude, die sie daran hatten, und hielten es für selbstverständlich, nach der Arbeit eine oder zwei Stunden lang außerhalb des Lewisohn Stadiums zu warten, um auf den steinernen Sitzen des Amphitheaters zu sitzen. Noch länger warteten sie auf Stehplätze in der Metropolitan Opera, oder sie betraten das Gebäude über den Seiteneingang in der 39sten Straße und stiegen die teppichlosen Stufen zum Family Circle hinauf, wo man für 55 Cents sitzen konnte.

Doch im Grunde wusste jeder Arbeiter trotz aller Dinge, dass nur seine Gesundheit und Kraft ihn von der Armut trennten. Als 1935 die Gesetzgebung zur sozialen Sicherheit Arbeitern ein *lebenslanges* Einkommen nach ihrem Ausscheiden aus dem Arbeitsleben garantierte, bedeutete dies mehr Sicherheit, als die meisten sich jemals hatten träumen lassen. Es verwundert kaum, dass Roosevelt in der jüdischen Arbeiterschaft direkt hinter Mose rangierte. In ganz New York, in Werkstätten wie Schaufenstern, hing daher ein besonders schneidiges Bild, das ihn im Mantel zeigte. In einer harten Welt berührte er viele Herzen.

Wenn ich zuhörte, wie die Mitglieder der Einwanderergeneration über ihre Kindheit in der alten Heimat erzählten, vernahm ich immer wieder Geschichten über Not und Angst. Während sich die Not durch Arbeit mildern ließ, gab es keinerlei Möglichkeit, die ständige Angst vor plötzlichen irrationalen, unberechenbaren Angriffen der Bauern, des Militärs oder der Polizei der rechtmäßig gebildeten Regierung zu besänftigen. Es gab nur die Flucht. 1906, als mein Vater zehn Jahre alt war, kam es in Bialystok, der von seinem Dorf aus nächstgelegenen Stadt, zu einem Pogrom, und als sich die Kunde davon über das Land verbreitete, bestätigte dies nur die grundsätzliche Besorgnis in den benachbarten jüdischen Weilern. So kühn und trotzig sich die Juden auch fühlen mochten, es war ihnen dennoch klar, dass sie, unbewaffnet wie sie waren, gegen die von einer willfährigen Polizei unterstützte und von einem feindseligen Klerus angestachelte Bauernschaft keine Chance hatten.

Fünf Jahre später, 1911, wurde Mendel Beilis, der Vorarbeiter einer Ziegelfabrik in der Umgebung von Kiew, verhaftet und des Ritualmords angeklagt. Dieser aus dem Mittelalter stammende Mythos, wonach Juden zu Pessach christliche Kinder ermordeten, weil sie ihr Blut für die Herstellung der Mazzen brauchten, blieb bis ins zwanzigste Jahrhundert hinein wirksam. Die strafrechtliche Verfolgung des Falles Beilis, die vom Zar begeistert gefördert wurde, ernüchterte die Herzen der jüdischen Bevölkerung noch weiter. Sie wussten, dass das Regime seine jüdischen Untertanen verachtete und hoffte, sie durch eine Mischung aus Schikanen, Diskriminierung und offener Verfolgung zum Verschwinden veranlassen zu können. Doch der Fall Beilis war für die Welt draußen zu viel. Internationale Komitees bildeten sich. Prominente Juristen protestierten gegen die Ungerechtigkeit und den blanken Aberglauben, welcher der Beschuldigung zu Grunde lag. Nachdem das Regime Beilis zwei Jahre lang im Gefängnis festgehalten hatte, sah es sich schließlich gezwungen, ihm vor den Augen eines internationalen Publikums den Prozess zu machen. Die Argumente der Regierung waren so schwach, dass selbst ein aus Bauern zusammengesetztes Geschworenengericht Beilis für unschuldig befand, der nach seiner Freilassung 1913 mit seiner Familie nach Palästina ausreiste.

Im selben Jahr wanderte mein Vater, wie schon seine Brüder und Schwestern vor ihm, in die Vereinigten Staaten aus. Damals hatte er bereits eine im Alter von elf Jahren begonnene fünfjährige Lehre bei einem Schneider hinter sich und fühlte sich gerüstet, in der Neuen Welt seinen Lebensunterhalt zu verdienen. Mein Vater hatte Glück. Er hatte von dem Pogrom in Bialystok und dem Beilis-Prozess nur gehört. Andere, die die Gewalt selbst erlebt oder deren Verwandte überlebt und von den Plünderungen, Vergewaltigungen und Brandstiftungen erzählt hatten, waren von diesen Schrecken für immer gezeichnet. Ihre Erinnerungen hinterließen bei ihnen die Furcht vor weiteren bevorstehenden Bedrohungen und ein Gefühl der Besorgnis, das sie mit in die Neue Welt nahmen und nie mehr abzuschütteln vermochten.

Der primitive Handel und Wandel in den winzigen Dörfern, aber auch in den größeren Städten, stellten entmutigende Bedingungen für die Lehrlinge dar, die ihre Ausbildung beendet hatten – eine Ausbildung, die sie während der Jahre, in denen sie nicht mehr als das Existenzminimum verdienten, teuer erkauft hatten. Ohne eigenes Kapital und ohne finanzielle Unterstützung von zu Hause wurden sie auf eine Welt losgelassen, die wenig Fortkommen und noch weniger Bezahlung versprach. Für ältere Männer, die Familien ernähren mussten, war der chronische Mangel an kontinuierlicher Beschäftigung noch schlimmer. Andere hatten Marktstände oder winzige Betriebe, die nichts einbrachten und trotzdem der Willkür der örtlichen Behörden ausgesetzt waren. Am wenigsten Glück hatten all jene, die als Tagelöhner – als Pförtner, Holz- und Wasserträger oder mit Gelegenheitsarbeiten – um ein ungewisses Einkommen kämpften. Kann es da verwundern, dass Amerika lockte?

Die sehr kleine polonisierte oder russifizierte Mittelschicht schloss sich, insgesamt betrachtet, dem großen Exodus nach Amerika nicht an. Sie verfolgte andere Lebensziele und hatte Gründe zum Bleiben. Die armen, jiddischsprachigen Juden lebten in einer anderen Welt, ja fast in einer anderen Zeit. Doch es war nicht die Armut allein, die sie aus ihren Dörfern hinaustrieb. Ebenso zerstörerisch waren Tod und Krankheit unter den Armen, die Kinder im zarten Alter zu Waisen machten oder verwitwete Mütter mit einer verzweifelten Verantwortung für junge Kinder zurückließen. In viel zu jungem Alter hatten viele der Einwanderer Lasten auf sich nehmen müssen, die über ihre Kräfte gingen – sie sorgten für Geschwister, versuchten Geld zu verdienen oder bei Bauern gegen Nahrungsmittel Dienstleistungen zu verrichten, um zum Unterhalt ihrer Familie beizutragen. Oft gingen sie sogar von zu Hause fort, um die Last derer zu verringern, die zurückblieben. Auf die eine oder andere Weise brachten diese einwandernden Kinder die Spuren ihrer frühen Erfahrungen in ihr amerikanisches Leben mit ein. Und nirgends traten ihre Erwartungen und Hoffnungen inbrünstiger zu Tage als in ihrer Arbeit.

In Amerika, so schien es, konnte man jäh aufsteigen. Wo man begann, zählte nicht, ja nicht einmal, was man tat. Häufig wurde der Lebensunterhalt zur Familienangelegenheit. Viele jüdische Paare eröffneten kleine Geschäfte in den Stadtvierteln, in denen sie lebten – Lebensmittelgeschäfte, Kurzwarengeschäfte, Fleischereien oder Fischläden. Jedes Familienmitglied wurde in den Wirbel dieser Unternehmungen hineingezogen. Selbst in Fleischereien, in denen der Ehemann über besondere Fertigkeiten verfügte, standen die Frauen an der Kasse, packten das Gekaufte ein oder stellten die einfacheren Bestellungen zusammen. Diese kleinen Läden waren über viele Stunden geöffnet, und die Kinder der Familie konnten nach ihrer Rückkehr aus der Schule zwischen einer leeren Wohnung oder einem Tisch im hinteren Teil

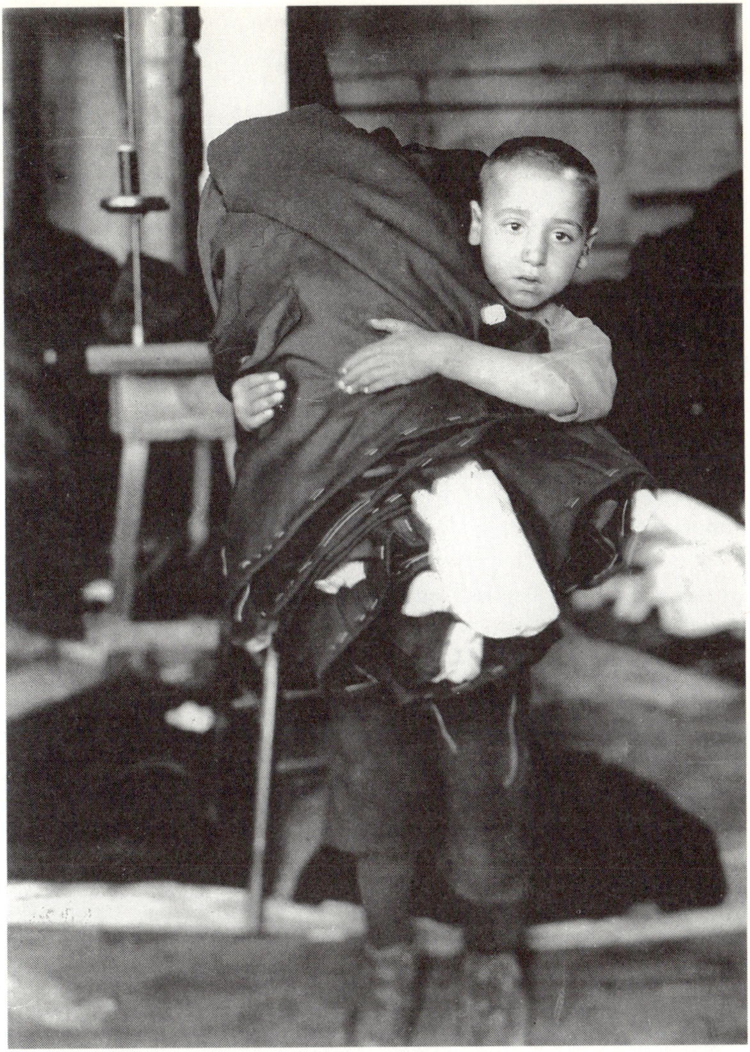

»Ein kleiner Junge verläßt die Fabrik mit einer schweren Last an Arbeit, die zu Hause getan werden muss. Er hat sie über einen langen Weg zu tragen.« Dies sind die Worte des Fotografen Lewis W. Hine, der zwischen 1906 und 1918 die Kinderarbeit für humanitäre Organisationen in Bildern dokumentierte. Diese Aufnahme entstand 1920 in New York.

des Ladens wählen. Sie oder ihre Eltern entschieden sich gewöhnlich für den Tisch, an dem die Kinder ihre Hausaufgaben machten, ihre Mahlzeiten einnahmen und ihre Zeit verbrachten, bis der Laden zumachte oder man sie nach Hause brachte. In Geschäften, die sieben Tage die Woche geöffnet waren, kam die Familie zu Besuch und saß an eben diesem Tisch, der manchmal im Laden selbst, bisweilen in einem kleinen Hinterraum, gedeckt war.

Der natürliche Ausgangspunkt für diese Unternehmen war selbstverständlich das eigene Viertel, zuweilen auch ein ähnliches mit einer eingewanderten Bevölkerung, in dem der Ladenbesitzer die Sprache seiner Kunden sprach und die Produkte verkaufte, die ihm und ihnen vertraut waren. Durch Mut oder Zufall wagten sich einige weiter hinaus in die Viertel der »anderen«. Mein Onkel Harry, ein Bäcker, ließ sich in einem ländlichen Umfeld in Astoria, Queens, nieder, wo er sein Geschäft und seine Wohnräume gemeinsam in einem Haus in einer ruhigen Wohnstraße unterbrachte. Im Kellergeschoss befand sich die Backstube selbst und im Erdgeschoss das Geschäft mit seinen Schaufenstern, in denen die Waren ausgestellt waren. Hinter dem Laden lagen die Küche und das Wohnzimmer, während die Schlafzimmer im oberen Stockwerk untergebracht waren. Wenn wir Kinder zu Besuch kamen, liebten wir vor allem den großen gepflasterten Hof vor seiner Küche, in dem seine Hühner herumliefen und wo sich der Stall für sein Pferd und seinen Wagen befand. Natürlich war sein Backwerk stark auf den Geschmack seiner – vielfach deutsch- und irischstämmigen – Kundschaft ausgerichtet, für die er Weißbrot, Sodabrot, weiche süße Kekse und mit Marmelade gefüllte Berliner buk. Für seine eigene Familie machte er Mohnkuchen und Roggenbrot. Doch das Familienbrot musste einen halben Tag lang reifen, bevor wir es essen durften. Solange es nicht ein wenig gelegen hatte, so behauptete er, hatte es keinen Geschmack. Sein Sohn Moe, der eine Ausbildung als koscherer Fleischer gemacht hatte, fand die Möglichkeit, ein Geschäft im Bedford Stuyvesant-Viertel in Brooklyn zu eröffnen, das damals wie heute überwiegend von Schwarzen bewohnt war. Rasch erweiterte er sein Repertoire um die Hinterteile von Tieren, die er kannte, sowie um die ihm unbekannte Anatomie des Schweins, und baute, mit seiner Frau an seiner Seite, ein erfolgreiches Geschäft auf.

Meine Eltern eröffneten Ende der dreißiger Jahre unrenoviert ein jüdisches Delikatessengeschäft an der U-Bahn-Endstation in Queens und folgten damit der kleinen jüdischen Mittelschicht, die sich in diesen Teil der Welt vorgewagt hatte. In Übereinstimmung mit der nachlassenden Strenge der jüdischen Sitten und seinen eigenen antiklerikalen Vorurteilen beschloss mein Vater, ein koscheres Delikatessengeschäft ohne offizielle Anerkennung der Kaschrut zu betreiben. Dabei handelte es sich eher um eine formale denn um eine tatsächliche Unterscheidung, doch sie gestattete es uns, das Geschäft zu führen, ohne uns um die Aufsicht eines Rabbiners zu kümmern. Zusätzlich zu den üblichen Delikatessen-Sandwiches mit selbst gemachtem Kartoffel- oder Krautsalat führten wir ein vollständiges Angebot an traditionellen jüdischen Spezialitäten wie *Gefilte Fisch* oder Mazzenknödelsuppe sowie die amerikanisierte Kost warmer Roastbeef-Sandwiches.

Während meine Mutter die Aufsicht über die Küche hatte, stammten die tatsächlichen Köche aus einer verwirrenden Vielfalt von Ländern. Es schien, als müsse man nicht die 613 Gebote beachten, um eine jüdische Mahlzeit zuzubereiten. Unser exotischster Chefkoch war ein Chinese, dessen wirklichen Namen ich niemals lernte. Meine Mutter hörte aufmerksam zu, als er sich vorstellte, und nannte ihn dann »Yankel«, was dem, was er sagte, möglichst nahe kam. Ihm schien es nichts auszumachen. Er war ausgesprochen freundlich und brachte mir bei, wie man auf Chinesisch bis zehn zählt. Auch brachte er eine geheimnisvolle und scheinbar unverzichtbare schwarzlackierte Zinnbüchse mit einem fein gezeichneten Kiefernzweig darauf mit, die mit einem weißen Pulver gefüllt war. Er stellte sie sogleich griffbereit auf ein Regalbrett in der Nähe des Ofens. Er und meine Mutter kamen wunderbar miteinander zurecht, da er mit kundiger Hand alle Spezialitäten der jüdischen Küche zubereitete.

Besser konnte meine Mutter ihre Kenntnisse der Sprachen Mitteleuropas bei einem ukrainischen Koch anwenden, mit dem sie den besonderen Dialekt ihrer Region sprach. Meine beiden Eltern waren, wie auch die anderen Einwanderer, mit mehreren Sprachen aufgewachsen, doch dies war eine Begabung, die man in diesem Land zumeist verkümmern lassen konnte. Zwar hatten beide zu Hause zunächst Jiddisch gesprochen, doch meine Mutter konnte auch Polnisch. Da sie in einem Winkel Österreich-Ungarns lebte, hatte sie in der Schule, wo man sie Marie nannte, auch Deutsch gelernt und die Lyrik Schillers und Goethes studiert. Auch später noch bildete die Vertrautheit mit der deutschen Sprache und Literatur den Prüfstein, mit dessen Hilfe sie den kulturellen Rang von Menschen beurteilte, denen sie zum ersten Mal begegnete.

Doch unabhängig davon, ob sie als Arbeiter in einer Werkstatt oder in einem eigenständigen Geschäft tätig waren, wussten die Menschen in der Generation meiner Eltern, später dann auch wir, dass Arbeit anstrengend, langwierig und erschöpfend war. Wir sahen nicht nur unsere Väter und Mütter in ihrem täglichen Kampf. Jeden Sommer wurden die Straßen New Yorks lebendig, wenn italienische Straßenarbeiter, die mit entblößtem Oberkörper Rohre und Kabel verlegten oder einfach nur Straßen reparierten, sie an tausend Nähten aufgruben. Selbst an den heißesten Tagen sahen wir sie dort, mit Tüchern um den Hals, um den Schweiß aufzusaugen, und ihre Spitzhacken hoben und senkten sich rhythmisch mehrere Fuß unterhalb des Straßenniveaus. Selbst als Kinder verstanden wir, dass dies *harte* Arbeit war. Es gab viel harte Arbeit in der Bronx – etwa die der Männer, die Kohle lieferten und am Ende des Sommers eine Tonne davon auf den Bürgersteig kippten, um sie dann mit der Hand in den Keller zu schaufeln, so dass sie für den Winter an ihrem Platz waren. Wir sahen die irischen Mörtelträger mit ihren Ziegelsteinladungen, die unsicher schiefe Leitern hinaufstiegen, oder Tischler, die von der Straße aus Bretter von Hand zu Hand das Gerüst hinauf in ein höheres Geschoss wandern ließen, bis sie ihr Ziel erreichten. Alles wurde teuer durch Anstrengung erkauft. Wir lernten frühzeitig, wie viele Wochen Arbeit es kostete, einen Wintermantel zu erwerben.

Selbst akademische Arbeit wurde nur auf Kosten eines ungeheuren Kampfes verwirklicht. Die meisten derer, die das College besuchten, bezahlten für ihren Weg, indem sie Nebenjobs annahmen. Dann erzählten stolze und etwas verwirrte Eltern, dass sie ihre Kinder nachts über ihren Büchern schlafend fanden, zu erschöpft durch ihre zweifache Last, um ihre Studien fortzusetzen. Eine College-Ausbildung forderte einen mehrfachen Preis. Manchmal bedeutete sie, für immer in irgendjemandes Schuld zu stehen. Viele Familien der Arbeiterklasse meinten, für Mädchen sei eine College-Ausbildung Verschwendung, und jene, die ihren Wunsch danach durchsetzten, bekamen zu spüren, welche Gunst man ihnen gewährte. Als ich das College besuchen wollte, bedurfte es der Versammlung des gesamten Familienclans, bevor ich die Erlaubnis erhielt. Meine Eltern galten entsprechend als ungeheuer nachsichtig und aufopferungsvoll, da sie des Einkommens beraubt sein würden, das ich verdient hätte, wenn ich, wie man erwartet hatte, direkt von der High School aus ins Arbeitsleben eingetreten wäre. Das war nur recht und billig! Der originellste Weg zu einer College-Ausbildung war einer, über den man still innerhalb der Familie sprach, weil er sich jedem moralisierenden Klischee entzog. Er bestand in einer Abmachung zwischen einer jungen Frau und einem wohlhabenden älteren Mann aus der Bekanntschaft, den sie sich ausgesucht hatte. Sie werde ihn heiraten, sagte sie, sofern er ihr die Ausbildung an der medizinischen Fakultät finanzierte. Er stimmte zu; sie studierte Medizin, und zu der Zeit, als ich die Geschichte hörte, war sie eine etablierte Ärztin und nach wie vor mit ihrem ursprünglichen Wohltäter verheiratet.

Der Schlüssel zu allem war die Arbeit. Man musste arbeiten, um zu existieren. Dies galt um somehr, wenn man ehrgeizig war und auf einen Beruf oder einen Betrieb hoffte. Die kleinen Geschäfte der Einwanderer, die mit einem winzigen Kapital gegründet worden waren, das im Allgemeinen sämtliche finanziellen Mittel der Familie darstellte, zehrten von der Kraft aller Familienmitglieder, von den Kindern bis zur Großmutter. Jeder, der im Haushalt lebte, wurde Teil des Unternehmens. Es war überraschend, wie nützlich die Kinder und die Alten sein konnten. Zu einer Zeit, als ich noch nicht lesen konnte und meine Großmutter das römische Alphabet nicht kannte, waren wir beide imstande, in einem Zeitungsstand vor dem Schreibwarengeschäft meines Vaters Zeitungen zu verkaufen. Ich hatte mir meine eigenen Gedächtnishilfen geschaffen, um die *News* vom *Mirror* zu unterscheiden, wenn ich um ein Exemplar gebeten wurde. Welche Methode meine Großmutter hatte, weiß ich nicht.

Später, als meine Eltern ihr Delikatessengeschäft besaßen und ich bereits das College besuchte, erhielt ich die Aufgabe, kübelweise gekochte Kartoffeln zu pellen und für Kartoffelsalat in Stücke zu schneiden. Da dies einen ganzen Samstagnachmittag dauern konnte und ich in meinen Schularbeiten zurückzufallen fürchtete, wurde meine zwölfjährige Schwester zum Dienst als Vorleserin gezwungen. Sie saß mir im Keller des Geschäfts meiner Eltern auf einem Karton mit Pfirsichdosen gegenüber und las laut meine Geschichts- und Philosophietexte, während ich die Kartoffeln vorbereitete.

Während eines Wintersemesters, als meine Schwester eine Reihe von Samstagnachmittagen Platos *Der Staat* las, entdeckten wir, dass wir definitiv auf Glaukons Seite waren. Er stellte die offensichtlichen, klaren, vernünftigen Fragen, die auch wir gestellt hätten – nur um von einem weitschweifig redenden, aber, wie wir zugeben mussten, überzeugenden Sokrates niedergeredet zu werden. Während jener langen Sitzungen waren wir so hartnäckig wie Glaukon, und wir bejubelten ihn jedes Mal, wenn er reagierte und eine weitere seiner soliden Beobachtungen vorbrachte. Doch wir konnten nicht umhin, festzustellen, dass seine Antworten mit der Zeit immer schwächer wurden, bis er schließlich nur noch »Ja, Sokrates« oder »Natürlich, Sokrates« sagen konnte. Wurde er durch Worte besiegt wie wir, oder war es der Wein? Viele Jahre später erzählte mir meine Schwester, sie habe, als sie zur Passage über die Höhle kam, dies nicht als Gleichnis, sondern als berechtigte Darstellung des dämmrigen, schattenhaften Bezirks gelesen, auf den sie beschränkt war.

Es schien uns nur selten so, als müsse unser Leben anders aussehen, auch wenn wir samstags früh, wenn wir zur Arbeit kamen, beobachteten, wie Familien Vergnügungsfahrten nach New York unternahmen, und uns manchmal fragten, wie das sein könne. Wir wussten nur, dass wir halfen, den Lebensunterhalt zu verdienen, der zwischen uns und dem Abgrund der Armut stand. Meine Schwester und ich übernahmen sehr früh die Furcht unserer Eltern vor der Strafe, die auf den Müßiggang wartete. Sie begrenzte unsere Wahlmöglichkeiten und mäßigte unseren Wagemut. Und sie wirkte sich auf unsere Definition von Vergnügen aus.

Nachdem wir zu arbeiten begonnen hatten, beklagten wir uns nie wieder über Langeweile. Das höchste Vergnügen, so schien es uns, war die Ruhe, die Abwesenheit von Arbeit. Arbeit war die allgegenwärtige, unentrinnbare, zutiefst notwendige Aktivität, mit der wir unser Existenzrecht sicherten, doch wenn sie schließlich vollbracht war, waren wir frei und nur uns selbst Rechenschaft schuldig.

Meine Mutter vermochte uns diese Ideen auf ihre sibyllinische Weise zu vermitteln, als wir noch ziemlich jung waren. Einmal, als mein Vater ihr vorwarf, dass sie mich nicht für irgendeine Hausarbeit heranzog, erwiderte sie: »*Jetzt* muss sie es noch nicht. Sie wird in ihrem Leben noch viel arbeiten.« Es war sowohl eine Prophezeiung als auch eine Mahnung. Wann war »viel« genug? Vielleicht verstand die Generation meiner Eltern diese Unterscheidung. Wir waren ernster und verstanden Hinweise als Grundsätze und Behauptungen als Gesetze.

Wovon wir nichts wussten, war das Vergnügen oder die Tatsache, dass es erlaubt war. Irgendwie waren in unseren Köpfen Arbeit und Vergnügen miteinander verbunden. Und dann, als wir es langsam entdeckten, waren die Vergnügungen unserer Eltern nicht auf uns übertragbar. Ihre Vergnügungen fanden im Kontext ihrer Welt statt. Ihr Theater sprach sie an, in ihrer Sprache, berührte ihre Sorgen. Es lachte mit ihnen über uns oder sprach ihnen Mitgefühl wegen unseres schrecklichen Verhaltens aus. Es schwelgte mit ihnen in Nostalgien über ihre Vergangenheit oder beschwor die bedeutenden Gestalten einer anderen Literatur herauf. Es sah die Welt mit anderen Augen als wir. Das jährliche Bankett der Landsmannschaft war ebenfalls ihr Hoheitsgebiet, wie höflich wir auch dazu eingeladen wurden. Sie trafen *ihre* Freunde und ergingen sich in Erinnerungen über ein Dorf, das wir nie zuvor gesehen hatten. Als Generation waren sie überaus gesellig und amüsierten sich, wozu immer andere Menschen gehörten. Sie besuchten Vorträge, die von ihren Gewerkschaften und ihrer Landsmannschaft finanziert wurden. Sie gingen zu Tanzveranstaltungen oder Kartenspielen, die von der einen oder anderen ihrer politischen oder karitativen Organisationen organisiert wurden. Und sie gingen auf politische Versammlungen, als wäre dies eine Unterhaltungsveranstaltung. Es war alles wunderbar, solange sie Arm in Arm mit ihren Freunden dort waren.

Es wäre ihnen nicht in den Sinn gekommen, allein in die Wälder zu gehen. Sie gründeten Camps und Sommerkolonien, in denen Konzerte aufgeführt und Vorträge gehalten wurden und in denen man schwamm und Boot fuhr. Sie unternahmen Picknicks und tagelange Wanderungen, die vom »Workmen's Circle« [Arbeiter-Ring] organisiert wurden. Selbst ihre Sommerferien wurden häufig unter der Schirmherrschaft von Wohlfahrtsorganisationen oder politischen Gruppen organisiert. Die Sozialisten hatten ihr Camp »Tamiment« und das etwas zwanglosere Camp »Mechaja« (Vergnügen). Die Kommunistische Partei organisierte eine Reihe von »Proletarischen Camps«: »Nitgedajget« (sorglos) 1923, das dazugehörige Kindercamp »Kinderland«, dazu die Camps »Unity« und »Winona« für die Englischsprachigen. »Followers of the Trail« [Die der Spur Folgenden], eine Kolonie, die 1929 in der Nähe von Peekskill weitgehend von russisch-jüdischen Arbeiterimmigranten mit kommunistischen Neigungen organisiert wurde, zog, wie einer seiner Gründer erklärte, »wegen seines Gemeinschaftslebens« neue Mitglieder an. »Wir lebten miteinander, wir waren zusammen an der frischen Luft. An den Wochenenden, wenn wir kamen, gab es samstagabends Tanz und am Sonntag Vorträge. Und Menschen, die hier die ganze Woche über blieben, faulenzten auch nicht herum. Es gab kulturelle Aktivitäten für jene, die die Woche über hier blieben …«

Einen schwindelerregenden Nachmittag lang erwog auch meine Familie, ein solches Zeltlager aufzusuchen. Ein Nachbar in der Bronx hatte vorgeschlagen, mehrere der Familien des Blocks sollten sich zusammentun und ein Stück Land in den Catskills mieten, wo wir während des Sommers Zelte errichten und einige

Wochen miteinander verbringen sollten. Die Kinder hätten so Spielkameraden, die Familien könnten miteinander Gemeinschaft pflegen, und wir alle wären an der frischen Luft. Ich kannte meine Eltern zu gut, um große Hoffnungen zu hegen. Gemeinschaftliche Vergnügungen konnten niemals die Oberhand über die Ängste meiner Mutter und die Sparsamkeit meines Vaters gewinnen.

Hinter dieser Sehnsucht nach dem Ländlichen verbarg sich eine nostalgische Erinnerung an die Landschaft, die die Einwanderer von ihrer Jugend her kannten. Zwar hält man die Juden gewöhnlich für ein urbanes Volk, doch vergisst man dabei, dass Millionen von ihnen im russischen Ansiedlungsrayon in winzigen Dörfern lebten, von denen aus Wald, Weideland und Äcker kaum eine Straße weit entfernt lagen. Sie besaßen weder Boden noch bestellten sie ihn, doch sie kannten das Land und erlebten die Jahreszeiten, wie es kein Stadtbewohner vermochte. Wie viele von ihnen ergingen sich in glücklichen Erinnerungen über die Sommer, die sie in ihren gepachteten Obstgärten verbracht hatten, in behelfsmäßigen Unterkünften schliefen und das offene Leben draußen genossen. In der Mythologie des Denkens der jüdischen Einwanderer stand die Natur nicht allein für Gesundheit, sondern hatte auch gewisse erlösende, erhebende Kräfte, die sie mit vielen anderen ihrer Freizeitbeschäftigungen verbanden. Ihren Vergnügungen wohnte eine Reflektiertheit inne, die wir, in einer freieren Zeit lebend, vielleicht als rätselhaft empfinden. Doch jedes Vergnügen musste gerechtfertigt werden. Man genoss nicht einfach die frische Luft und eine Wanderung im Wald. Man musste erst erklären, dass eine solche Wanderung sowohl spirituelle Gedanken als auch die Gesundheit förderte und dass es diese Gedanken waren, die den Menschen vom Tier unterschieden.

Da sie so sehr am Rande des Existenzminimums lebten, versicherten sie sich selbst und anderen, dass sie auf Grund ihrer klug gewählten Zerstreuungen besser waren als Bestien. Sie lasen Zeitung, studierten, wenn sie fromm waren, eine Seite heiligen Text und gingen von Zeit zu Zeit ins Theater. Wenn meine Schwiegermutter sich an Zeiten erinnerte, in denen das Geld knapp war, berichtete sie, wie sie ihre letzten 10 Cents aufteilte, indem sie

5 Cents für Brötchen, 3 Cents für Suppengrün und die letzten beiden Cents für den *Forward* ausgab. Sie wusste sehr wohl, dass dies erhaben von Zivilisation zeugte.

Meine Generation brauchte lange Zeit, um zu entdecken, was unsere Vergnügungen waren, und dass sie anders ausfallen würden als die unserer Eltern. Meines Erachtens gingen wir an das Vergnügen mit demselben bewussten Ernst heran wie an alles andere. Erst kam der Augenblick der Entdeckung, dann, wenn man Glück hatte, eine Gelegenheit, es auszuprobieren, und dann der weitaus schwierigere Prozess, es sich zu eigen zu machen. Cocktailpartys, Restaurants, Nachtclubs, die Oper, Konzerte, Sport – das alles waren Vergnügungen mit einem anderen Notenschlüssel, einer anderen Tonart, als wir sie kannten. Dies war das, was wir in den Filmen oder in Hochglanzmagazinen sahen, und es bedurfte der Übung, sich zu akklimatisieren und mit Erfahrungen wohl zu fühlen, für die wir auf Grund unserer Vergangenheit völlig unvorbereitet waren.

In meiner Generation war unser Klassenbewusstsein nicht besonders ausgeprägt, und unsere Bindung an das Jiddische mitsamt seinen Publikationen und dem Theater lag uns immer ferner. Doch die politischen Fragen, die unsere Eltern in Anspruch nahmen, die Kluft zwischen Zionisten und Nichtzionisten oder die Feindseligkeit zwischen Sozialisten und Kommunisten, sie holten uns in neuer Gestalt ein. Unsere Bühnen waren andere. Wir lasen nicht mehr *Freiheit*, die jiddische Zeitung der kommunistischen Partei, und den sozialistischen *Forward*; vielmehr weckte die Frage der »sozialen Gerechtigkeit«, wie man es in den dreißiger Jahren nannte, unsere stärksten Leidenschaften. Wir schlossen uns Gruppen an, unterschrieben Petitionen, schrieben dringliche Briefe nach Washington, hatten unsere festen Ansichten über das chronische Unrecht, das die Schwarzen in den Südstaaten erlitten, über den Spanischen Bürgerkrieg, den erlösenden Wert des sozialen Wohnungsbaus und die Verderblichkeit der kapitalistischen Gier. Natürlich fanden all diese Aktivitäten in kleinen oder großen Gruppen statt. Auch wenn wir in unserem kulturellen Erbe nicht Vieles fanden, was wir für uns zu beanspruchen bereit waren, konnten wir doch der Tradition des sozialen Bewusstseins nicht entkommen.

Als wir in das College-Alter kamen, ließ sich auch das wachsende Feuer in unserem Blut nicht leugnen, aber Flirten und Romantik gehörten nicht zu unserem alltäglichen Erleben. Das Muster unserer Eltern stammte noch aus der alten Heimat, wo die Orthodoxie mit ihren Tabus und die professionellen Heiratsvermittler den Weg vorgaben – einen Weg, den jeder vernünftige Mensch akzeptieren musste. Es war ein sorgfältiges Vermittlungsspiel, und wenn alle Elemente ausbalanciert worden waren – Geld, Aussehen, Bildung, Beruf und Familienehre –, *musste* die Partie ein Erfolg werden. Einige waren es vielleicht.

Zu der Zeit, als die Generation der Einwanderer ihre Dörfer verließ, wurde der Heiratsvermittler selbst in der alten Heimat allmählich überflüssig. Doch eine lange Zeit konnte man ihn nicht ablehnen, und in der Neuen Welt hatte er gelernt, sich selbst in moderner amerikanischer Gestalt zu kleiden. Gewiss fanden wir unsere Partner selbst, doch wir stellten fest, dass wir sie unseren Eltern den alten Kategorien gemäß vorstellen mussten. Wir gingen schüchterner miteinander um als unsere »amerikanischen« Zeitgenossen. Trotz des berühmten jüdischen Humors und Witzes hatten wir nicht gelernt, unbeschwert, ausgelassen oder sorglos zu sein. Das war ein weiterer Teil Amerikas, der uns überraschte, und wir mussten auch das lernen. Wir brauchten länger, um lieben zu lernen.

8

Essen

Während jeder den städtischen Mythos über die Alligatoren in den Abwasserkanälen New Yorks gehört hat, scheint die Flüsterpropaganda jenen Mythos übersehen zu haben, der in den dreißiger Jahren in der jüdischen Bronx immer wieder zirkulierte. Er handelte von einem kleinen Jungen, der sehr krank war und dessen einzige Rettung darin lag, Speck zu essen. »Es war eine *medizinische* Anordnung«, pflegte der Erzähler der Geschichte zu betonen, und uns alle schauderte vor Entsetzen und Ekel angesichts dieser Möglichkeit. Ein weiterer städtischer Mythos, das Begleitstück zu dieser Geschichte, besagt, dass fromme Juden sich nach nichts mehr sehnen als danach, die verbotenen Speisen zu essen. Natürlich hat niemand, der das glaubt, jemals mit einem Anthropologen gesprochen oder etwas über die Macht von Tabus gehört.

Wir, die wir in der Bronx aufwuchsen, lernten von ganz klein auf die Speisen der »Anderen« als für den menschlichen Genuss nicht ganz geeignet zu betrachten. Wir alle nahmen unser Mittagessen in braunen Papiertüten mit in die Schule und erhielten, wenn wir unser wöchentliches Milchgeld bezahlt hatten, jeden Tag am späten Vormittag eine Tüte Milch, die beinahe Zimmertemperatur hatte. Nachdem sie stundenlang ungekühlt herumgestanden hatte, gab es keinen Kälteschock, sondern eine weiche Fülle erfüllte den Mund und belebte unsere erlahmenden Körper. Das Mittagessen zu vergessen, bedeutete jedoch eine Katastrophe. Niemand von uns hatte jemals Geld, und selbst wenn man von einem Lehrer Geld leihen konnte, war das Essen im Speisesaal erlaubt? Essbar? Alle Gerüche waren so fremd, so abstoßend. Es war eine Aussicht, die so viele unangenehme Komplikationen versprach, dass niemand von uns dies durchstehen konnte. Wir dachten daran, unser Mittagessen mitzubringen.

Ein Kind, das in einem traditionellen jüdischen Haushalt lebt, lernt sehr früh, was erlaubt ist und was nicht. Es ist schlicht ein weiterer Teil des Lernens dessen, wie man in der Welt leben soll. Warum denkt ein Eskimokind, wilde Blaubeeren und Walspeck seien ein Leckerbissen? Warum dachte ich, dass *Schmalz* – ausgelassenes Hühnerfett – auf Roggenbrot etwas Köstliches war? Wir lernten nicht nur die Kaschrutvorschriften, sondern eigneten uns auch eine Palette von Geschmacksbeispielen mit ihren besonderen Gerüchen und ihrer Beschaffenheit an. Bei allem, was außerhalb dieser Palette lag, drehte sich mir, zumindest anfänglich, der Magen um. In meiner Schule gab es eine große Zahl italienischer Kinder, deren Familien in solide gebauten, über einen Block hinweg aneinandergefügten Sandsteinhäusern lebten, die den Mietshäusern, in denen wir wohnten, gegenüberlagen. Eines Nachmittags, nach der Schule, besuchte ich eine dieser Klassenkameradinnen und gelangte natürlich in die Küche, wo ich zum ersten Mal geriebenen italienischen Käse roch. Nach meinem Empfinden roch es nicht köstlich. Es roch wie verdorbene Milch, und ich war glücklich darüber, dass ich nicht aufgefordert wurde, irgendetwas zu essen. Es kam mir nicht in den Sinn, mich zu fragen, ob sie irgendeine unserer Delikatessen ebenso ungenießbar gefunden hätten.

Weder meine Freundin Theresa noch ich erkannten, dass wir jeweils in einem vollkommen geschlossenen System lebten und dass es eine weitere Generation dauern würde, bis wir unsere Lieblingsspeisen in einer internationalen Küche vereinigen würden. Jede Woche machte meine Mutter Nudeln auf ihrem Nudelbrett. Nachdem sie den Teig in großen Kreisen ausgerollt hatte, hing sie ihn ein wenig zum Trocknen über die Lehnen der hölzernen Küchenstühle. Doch dann musste man ihn genau im richtigen Augenblick wieder abnehmen, solange er noch weich genug war, um geschmeidig zu sein, schnell aufgerollt und in dicke und dünne Streifen geschnitten werden zu können, die man dann vollständig trocknen ließ. So versorgt, hatten wir für den Rest der Woche dünne Nudeln für die Hühnersuppe, während es als

Hauptgericht und Dessert zugleich ein Gericht gab, das aus breiten, in Butter und Schichtkäse gewälzten, mit Zimt und Zucker bestreuten breiten Nudeln bestand. Tomatensoße auf die köstlichen breiten Nudeln meiner Mutter? Das lag schon außerhalb ihres Wortschatzes.

In unserem dicht gedrängten jüdischen Viertel sahen wir nie verbotene Speisen. Unser Fischgeschäft präsentierte lebendigen Karpfen, der in einem Becken schwamm, und die in Mittel- und Osteuropa beliebten Süßwasserfische. (Ich bin immer noch nicht sicher, was *Hecht* ist, doch wenn ich ihn in Deutschland auf der Speisekarte finde, bestelle ich ihn immer, um ein vergessenes Geschmackserlebnis wiederzufinden.) Nie sahen wir Garnelen oder irgendwelche Weichtiere, Hummer oder Krabben. Als ich sie zum ersten Mal sah, erschienen sie mir wie eine gigantische Form von Ungeziefer. Ähnlich hatte das Milchgeschäft nur den von uns für koscher gehaltenen frischen weißen Käse, der gerade erst aus seiner früheren Gestalt als Sahne entstanden war. Zu Laiben geformt, nannte man ihn Bauernkäse. Durch ein feines Sieb gepresst und mit ein bisschen zusätzlicher Sahne versetzt, wurde das Produkt zu Hüttenkäse; drückte man ihn durch ein groberes Sieb und ließ ihn trocknen, wurde Schichtkäse daraus, die unverzichtbare Zutat für *Lukschn mit Kez* – Nudeln mit Käse. Und dieses Wort *Lukschn* war die Quelle einer meiner frühesten Verwirrungen beim Hin- und Herwechseln von der einen zur anderen Sprache. *Lukschn* war so sehr das, was es war, in seiner Zubereitung, seiner Vorbereitung, in den köstlichen, vertrauten Gerichten, die sich daraus machen ließen, dass ich nie ganz sicher war, ob »Nudeln« wirklich dasselbe waren. Das Wort »Nudeln« stieß bei mir gewiss nicht auf Widerhall; doch ich lernte es zu sagen, so fremd es auch auf der Zunge war, obwohl es doch das schlichte herzerwärmende *Lukschn* meinte. Die Welt des Käses bot das gleiche Problem. Jüdischer Käse, koscherer Käse, war niemals alt. Reifte er, so verdarb er, und lange Zeit schien jeder Käse, der nicht ganz steril hergestellt war, schlecht zu riechen, eine fremde Konsistenz zu haben. Kurz, er schien ziemlich ungenießbar.

Angesichts eines so begrenzten Repertoires an Käsesorten ist es bemerkenswert, was für eine Auswahl an milchigen Gerichten die jüdische Küche hervorzubringen vermochte. Im traditionellen jüdischen Leben sind die Mahlzeiten strikt getrennt. Natürlich basieren sie entweder auf Milchprodukten oder auf Fleisch. In beiden Fällen findet bei der Zubereitung ein jeweils eigenes Set von Töpfen und Pfannen Verwendung, wie auch beim Essen getrenntes Geschirr und Besteck benutzt wird.

Ich hegte stets den Verdacht, dass Scholem Alejchem insgeheim Vegetarier war, und zwar wegen der Verzückung, mit der er die milchigen Gerichte aufzählt, die gewöhnlich zu Schawuot verzehrt werden, das in biblischer Zeit als Erntefest der ersten Früchte gefeiert wurde. Die Kombination aus Klößen, gefüllten Pfannkuchen, Puddings und natürlich Nudeln mit Käse fügte sich in Scholem Alejchems *Boiberik* zu einer viel längeren Liste als das, was wir jemals in der Bronx sahen. Doch unsere Generation konnte sich nicht nach etwas sehnen, das sie nicht kannte.

Viele Jahre lang musste ich, wenn meine Mutter Milch brauchte, eine Zinnkanne mit eigenem Deckel zum Milchgeschäft tragen, wo die Milch mit einer Schöpfkelle hineingefüllt wurde. Ähnlich brachten wir Gefäße oder Gläser mit, die mit einem »Maß« (einem Viertelliter) saure Sahne gefüllt wurden. Auch die Butter wurde auf Bestellung von großen Blöcken abgeschnitten; die gesalzene und die süße Butter standen nebeneinander in der Kühle der Milchgeschäfte.

Doch all das änderte sich, als Mr. Breakstone – der »Kraft« des jüdischen Milchwarengeschäfts – begann, diese Artikel zu verpacken. Wir brauchten nicht mehr das rituelle »Ist das frisch?« auszusprechen – halb Anklage, halb Frage. Nun konnten wir still und düster das Datum auf dem Karton lesen. Nach Breakstones neu erfundenem klebrigem Frischkäse blieb nur noch eine Spur der Kunst des Milchmanns erhalten. Viel weniger zart als der weiche selbstgemachte Käse wurde er in Zwei-Pfund-Blöcken in hölzernen Kisten mit wunderbar verdübelten Ecken verpackt, bei denen der Deckel magisch in Rillen über den oberen Teil glitt. Diese stabilen, dauerhaften weißen Käse-Rechtecke verdrängten rasch ihre verderblicheren Vorgänger und wurden dann auf Bestellung viertelpfundweise vom Milchverkäufer aufgeschnitten.

Für uns alle, die wir in Amerika geboren wurden, entstand ein Vokabular der Geschmackserlebnisse, das für alle Zeit das Essen bestimmen sollte. Es trifft zu, dass viele von uns im Zuge des großen Sprungs nach vorn nach dem Ende des Zweiten Weltkriegs aus ihrer Welt überkommener Geschmacksvorstellungen heraussprangen und in der Welt um uns herum experimentierten. Doch die Weinbergschnecken, die spät in unsere Erfahrungswelt traten, übten niemals dieselbe Wirkung auf die Geschmacksnerven und auf jene Gehirnzellen aus, die Genuss signalisieren, wie der Lachs und der Frischkäse unserer frühen Jahre.

Nicht nur, dass die Generation der Einwanderer es versäumte, zu Weinbergschnecken fortzuschreiten, sie überwand nicht einmal ihr Erstaunen darüber, genug zu essen zu haben. Viele der volkstümlichen, bisweilen sentimentalen, bisweilen komischen Lieder befassten sich mit dem Motiv des Hungers und des Mangels. In einem dieser Lieder kommt ein Vater mit einem einzigen Laib Brot zu seiner achtköpfigen Familie zurück. Der Text beschreibt, wie die Mutter das Brot sorgfältig je nach Größe der Kinder teilt; als alles verteilt ist, stellt sich heraus, dass sie »vergessen« hatte, sich selbst ein Stück zu nehmen. Ein anderes, der Kartoffel gewidmetes Lied, eine Art Zähllied, zählt jeden Tag der Woche auf, und an jedem gibt es nur Kartoffeln. In einer Kurzgeschichte von Scholem Alejchem mit dem ironischen Titel *»Di Fressers«* (Die Gefräßigen) nennt der Ehemann in einer verzweifelt armen Familie verzückt all seine bevorzugten milchigen Speisen. Inzwischen schätzen sie sich glücklich, wenn sie am Freitagabend eine einzige Challah unter ihren Kindern verteilen können.

Für die Generation der Einwanderer war Essen im Überfluss demnach das erste Zeichen eines gesegneten, reichlichen Lebens. In einer Kultur, in der das Brot den Maßstab des Wohlstands darstellte, war das Bild eines Körbchens mit Brötchen auf dem Tisch das höchste Symbol guten Lebens. Das berühmteste vegetarische Restaurant der Lower East Side, Ratner's, lässt seine Kellner bis heute, noch bevor sie die Speisekarte bringen, einen Korb gemischter Brötchen auftragen. Brötchen waren in der osteuropäisch-jüdischen Kultur nicht nur Brote im Kleinformat, sondern hatten ganz eigene Eigenschaften und eine besondere Konsistenz:

die heute berühmten, nicht mehr so guten Bagels, der *Pletzel*, der knusprig, glasiert und mit Mohn bestreut war und die perfekte Grundlage für Bauernkäse bildete, ebenso wie die festen, zähen Bialy-Brötchen mit ihrem Hauch gebratener Zwiebeln. Feiner noch und am meisten verbreitet war das unglasierte Mohnbrötchen mit seiner knisternden Kruste und seinem weichen Inneren. Dann gab es da die gehaltvolleren glasierten Eierbrötchen, die weichen Vollkornbrötchen, die kleinen geflochtenen Brötchen ... Der morgendliche Duft einer Bäckerei in der Bronx war an sich schon einen Besuch dort wert. Ebenso unvergesslich war der Klang eines Blechs voller frisch aus dem Ofen geholter Brötchen, die vom Bäcker, noch in seinem weißen Unterhemd und seiner mehligen Schürze, in einen Drahtkorb geschüttet wurden. Es bedurfte keiner besonderen Kultiviertheit, um zu wissen, dass ein frisches Brötchen mit Butter schlicht und einfach gut war. Gemeinsam mit einem heißen Kaffee war es eine Engelsspeise.

Und tatsächlich war es nicht die Speise der armen Juden in Osteuropa. In der ersten Geschichte von Scholem Alejchems Erzählzyklus über Tewje berichtet der Held, wie er zwei wohlhabende Damen rettet, die sich in den Wäldern verirrt haben. Es ist Spätnachmittag. Sie sind den ganzen Tag herumgewandert und haben, wie sie sich bei ihm beklagen, seit ihrem Frühstück, einem Brötchen mit Butter und Kaffee, nichts mehr gegessen. Tewje kann sie nicht bedauern. Tatsächlich lässt ihn ihre Erwähnung von »*Buter Bilke mit Kave*« in einer Träumerei versinken, und er versucht sich zu erinnern, wann er das letzte Mal ein solches Frühstück hatte. Er selbst, so stellt sich heraus, lebt von Schwarzbrot und Tee, verlängert durch ein wenig Hering. Für die Generation der Einwanderer blieben das frische Brötchen mit Butter und das Glas Kaffee mit Sahne bis zum Ende ihrer Tage ein unbeschreibliches tägliches Wunder.

Für die nächste Generation wurde das Leben etwas komplizierter. Unsere Schulen waren nicht nur dazu da, uns etwas beizubringen, sondern sollten uns auch zivilisieren – etwas, was wir demütig als notwendig hinnahmen. Doch manchmal war die neue Zivilisation eher verwirrend als nützlich. Ich denke dabei an unsere Kochkurse im Fach Haushaltslehre. Glücklicherweise waren die Schulen in New York zu arm, um Fleisch für unsere Experimente zur Verfügung zu stellen; damit war das Problem gelöst, das sich für die jüdischen Kinder aus frommen Haushalten gestellt hätte. Wir begannen, verwirrend genug, mit dem Grundelement der amerikanischen Küche, der weißen Soße. Erstaunt beobachteten wir, wie vor unseren Augen Milch in Leim verwandelt wurde. Wir lernten sogar, es selbst zu tun, doch es half uns nicht über unsere Verwirrung darüber weg, was man damit anfangen sollte, wenn es fertig war. Es schien nicht besonders sinnvoll, vollkommen gutes Gemüse oder sogar Thunfisch in diese Mischung hineinzutauchen. Doch es hatte, so schien es, einen höheren Sinn. Obwohl unsere Lehrerin es uns nicht demonstrieren konnte, erzählte sie uns über »chicken à la king« – offenbar ein grundlegendes amerikanisches Gericht, das jedoch leider jenseits unserer Vorstellungskraft und unserer Geschmacksnerven lag.

Was uns sofort davon abhielt, die Soßen, die Suppen oder den Flammeri für den Nachtisch, deren Herstellung uns unsere Lehrerinnen beibrachten, in unser tägliches Leben aufzunehmen, war, dass diese Speisen in absolut keiner Beziehung zu dem Essen standen, das wir von zu Hause kannten. Sie hatten, wie wir zueinander sagten, »keinen jüdischen Geschmack – *kajn jidischn Tam*«. Das war ein Urteil, das zu überwinden es einer sehr langen, anstrengenden Erfahrung in der Welt bedurfte. In unserem Kopf verborgen gab es jene ursprüngliche Stimmgabel mit ihren Grundtönen, ihren Aromen, ihrem Geschmack und ihren Konsistenzen. In einem internationalen Dorf sind wir sehr weise geworden. Wir haben gelernt, zwischen den unterschiedlichen Formen der chinesischen Küche zu unterscheiden, sind Sushi-Kenner und finden uns in den Feinheiten der regionalen Küche des indischen Subkontinents zurecht. Europäische Spezialitäten haben sich natürlich längst nahtlos in unsere täglichen Ausflüge in den Supermarkt eingefügt. Doch die Stimmgabel schwingt noch immer und probiert neue und alte Geschmackserlebnisse aus. Sie bestätigt sich selbst an einem düsteren Februartag, an dem wir uns gerade von der Grippe erholen. Dann wünschen wir uns weder Sushi noch Jakobsmuscheln oder Hühnerburritos, sondern etwas ganz einfaches: den Trost von Nudeln und Käse.

Die Speisen der Einwanderer waren die Speisen armer Leute. Doch sie empfanden es nicht so. War genügend vorhanden, so gab es nichts Besseres. Und das Einzige, was ein Hochzeitsfest von einem guten Abendessen zu Hause unterschied, war die Menge: mehrere Gänge und Teller, reich mit Köstlichkeiten beladen, die viel Arbeit machten. Die Speisenfolge stand fest: zuerst Fisch, dann »die goldene Bouillon«, gefolgt von gebratenem Huhn mit vielen kleinen Beilagen. Die großen Hochzeitsfeste der zwanziger Jahre schwelgten nicht in exotischen Speisen, sondern in der Fülle.

Auch hier unterschieden sich natürlich die Gesellschaft der jüdischen Einwanderer und jene Amerikas in ihrer Auffassung über die große, erhabene Art und Weise, die eigenen Gäste zu ehren. Ein üppiges Essen und ein reich gedeckter Tisch ließen sich amerikanischen Normen gemäß nur als vulgär beschreiben. Die damals »korrekte« konventionelle, stilisierte Darbietung von Speisen implizierte, dass Menschen in hoher Stellung über den tatsächlichen Verzehr erhaben waren. Zu den bevorzugten Speisen, die auf Partys in dekorativer, formalisierter Gestalt angeboten wurden, gehörten Aspik-Ringe, Soufflés, winzige Pasteten, gefüllt mit Huhn in Sahnesoße, kleine Fingersandwiches und Petit Four. Jedes Stück, das weggenommen wurde, war sofort sichtbar und störte die Symmetrie des Ganzen. Die Gäste, die in dieser Kultur völlig heimisch waren, gingen selbstverständlich davon aus, dass man nur symbolische Mengen davon aß. So war die zur Verfügung stehende Gesamtmenge genau auf das berechnet, was auch tatsächlich verzehrt wurde. Es wäre schlechter Stil, das heißt Zeichen für die Zugehörigkeit zur Unterschicht gewesen, wenn ein Gastgeber zu viel angeboten hätte, als erwarte er, dass seine Gäste »vulgäre« Mengen aßen. Die Beschreibungen des Essens auf Banketten der Oberschicht neigen daher zu Adjektiven, die auf kleine Mengen hinweisen: exquisit, zart, fein, raffiniert, elegant.

Bei den großartigsten Empfängen mit ihrer förmlichen Darbietung von Speisen in relativ unzugänglicher Gestalt – Speisen in Formen, kunstvoll gestaltete Platten, ganzes Geflügel mit Gefieder oder riesige Braten, die den Dienst eines Trancheurs erforderten – präsentierte man große Mengen, doch der Akzent lag stärker auf der Form denn auf dem Inhalt. Man erwartete jedoch, dass ein großer Teil dieser Speisen unberührt blieb. Ein Sturm auf das Buffet und ein Leerräumen der Platten wären undenkbar gewesen. In jedem Fall konnte der Gast, der in der Schlange am Buffet vorbeiging, nur kleine Mengen auf einmal bekommen und erhielt etwa nur ein einziges Stück Roastbeef, hätte also ausdrücklich darum bitten müssen, wenn er mehr wünschte.

Was das Trinken betrifft, erlaubten, ja förderten diese Ereignisse den Konsum erheblicher Mengen an Wein oder Spirituosen, sei es während langer Cocktailstunden oder beim Dinner, bei dem viele Sorten Wein gereicht wurden. Doch entscheidend war hier die Beherrschung, die Fähigkeit, »es wegzukippen«, so dass große Mengen getrunken wurden, jedoch ohne sichtbares äußeres Zeichen. Auch hier legte man größeren Wert auf die Beherrschung als auf die Befriedigung. Beim Essen bestand die Beherrschung darin, nicht so viel zu sich zu nehmen, während es beim Trinken darauf ankam, »zu viel« getrunken zu haben und dennoch Haltung zu bewahren.

Die Vorstellung der Einwanderer von Gastfreundschaft und vom Feiern stand in genauem Gegensatz zu allen Prinzipien dieser Banketts. Es war ganz einfach die Verantwortung des Gastgebers, große Mengen an Essen und Getränken zu bieten. Tatsächlich musste in der alten Heimat bei einem großen Hochzeitsbankett auch genug für alle Bettler und Armen der Stadt vorhanden sein. In Amerika wurde das jüdische Bankett auf eingeladene Gäste reduziert, doch als Aufforderung an die Gäste, tüchtig und ohne Scham zu essen, wurden verschwenderische Mengen aufgefahren. Da so viel angeboten wurde, konnte selbst ein großer Appetit die sichtbare Darbietung der Speisen nicht erkennbar verändern. Der »gute Gast« war demnach jener, der reichlich aß, seinen Teller häufig nachfüllte und das Essen lobte. Ein Witz dieser Zeit erzählt, wie ein begeisterter Gast ausruft, wie hervorragend die *Gefilte Fisch* seien. »Es schmeckt so wunderbar, dass ich schon zum dritten Mal hier bin«, sagt er. »Iss und sei gesund«, erwidert sein Gastgeber, »wer will denn zählen?

Aber es ist das vierte Mal.« Ähnlich sollten auch der Wein oder die Drinks die Feststimmung erhöhen, und das ganze lärmende Vergnügen war nachweislich die Folge der verschwenderischen Hand des Gastgebers.

Angesichts der reichlichen Ressourcen Amerikas entwickelte die Generation der Einwanderer einen strengen Kennerblick für die relativ enge Palette der jüdischen Küche. Jede Hausfrau wusste, dass die Qualität ihres Schmorbratens ganz von ihrer Beziehung zum Fleischer abhing. Sie wusste genug, um die »Kommissionsbäckerei« zu meiden, und lief die zusätzlichen drei Blocks, wo das Brot vor Ort gebacken wurde. Auch besuchte sie nicht die *Wonder Bread*-Spargeschäfte überall in der Bronx, wo das einen Tag alte, mit einem Muster aus Nägeln aufgeritzte Brot für den halben Preis verkauft wurde. Tatsächlich hätte sie es zu keinem Preis gekauft, wenn sie das Roggenbrot oder das Kornbrot bekommen konnte, das es in den jüdischen Bäckereien gab. (Das jüdische Kornbrot stand, nebenbei bemerkt, in keinerlei Zusammenhang mit dem Maisbrot des Südens. »Korn« wurde hier im eigentlichen europäischen Sinn von Getreide verwendet, und das Ergebnis war ein besonders schweres, feuchtes, knuspriges Roggenbrot.) Und wenn unsere Hausfrau mit dem Obst- und Gemüsehändler zu tun hatte, ging es um echte Fachkenntnisse. »Ich hätte gerne eine Melone für heute Abend«, sagte sie dann warnend. »Sie sollte reif sein.« Doch er, der sein Leben lang in diesem Gewerbe tätig war, ließ sich nicht leicht einschüchtern. »Für welche Uhrzeit möchten Sie sie haben?«, fragte er, indem er eine mit der Hand hochwarf.

Auch wenn sie in ihrer Bandbreite begrenzt war, erforderte die jüdische Küche eine erhebliche Kunstfertigkeit und ein gehöriges Maß an körperlicher Kraft. Mit vielen Eiern, vor allem zu Pessach zubereitete Kuchen setzten einen kräftigen Arm und einen starken Willen voraus. Es handelte sich um eine Küche, die die Jahreszeiten berücksichtigte und vom Sommer bis zum Winter eine unterschiedliche Würze anbot. Vieles hing jedoch davon ab, dass es frisch zubereitet wurde. Ein Großteil des schlechten Rufs der jüdischen Küche, die als zähes, matschiges Essen gilt, hängt mit ihrer Kommerzialisierung zusammen, also damit, dass die

Speisen lange auf Warmhalteplatten stehen, bevor sie bei riesigen öffentlichen Banketts oder in den gigantischen Speisesälen der Catskill-Hotels serviert werden.

Als ich zwölf Jahre alt war, nahm meine Mutter mich und meine kleine Schwester auf unseren einzigen Ausflug »in die Berge« mit. Wir wohnten auf einer von einer jüdischen Familie betriebenen Farm; sie verfügte auch über ein Gästehaus für etwa zwanzig oder dreißig Leute. Dies war ein ertragreiches Geschäft. In jenen frühen Tagen des Hotelwesens beeinträchtigte eine solche Nebentätigkeit die Farmarbeit nicht, die weiterlief wie bisher. Menschen kamen, um auszuruhen und zu essen. Für die Freizeit gab es eine Viererschaukel auf dem Rasen des Vorgartens, und an einem Nachmittag wurden die Kinder auf einer Fahrt mit dem Heuwagen mitgenommen. Der große Luxus, den diese Farm einer Frau aus der Arbeiterklasse wie meiner Mutter bot, bestand darin, dass sie etwa eine Woche im Jahr an einem Tisch saß und ihre Mahlzeiten serviert bekam. Ihre Kinder bekamen ihr Essen getrennt an irgendeinem »Kindertisch«, so dass die Last des Alltags vollkommen und auf magische Weise von ihren Schultern genommen war. Einkaufen, das Tragen von Lebensmitteln, kochen, sauber machen, ja selbst die Wäsche fielen nicht mehr in ihre Verantwortung. Ich denke, für sie wäre beinahe jede Art der Küche akzeptabel gewesen, doch unsere kleine Farm bereitete wirklich ausgezeichnete hausgemachte Mahlzeiten zu. Das war das vertraute Essen, das wir in all seiner Sommerherrlichkeit kannten. Wir bekamen zum Mittagessen eine Art Salat, bekannt als »griechischer Salat«, der damals verbreitet war, jetzt aber eine verschwindende Erinnerung ist. Er basierte auf einem dünn geschnittenen Kohl, zerkleinertem grünem Paprika, geraspelten Möhren und Gurken, das alles in einer süß-sauren Essigsoße, gekrönt von Heringsscheiben. Gemeinsam mit einigen Scheiben Roggenbrot und süßer Butter ließ dies die Welt heller erscheinen. Da sie zu einer Milchfarm gehörte, spezialisierte sich die Küche natürlich auf *Blintzes* (mit Quark gefüllte Pfannkuchen) und ließ keine Gelegenheit aus, zum Frühstück oder zum Mittagessen Bottiche von Hüttenkäse und Sauerrahm zu servieren.

Soweit ich es beurteilen konnte, war dies eine häusliche Küche auf hohem Niveau, ohne die schlechten Tage, die Unfälle mit verbratenem Huhn oder verbranntem Schmorbraten, die zum Drama des Alltags gehörten. Selbst die als *Mandelbrot* bezeichneten köstlichen kleinen trockenen Kuchen, die das Kennzeichen des jüdischen Gebäcks sind, gab es am Ende der Mahlzeit körbeweise, wenn meine Mutter am Tisch verweilte, Tee trank und mit ihren Nachbarinnen redete, während wir schnell ein paar Stücke schnappten und uns zur Veranda fortmachten. Bis zum heutigen Tag finden meine Schwester und ich in diesen trockenen, ganz leicht gezuckerten, köstlich aromatisierten Kuchen eine tiefe Befriedigung. Auch sie spenden an besagtem regnerischem Februarnachmittag zusammen mit einer Tasse Tee einen enormen Trost.

In den neunziger Jahren waren in exklusiven Cafés und in anderen modischen Pinten in ganz Amerika plötzlich italienische *Biscotti* en vogue. Diese trockenen Biskuits, die perfekte Beilage zu einem süßen italienischen Wein in einer Trattoria in Florenz, sind für jene, die auf ihre Kalorien achten müssen, zu einem Allzweck-Ersatz für Kuchen geworden. Sie erlauben die Geste, ohne den Preis dafür zu verlangen. Als meine Schwester und ich eines Nachmittags zufällig in einem Café auf sie stießen, schauten wir einander vielsagend an. Das war nichts anderes als eine trockenere Variante des *Mandelbrots* unserer Kindheit, und es war unseres Erachtens kaum so befriedigend wie dieses. Da mir deutlich wird, dass selbst die Erinnerung an diese alten Rezepte verschwindet, empfinde ich den dringenden Wunsch, meinen treuen Leserinnen und Lesern wenigstens zwei Rezepte aus dem Arsenal des Beschriebenen mitzuteilen. Beide erfordern eine gewisse Bereitschaft, einen neuen Geschmack auszuprobieren. Sie verführen weder den Gaumen, noch richten sie sich an die Büßermentalität, die den Verzehr trockener *Biscotti* zu einem akzeptablen Freiluftsport erhebt. Sie sind etwas ganz anderes als das, was selbst im gegenwärtigen Amerika, das so sehr auf Exotisches aus ist, als schmackhaft gilt. Tatsächlich gibt es lediglich einige wenige Erprobte, denen ich anlässlich der Einladung zum Mittagessen anbieten würde, was meine Mutter als griechischen Salat bezeichnete.

Das folgende Rezept ist für zwölf Personen gedacht.

Griechischer Salat

Salatzutaten:
1 kleiner Grünkohl, (etwa 2 Pfund) dünn und fein geschnitten
1 kleine rote Zwiebel, in Ringe geschnitten
5 Möhren, dünn in runde Stücke geschnitten oder gerieben
2 Gurken, dünn geschnitten
3 Knoblauchzehen, geschält und dünn geschnitten
1 grüne Paprika, entkernt und in kleine Würfel geschnitten

Die Salatsoße:
1 Tasse weißen Essig
1 Esslöffel Kochsalz
3/4 Tasse Zucker
4 Esslöffel Maisöl
3/8 Tasse Wasser

Man bestreue den geschnittenen Kohl mit einem extra Esslöffel Kochsalz und lasse ihn etwa eine Stunde lang in einer großen Schüssel ziehen. Die angesammelte Flüssigkeit fortschütten und den Kohl pressen, um das letzte Wasser zu entfernen. Den getrockneten Kohl zum übrigen Gemüse hinzugeben.

Während der Kohl einweicht, schütte man die Zutaten für die Salatsoße in einen Kochtopf und bringe sie zum Kochen, aber nur soweit, bis sich der Zucker auflöst. Abkühlen lassen. Dann die abgekühlte Soße über das Gemüse gießen und es mindestens eine Stunde lang stehen lassen. Dieser Salat kann einen ganzen Tag im Voraus zubereitet und häufig durchgerührt werden.

Vor dem Servieren mache man den Salat mit einer halben Tasse zerhackter Petersilie an und ordne ihn auf einer Platte an. Man belege ihn mit Stücken filetierten Matjesherings, der sehr jung, sehr frisch und kaum gesalzen sein sollte. (Das ist am schwersten zu finden.) Den Salat mit einem guten Roggenbrot und ungesalzener Butter servieren.

Mandelbrot

3 Eier
Geriebene Schale und Saft einer Orange
¾ Tasse Zucker
6 Teelöffel Maisöl
3½ Tassen gesiebtes Mehl
½ Tasse abgezogene, zerteilte und geröstete Mandeln
3 Teelöffel Backpulver
1 Prise Salz
4 Esslöffel zerschnittene getrocknete Kirschen

Das Mehl mit dem Backpulver und Salz durchsetzen und beiseite stellen.

Man schlage die Eier und den Zucker zusammen, bis sie zur doppelten Größe angewachsen und recht steif geworden sind. Die Orangenschale, den Saft und das Mandelaroma hinzugeben. Dann die halbe Mehlmischung hinzufügen und alles gründlich zusammenrühren. Das Öl dazuschütten und das restliche Mehl hinzufügen, danach die gerösteten Mandeln und die Kirschen. Man mische alles zusammen, forme aus dem Teig eine Kugel, und lege diese dann, gut abgedeckt, zum Abkühlen für mindestens zwei Stunden in den Kühlschrank. (Auch dies kann einen Tag vorher geschehen.)

Wenn alles zum Backen bereit ist, den Ofen auf 180 Grad vorheizen und ein großes Backblech mit Backpapier auslegen. Den Teig auf einem mehlbestäubten Brett in zwei Teile teilen. Jede zu einem etwa zwanzig Zentimeter langen und fünf Zentimeter breiten Brot kneten. Etwa eine halbe Stunde im vorgeheizten Ofen backen. Die Spitze wird aufbrechen, und die Brote sollten eine schöne goldgelbe Farbe annehmen. Aus dem Ofen holen und ein paar Minuten stehen lassen. Dann die Brote mit einem sehr scharfen Messer in ein Zentimeter breite Scheiben schneiden, solange sie noch warm sind. Man trenne diese etwas voneinander und schiebe sie noch einmal für fünf bis zehn Minuten in den Ofen, so dass die Oberfläche gerade leicht knusprig ist. Zum Abkühlen auf einen Rost legen.

Das ergibt etwa vierzig Stücke. Die Größe der Brote lässt sich anpassen, je nachdem, ob Sie große oder kleine Scheiben bevorzugen. Die Scheiben können eingefroren werden, sind aber auch bei normaler Zimmertemperatur in einer Dose gut haltbar. Wenn ich davon einen Vorrat in der Küche habe, ist es wie Geld auf der Bank.

Nun sind diese Rezepte kaum typisch für die jüdische Küche, die unendlich viel Arbeit in Anspruch zu nehmen scheint und für die es nie auf die Zeit ankommt. Bevor man etwa beginnen kann, Geflügel oder ein Stück Fleisch zu kochen, bedarf es eines anderthalbstündigen Vorgangs des häuslichen Koschermachens. Sowohl Geflügel als auch Fleisch müssen eine halbe Stunde lang in kaltem Wasser liegen und werden dann stark gesalzen und eine weitere Stunde lang zum Abtropfen auf ein schräges, mit Rillen versehenes Brett gelegt. Damit soll sichergestellt werden, dass jeder Tropfen Blut entfernt wird.

Alles scheint eine Verbindung aus Geduld und Energie zu erfordern. Doch wenn es darum geht, harte Arbeit in gedrängter Zeit zu verrichten, kann nichts mit Pessach konkurrieren. Zwar konnte man ein oder zwei Tage vorher die Nahrungsmittel hineinbringen und in Tüten und Kisten auf der Feuertreppe oder im Flur lagern, doch die wirkliche Arbeit stand dann noch aus. Das allererste Zeichen dafür, dass Pessach bevorstand, war in der Tat das Eintreffen einer Kiste mit zwölf Dutzend Eiern im Hauseingang. Das entsprang keiner Übertriebenheit, sondern reiner Vorsicht.

Die Küche konnte erst am Tag des ersten Seder selbst in Angriff genommen werden. Zehn Uhr morgens war die magische Stunde. Von dieser Zeit an lebten wir in einer Art Niemandsland zwischen *Chometz* – der Welt des Alltags – und *Pessach*. Es war verboten, irgendetwas von den gewöhnlichen Nahrungsmitteln zu essen, doch es war auch nicht erlaubt, Mazzen oder irgendeine Pessachspeise zu sich zu nehmen; das durfte man erst nach Sonnenuntergang. In diesen Zwischenstunden musste die ganze Küche von alltäglichen Küchengeräten befreit werden, und natürlich mussten alle Lebensmittel aus dem Haus verschwinden.

Dann konnte die wirkliche Arbeit beginnen: Die gesamte Küche wurde geschrubbt, die Regale wurden neu mit Papier ausgekleidet, und man holte die Kisten mit Pessachtöpfen, -pfannen und -geschirr aus dem Keller sowie aus dem hinteren Teil der Schränke. Erst jetzt konnte das eigentliche Kochen für den Sederabend für zwanzig oder mehr Menschen beginnen.

Diese Vorbereitungen erforderten ein perfektes Kommando und die Vereinigung jeder verfügbaren Hand. Irgendwann am Nachmittag durften wir eine Pause machen und eine Kleinigkeit essen, da die Vorbereitungen nun so weit gediehen waren, dass wir die Pessachkochtöpfe und -utensilien benutzen durften. Im Allgemeinen waren unzählige hart gekochte Eier vorhanden, dazu gekochte Hühnerleber, die zubereitet wurde, indem man sie über einen Rost oder eine offene Gasflamme hielt. In der Zwischenzeit erteilte man den Männern des Haushalts die mühevolle Aufgabe, Meerrettich zu reiben. Dies brachte, wie sie zu Recht sagten, den stärksten Mann zum Weinen und wurde im Allgemeinen als für die Frauen zu anstrengend erachtet. In einigen Haushalten bereiteten die Männer auch den *Charoseth* zu, die Mischung aus Äpfeln, Nüssen, Wein und Gewürzen, die den Lehm darstellen sollten, den unsere Vorfahren in Ägypten benutzt hatten.

Das Wichtigste an *Pessach* war das eigenartige Essen. Völlig normale Dinge, die wir das ganze Jahr über aßen, waren plötzlich verboten: Reis, Knoblauch, Bohnen. Meine Mutter hatte jedes Mal, wenn sie Kaffee trank, eine Art unerlaubtes aufregendes Erlebnis. Das Päckchen im Lebensmittelladen trug das feierliche Siegel und die Unterschrift eines Rabbiners, die seinen Inhalt als koscher für Pessach auswies. Doch »zu Hause« in Galizien war Kaffee verboten gewesen, ebenso wie Schokolade, da beide in die verbotene Kategorie der Bohnen fielen. Ich glaube, erst nach dem Zweiten Weltkrieg tauchte in amerikanischen Lebensmittelgeschäften plötzlich Schokolade mit großen, unbezweifelbaren Siegeln auf, die bescheinigten, dass sie für Pessach akzeptabel sei. Meine Mutter achtete nicht allzu genau auf das talmudische Argument, das Kaffee in Probuzhna verbot und für die Bronx erlaubte. Als er in den besonderen Regalen ihres Lebensmittelgeschäfts unter dem Pessachangebot auftauchte, kaufte sie ihn ohne Bedenken. Ein weiteres amerikanisches Wunder.

Wir fragten uns stets, weshalb wir während des übrigen Jahres niemals die besonderen Pessachspeisen zubereiteten und genossen. Abgesehen von den Mazzenknödeln blieben alle anderen Leckerbissen auf die acht Tage des Festes begrenzt. Unsere täglichen Nudeln wurden verbannt, doch meine Mutter machte eine besondere Art von Pessachnudeln, die mit hauchdünnem Eierschaum begannen und mit einem Pfannkuchen endeten, der in breite köstliche Streifen von lockerer Konsistenz geschnitten wurde. Derselbe Pfannkuchen konnte auch mit einer Mischung aus gehackter Leber und Zwiebeln gefüllt werden und bildete den ersten Gang.

Das Frühstück zu Pessach schien stets interessanter als das, was wir während des übrigen Jahres bekamen. In jedem Fall eignete diesem Morgen etwas ganz Besonderes. Der erste Seder lag hinter uns; die Küche befand sich nun in ihrem neuen merkwürdigen Zustand, das Geschirr und die Utensilien, die das ganze Jahr über gebraucht wurden, waren hinter Türen eingeschlossen und mit sieben Siegeln versiegelt, und jede Oberfläche war mit schwerem braunem Packpapier bedeckt. Heute werde ich bisweilen in schicken französischen Bistros mit ihren »Tischdecken« aus weißem Packpapier daran erinnert. Zwar war der Esszimmertisch festlich gedeckt, doch in der Küche setzten wir uns an braunem Papier nieder.

Am Morgen des ersten Pessachtages gingen wir nicht zur Schule, und es herrschte ein festliches Gefühl der Muße. Wir mussten das Frühstück nicht eilig zu uns nehmen, sondern konnten den köstlichen Geschmack von Pessach genießen, den wirklichen Geschmack, an dem man das Fest erkannte, nämlich den ersten Bissen mit süßer Butter bestrichener und mit einfachem Salz bestreuter *Mazzah*. Für jene, die gekochte Getreideflocken wollten, gab es *Mazzah Farfel*, doch am besten waren *Mazzah Brei* und *Bubbele*. Dies war der Grund dafür, warum eine kleine Familie zwölf Dutzend Eier brauchte. Und es waren diese Eier, die mir die Pessachspeisen als besonders luftig erscheinen ließen. Ein *Bubbele* etwa ist ein Omelette, das aus getrenntem Eigelb zubereitet und dem Mazzenmehl beigemischt wird. Das übersteigt alles, was Sie in einem französischen Kochbuch finden können, und ist von solcher Leichtigkeit und Schaumigkeit, wie sie kein klassisches Omelette erreicht. Am Ende rang man stets mit der Frage, ob man es mit Salz oder mit einem Teelöffel Erdbeermarmelade obendrauf essen sollte, die »koscher für Pessach« sein musste; ich kann mich bis heute nicht entscheiden.

Die Pessachkuchen – ohne Sauerteig und Backpulver – bezogen ihre Konsistenz ebenfalls aus steif geschlagenem Eiweiß, gewöhnlich von zwölf Eiern auf einmal. Die Auswahl war nicht groß, doch der Geschmack war unverkennbar: ein Nusskuchen, der aus pulvrig gemahlenen Nüssen hergestellt wurde, die gleichzeitig als Aroma und Bindemittel dienten, und der klassische Biskuitkuchen mit seinen wenigen Abwandlungen, dessen Aroma meist entweder auf einer geriebenen Zitronen- oder Orangenschale basierte.

Dies war die Zeit, da bestimmte Nahrungsmittellieferanten in der Bronx in Urlaub gingen: die Bagelbäcker, die Räucherfisch- und Fleischverkäufer und natürlich die Bäckereien. Die kleinen Lebensmittelläden hielten sich damit über Wasser, dass sie im Laufe der langen Woche ihren Vorrat an Waren für Pessach ausverkauften und ihr Einkommen durch den Verkauf von Milch und Milchprodukten aufbesserten, die natürlich alle als »koscher für Pessach« gekennzeichnet waren. Mit der Zeit nutzte sich etwas von dem Neuen des Wiederentdeckens ab, und wir begannen uns wie die Juden in der Wüste zu fühlen, die des ewigen Manna überdrüssig geworden waren. Wenn die Woche sich ihrem Ende zuneigte, begannen auch wir uns nach dem Geschmack von wirklichem Brot zu sehnen, und es machte uns nichts aus, an dem Abend, an dem die Bäckereien wieder öffneten, dort inmitten einer Menge zu stehen. Der Duft des Brotes, dessen Aroma draußen auf die Straßen schwebte, erinnerte uns an den alten Genuss, der auf uns wartete.

Diese Seiten haben zwangsläufig etwas in nostalgischen Erinnerungen an Geschmackserlebnisse und Speisen geschwelgt, die nicht mehr Teil unseres Lebens sind. Vielleicht war ihr Verschwinden unvermeidlich. Sie waren für ein anderes Klima und einen anderen Lebensstil gedacht. Außerdem konnten die kräftigen Suppen, die Zeit raubenden Kasserollen und Klöße, die ganzen seltsamen Geschmacksrichtungen neben den weichen, gehaltvollen Speisen unter den amerikanischen Gegebenheiten durchaus bestehen. Oder gab es einen Übermittlungsfehler? Bisweilen wurden Rezepte als Geheimnisse bewahrt. Tante Shayndels Mazzenknödel waren für ihre lockere Leichtigkeit berühmt, doch wenn sie sie machte, verschwand sie allein in die Küche.

Ich habe lange gedacht, das Herstellen von Mazzenknödeln sei in gewisser Weise ein Gleichnis für den Zustand des menschlichen Geistes. Man lässt die individuell geformten kleinen Bällchen, die dicht wie Blei sind, sanft in den Topf siedenden Wassers gleiten. Der Topf wird leicht bedeckt, und dann folgen fünfzehn Minuten ängstlichen Wartens, während die Mazzenknödel kochen. Wenn sie am Ende der vorgeschriebenen Zeit an die Oberfläche gekommen sind, verkörpern sie die gereinigte, geläuterte Seele, frei in den höheren Regionen, halb außerhalb des Wassers schwebend. Jene, die nicht aufstiegen, waren verloren. Meine eigenen Mazzenknödel waren gewiss verlässlich. Sie waren leicht. Doch sie waren nicht mit denen von Tante Shayndel vergleichbar. Doch keinerlei Überredungskünste vermochten, ihr das Rezept zu entlocken. Wir spekulierten, fragten, schlugen diese oder jene magische Zutat vor. Doch sie lächelte nur geheimnisvoll. Natürlich war nicht jeder so verschlossen wie Tante Shayndel.

Meines Erachtens sind diese Rezepte deshalb so kurzlebig, weil sie Teil einer mündlichen Tradition waren. Die altmodische jüdische Hausfrau besaß kein Kochbuch, sondern hatte das, was sie wusste, durch Beobachtung gelernt, durch eine Lehre in der Küche ihrer Mutter, oder indem sie mit ihren Nachbarinnen darüber sprach, wie die Speisen zuzubereiten seien, die das Rückgrat ihres Repertoires bildeten. Einige, wie meine Tante Elke, waren großzügig. Sie erlaubte mir gerne, neben ihr zu stehen, wenn sie ihren feuchten, gehaltvollen Honigkuchen für das Neujahrsfest zusammenmischte. Und dies war auch die einzige Möglichkeit, alles präzise festzuhalten, indem man genau aufzeichnete, was sie tat, und indem man sie das Mehl zunächst in Messbecher schütten ließ, bevor sie es in die Mischung gab, anstatt es einfach mit einem Schäufelchen hineinzuschütten, wie sie es getan hätte, wenn sie allein gewesen wäre. Diese Bitten, zusammen mit meinen Aufzeichnungen über ihre laufenden Kommentare, haben mir ein unvergleichliches Rezept verschafft. (Ihr zu Ehren füge ich es am Ende des Kapitels bei.) Doch es bedurfte dazu ganz genauer Beobachtung und scheinbar unerträglich offensichtlicher Fragen an Tante Elke, die einen solchen Mangel an gesundem Menschenverstand mit Blick auf einen der banalsten Kuchen ihrer Küche nicht begreifen konnte.

Einmal versuchte ich eine rein theoretische Annäherung an einige einfache knusprige Kekse, die sie herstellte. Sie zählte eine Zutat nach der anderen auf, verbunden mit einigen allgemeinen Ratschlägen bezüglich der Reihenfolge, in der sie zusammengemischt werden mussten. Als ich auf meine handschriftlichen Notizen blickte, stellte ich fest, dass etwas fehlte. »Aber das Mehl«, stammelte ich. »Was ist mit dem Mehl?« – »*Avade* ... Ja, natürlich!«, konnte sie nur mit einiger Verzweiflung erwidern. Wozu waren diese gebildeten Mädchen gut, wenn sie nicht verstanden, dass man Kekse nicht ohne Mehl backen konnte?

Wie bei jeder Küche hängt das letztendliche Aroma, das sie prägt, nicht von jedem einzelnen Gericht ab, sondern von der Orchestrierung der gesamten Mahlzeit. Die Generation der Einwanderer brachte dieses Gefühl dafür mit, was eine Mahlzeit ausmachte, und dies blieb trotz der in Amerika verbrachten Jahrzehnte intakt. In ihrer Welt hatten sie schlicht keinerlei Vorstellung davon, wozu etwa Mayonnaise passte. Es gab milchige Mahlzeiten sowie Fleisch- und Fischmahlzeiten. Jede davon hatte ihre eigene Zusammenstellung von Gerichten, Aromen und Ausgewogenheiten. Mayonnaise aber gehörte zu keiner von ihnen.

Mit der Generation ihrer Kinder brach die Form entzwei, und zwar nicht nur deshalb, weil so viele Menschen dieser Generation die Kaschrut aufgaben. Wie Scholem Alejchem vorhersagte, geriet in Amerika die gewohnte Ordnung der Dinge, die Geschmackserlebnisse der Jahreszeiten, der Fest- und der Arbeitstage, durcheinander. Und ein einzelnes Gericht, so kundig es auch vorbereitet werden mochte, stellt noch keine Küche dar.

Viele der alten Rezepte werden nun in Hochglanzkochbüchern präsentiert, die allen zugänglich sind, selbst jenen, die niemals Tante Shayndels Küche probiert haben. Doch wird ein Neuling jemals wissen, was wahre Leichtigkeit ausmacht? Selbst ich, die ich jene unbeschreiblichen Mazzenknödel kennen gelernt habe, lebe mit einer verstümmelten Küche. Manchmal, wenn ich bei einer Mahlzeit, die mit einem Tiramisu endet, eine Mazzenknödelsuppe serviere, frage ich mich insgeheim: »Wo ist der *jidischn Tam* – der jüdische Geschmack?«

Tante Elkes Honigkuchen

1 Pfund Honig[1]
4 Eier
1 1/2 Tassen brauner Zucker

Zusammensieben:
4 1/2 Tassen gesiebtes normales Mehl
1 Teelöffel Ingwer
2 Teelöffel Backpulver
1 Teelöffel Zimt
2 Teelöffel Natron
1/2 Teelöffel Muskatnuss

Man schlage die Eier gründlich, bis sie steif sind. Dann den Zucker und den Honig hinzufügen. Das gewürzte Mehl abwechselnd mit folgenden Zutaten zur Eiermischung dazuschütten:

Saft und geriebene Schale einer Orange[2]
1 Tasse Maisöl[3]

Dann hinzufügen:
1 1/2 Tassen gehackte Walnüsse
1/2 Tasse kalten, starken Kaffee
1/2 Tasse Rosinen[4]
1/2 Tasse Selterswasser

Zwei Backpfannen einfetten, mit braunem Papier auslegen und erneut einfetten. (Das ist die alte Methode. Viel einfacher ist es, Backpapier zu benutzen.[5])

Bevor man die Kuchen in den Ofen schiebt, kann man sie oben mit gesplitterten weißen Mandeln bestreuen.

Die Kuchen anderthalb Stunden lang bei 150 Grad in einem vorgeheizten Backofen backen. Sobald sie aus dem Ofen heraus sind, fünf Minuten liegen lassen. Dann umgedreht auf einen Rost legen und das Papier ablösen, solange sie noch warm sind.

Viel Glück!

---

1 Laut Tante Elke soll man den Honig anwärmen, denn wie sonst soll man ihn aus dem Glas bekommen?

2 Tante Elke pflegte einfach die ganze Orange mit einer Handraspel zu zerreiben. Es ist mir nie gelungen, diese Meisterleistung nachzumachen; daher schlage ich eine etwas konventionellere Methode vor, um das Orangenaroma zu erzielen.

3 Verwenden Sie keines der Designer-Öle – Safloröl, Canola, Sonnenblumenöl, ja nicht einmal Olivenöl. Einzig und allein Maisöl wird den milden Grundgeschmack erzielen, den Sie brauchen.

4 Wie man verhindern soll, dass die Nüsse und Rosinen sich alle oben im Kuchen ansammeln, ist ein ewiges Problem. Diese Methode, sie mit Mehl zu überziehen, hat die Wissenschaft für sich und funktioniert auch gewöhnlich.

5 Tante Elke buk ihren Kuchen in einer Bratpfanne, die sie mit braunem Papier aus einer Lebensmitteltüte auslegte, und fettete sowohl die Pfanne als auch das Papier mit Öl ein. Ein solch großer Kuchen wurde eher in Würfel als in Scheiben geschnitten.

9

Korsetts

In der Bronx war die Welt immer zweifach geteilt: Gesetz und Brauch, Fleisch und Milch, gewöhnliche Tage, an denen man arbeiten, fahren, schneiden, Flammen entzünden und kochen durfte, und dann die Feste, an denen all diese und weitere Aktivitäten verboten waren. Es bedarf vieler Bände, die Details der religiösen Observanz, die das traditionelle Leben bestimmten, auch nur aufzuzählen, von den zusätzlichen Kommentaren und Bänden über das Fallrecht ganz zu schweigen. Die Art Probleme, die das Denken der Talmudgelehrten ausfüllten – »Wenn sich in einem Weinfass eine ganze tote Maus findet, ist der Wein dann koscher oder nicht? Und wenn es nur ein Teil einer Maus ist ...?« –, waren keine Überlegungen, die unser Interesse weckten. Wir waren stattdessen genauestens über alle Einzelheiten informiert, die mit dem Führen eines koscheren Haushalts zu tun hatten, über die Vorschriften für die Beachtung des Schabbats und der Feste, über die Gebete zu sich wiederholenden Zeremonien sowie darüber, wie man sich *benehmen* musste. Auch gab es Haltungen der Ehrerbietung und des Respekts gegenüber den Alten und Gebildeten. In diesem Universum herrschte zudem ein starkes Gefühl für das Private und Öffentliche, und das Öffentliche begann an der Schwelle der eigenen Wohnung.

Amerika war schließlich nicht wie jene engen Gemeinschaften, die die Einwanderer zurückgelassen hatten, in denen jeder seinem (oder seinen) Vornamen nach bekannt war und angesprochen wurde, vielleicht auch nach einem beschreibenden Beiwort: einem Beruf, dem Namen des Vaters oder der Mutter oder eines vertrauten Merkmals. Beryl der Schneider, Motl Pesi der Sohn des Kantors, Tewje der Milchmann, Bontshe der Schweigsame sind allesamt aus der klassischen jiddischen Literatur bekannt. In den Familien fielen diese Beinamen bisweilen noch deutlicher aus: Dvorah die Verrückte, Faybush der Krumme. Doch in der Bronx kannte man nicht mehr die ganze Geschichte seine Nachbarn, die Geschichte ihrer Familie, ihre Schwächen und Stärken oder jene ihrer Vorfahren. In der Bronx, jedem Kontext entzogen, sprachen die jungen Hausfrauen einander förmlich mit »Mrs. Pfeffer«, »Mrs. Pizetzner« an, und hätten sie Jiddisch gesprochen, so hätten sie die distanzierte Form des *ir* gebraucht. Die Männer, etwas forscher, etwas schroffer, benutzten einfach den Familiennamen ohne die Ehrenbezeichnung. »Levine«, pflegten sie zu sagen, »wie wäre es mit einem Pinokel-Spiel?«. Man musste zur Familie gehören oder zumindest *Landslajt* sein, um leichthin die intime Form der Anrede zu gebrauchen. Außerhalb der eigenen Wohnung trat man demnach in der Rolle der öffentlichen Person auf. Und das war keine ungezwungene Angelegenheit.

In jenen frühen Jahren in der Bronx hatte die gut organisierte Hausfrau ihre Arbeit zur Mitte des Tages hin bewältigt. Am Morgen putzte sie, wusch und begann das Abendessen vorzubereiten. Sie gab ihren Kindern etwas zu essen, wenn sie mittags aus der Schule kamen. Und dann am Nachmittag ging sie aus, um einzukaufen und, vor allem im Sommer, den Nachmittag im Gespräch mit ihren Nachbarinnen zu verbringen. Das aber bedeutete, dass sie ein Korsett anziehen musste.

Die Damen, die ich in der Bronx kannte, ähnelten einander: Sie waren klein und mollig und trugen zu Hause Wickelkleider aus Baumwolle, die in den Jahren der Wirtschaftskrise als Hoover-Schürzen bekannt waren. Diese blassgeblümten, am Rücken mit einer Wickelschärpe zusammengebundenen Kleider waren, so stellte ich mir immer vor, ursprünglich für die knochigen Körper von Bauernfrauen gedacht. Doch sie verziehen alle Arten von Figuren und passten sich an die an, die sie trugen, auch an die weichen kleinen Körper der Einwanderinnen in der Bronx. Gewöhnliche Kleider dagegen, die Taillen und Halsausschnitte hatten, erforderten strenge Anpassungen seitens der Damen aus der Bronx, die sich von einer Kost ernährten, in der Sahne ein

Grundnahrungsmittel und Hühnerfettkrusten – *Gribenes* – ein besonderer Leckerbissen waren. Sie wussten sehr gut, dass Geselligkeit und mehr als das, Ansehen, ihren Preis hatten. Sich zu kleiden bedeutete, die Disziplin des Korsetts zu akzeptieren, das die in den Ateliers der Kleidungsdesigner nicht vorausgesehenen Weichheiten und Rundungen zusammenhielt. Diese »Kleidungsstücke«, wie man sie nannte, waren schwere Ganzteiler, die den ganzen Körper zusammenbanden, kompliziert mit Bändern, Haken und Ösen befestigt und mit geschickt angeordneten Korsettstangen versteift waren, die eine perfekte Form schufen. Jedes Viertel hatte seine *Corsetière*, die, nachdem sie die Bittstellerin wissend betrachtet hatte, die »Eiserne Jungfrau« herausholte, die am besten für die Figur vor ihren Augen geeignet war. Diese wurde dann weiter angepasst, ein Abnäher hier, ein Lockern dort, bis sie für perfekt erklärt wurde. In schwierigen Fällen konnte das Korsett sogar auf Bestellung angefertigt werden.

Ich hielt die *Corsetières* immer für Ungarinnen, die in der Typologie der Bronx im Ruf einer weltlichen Eleganz standen, die die meisten anderen Damen nicht für sich beanspruchten. Sie hatten ausnahmslos ein bestimmtes Alter, waren selbst sichtbar und elegant geschnürt und trugen ihr Haar raffiniert hochgekämmt, mit einer Spur Henna. Während meine Mutter und ihre Nachbarinnen höchstens ein wenig Gesichtspuder und zu besonderen Anlässen ein wenig Lippenstift auflegten, beherrschte die *Corsetière* die Kunst des Schminkens, und man wusste, dass ihre perfekt getönte Haut, mit ihrer intensivierten Farbe, nicht von der Natur stammte; das alles machte diese Zauberinnen natürlich noch bezwingender.

Das Bandmaß wurde mit einer Leichtigkeit und Geschicklichkeit an verschiedenen Teilen des Oberkörpers angelegt und wieder von ihnen fortgerissen, dass es dem Subjekt unmöglich war, zu sehen, wie sein tatsächlicher Umfang war. Doch die Zahlen wurden von der *Corsetière*, die die ganze Zeit über ein fesselndes ablenkendes Gespräch fortführte, schnell und still notiert. Dann kam der Augenblick der Wahl. Obwohl diese Kleidungsstücke nicht weniger geschickt entworfen waren als die Brooklyn Bridge, waren sie auch mit dem zartesten und feinsten aller Gewebe bedeckt – spitzenartig-weiß für den Sommer und beinahe allgemein ein »fleisch-farbener« Pfirsichton für das übrige Jahr.

Das Korsett anzulegen war also, wenn man sich auf das Ausgehen vorbereitete, zugleich eine Verpflichtung und eine Aussage. Man hatte seinen Auftritt, wenn man auf die Straße hinaustrat und die Einkaufsrunde begann oder zu einem Park ging oder auch nur einfach einen Stuhl nahm, um mit den Nachbarinnen vor dem Haus zu sitzen. Ansehen bedeutete Eindämmung, eine Berechnung der Form, die man präsentierte. In der Privatheit des Anziehzimmers hatte man gemeinsam mit der *Corsetière* beschlossen, ob der Busen abgeflacht oder betont werden und inwieweit die Taille und die Hüften unterdrückt werden sollten. Über diese neu erlangte Form wurde sodann das Kleid angezogen. Eine Besitzerin eines Kleidergeschäfts im Viertel war dafür bekannt, dass sie Kundinnen, die ungeschnürt zu ihr kamen, wieder fortschickte. Wie sollte sie sie angemessen ausstatten, wenn sie nicht einmal bekleidet waren!

Während das Korsett für die innere Form sorgte, erhielt auch das, was darüber angezogen wurde, gleichermaßen gewissenhafte Aufmerksamkeit. Es gab ein häufig gebrauchtes Wort, das zugleich eine Beschreibung, einen Begriff des Lobs und ein Ideal darstellte – *balebatisch*, »anständig«. Das meinte nicht nur gute Qualität, sondern auch, dass man die richtige Kleidung zur rechten Zeit tragen musste. Alles andere war ein Spiegelbild der Urteilskraft und des Ansehens dessen, der die Kleidung trug, wenn nicht eine Beleidigung der Gemeinschaft. Daher die Unerlässlichkeit des Korsetts und der Strümpfe selbst auf der langen U-Bahn-Fahrt nach Coney Island, ja, vielleicht gerade dort, da dies Stunden an einem ungeschützten Ort bedeutete.

Ähnlich, so wie die Franzosen das Verb *assister* benutzen, um auszudrücken, dass jemand an einem Ereignis teilnimmt, erwartete man von den Gästen bei einer »Angelegenheit« oder einem wie auch immer gearteten gesellschaftlichen Ereignis, dass sie dem Anlass gemäß gekleidet erschienen. Sie »assistierten« bei seiner Festlichkeit, indem sie sich in einem Stil kleideten, der die Stimmung hob und Respekt gegenüber der Gefühlslage und den Erwartungen seiner Gastgeber zeigte. Die Vorschriften waren, wenn auch unausgesprochen, gleichwohl streng, und noch schneller war das Urteil darüber, was einen Verstoß gegen die Anstandsregeln darstellte. Als meine Cousine Sadie beschloss, bei ihrer Hochzeit in der Wohnung der Eltern in der Lower East Side anstelle eines weißen Brautkleids ein Chiffonkleid mit Druckmuster zu tragen, genoss die Familie den Skandal und benutzte den Vorfall, um etliche ethische Aspekte zu veranschaulichen: die lockeren Sitten der jungen Leute, den Mangel an Respekt gegenüber der Familie und das schlechte Omen, das eine solche Unbekümmertheit für die Ehe bedeutete.

Alles lief stets auf *derech Erets*, das angemessene Verhalten hinaus, und in dieser neuen, instabilen Welt wurden die Manieren der Heimat sorgfältig beschützt. Fürs Erste zumindest boten die alten Formen den sicheren Rahmen – das Korsett, wenn man so will – für ein angemessenes Verhalten. Dass man sich anspruchsvoll kleidete, bei einer Hochzeit oder einem anderen großartigen Anlass, galt weniger als Selbstschmuck denn als Zeichen des Respekts – *opgebn Kowed* –, während das Gegenteil einen Affront darstellte.

Das Erwerben von Schmuck war daher ein langsam, aber beharrlich verfolgtes Ziel der klugen Hausfrauen in der Bronx. Ein Diamant war jedoch nicht bloß weiblicher Schmuck, sondern auch der Familienschatz. Der diamantene Verlobungsring meiner Mutter galt als Ressource, durch die wir in Notzeiten sofort an Bargeld gelangen konnten. Immer wieder wanderte er zum Pfandleiher und brachte uns so durch Perioden der Arbeitslosigkeit und Krankheit, die beiden Schreckgespenster, welche die von Woche zu Woche lebenden Familien der Arbeiterklasse heimsuchten. Meine Mutter verfügte über eine Zwischenstufe vor dem Pfandleiher, nämlich die Teekanne. Dort deponierte sie das übrige Wechselgeld, das sie sparen konnte, seltener ein paar Dollar für den Notfall. »Es gibt immer Geld für den Teufel – *Farn Tajvil iz du*«, pflegte sie zu sagen, wenn sie ihren Vorrat plündern musste. Sobald die Notzeit vorüber und wieder ein wenig Bargeld vorhanden war, wurde der Ring ausgelöst – als Wahrzeichen und Ressource.

Meine Eltern mussten niemals auf einen der örtlichen verhassten Geldverleiher zurückgreifen, die ihre Kredite mittels eines Mitunterzeichners absicherten, der haftbar war, wenn der Hauptkreditnehmer mit seinen Zahlungen in Verzug geriet. Ich erinnere mich, dass zu vielen Gelegenheiten ein Freund oder Verwandter mit einem zusammengefalteten Stück Papier bei uns in der Küche erschien. Mein Vater kannte stets nur eine Antwort: »Ich würde es nicht einmal für meinen eigenen Bruder tun!« Als einer dieser Geldverleiher, wenn auch in Warschau, von einem Rowdy zusammengeschlagen worden war, fanden das Lied, welches das Ereignis besang, und das allgemeine Vergnügen, das es auslöste, ihren Weg auch über den Ozean: »Harschl, wo bist du mit deinen großen Händen? Nie mehr wirst du deinen Anteil nehmen.«

Bei Hochzeiten funkelte der Diamant meiner Mutter zur Ehre der Braut an ihrem Finger. Bei solchen Anlässen holte mein Vater seinen einzigen guten blauen Anzug heraus und betrachtete ihn zufrieden als *balebatisch*, wenn er ihn anzog. Es kam hier zu einer Art magischem Austausch, bei dem der Anzug seine Eigenschaften auf den Träger übertrug. Indem er in feinem Kammgarn erschien, fühlte sich mein Vater vor sich selbst erhöht und gab auf subtile Weise seinem Benehmen und seiner Sprache anstelle des Alltäglichen einen festlichen Klang, damit zu dem Anlass, bei dem er zugegen war, beitragend. Doch Verstöße blieben, wie angedeutet, in Erinnerung. Einst ließ uns mein Cousin Milton, der aus der Bronx geflüchtet war und triumphierend rechtzeitig zu Pessach von einer neuen Stelle in Los Angeles zurückkehrte, die Zerbrechlichkeit der Sitten erkennen und zeigte uns, wie leicht man eine Institution entzweibrechen konnte. Als er im T-Shirt zum Seder erschien, ohne Sakko, feines Tuchhemd und Krawatte, war das Zimmer von einem spürbaren Gefühl des Schocks über den Mangel an *derech Erets* erfüllt, über die Missachtung sowohl gegenüber dem Feiertag als auch dem eigenen Vater, die darin sichtbar wurde. Sein Verhalten ließ eine Absage an die Stimmung des Abends, eine Distanzierung davon erkennen. Danach beobachteten wir Milton genau und mit Misstrauen.

Auch beim Einkaufen handelte es sich nicht einfach um einen Tausch von Waren gegen Geld. Es war vielmehr eine Gelegenheit für Sport, um sich zu zeigen, für soziale Kontakte. Nachbarschaften waren in der Bronx klar durch eine so vollständige Auswahl an Geschäften definiert, dass man den engen Kreis der wenigen Blocks um das eigene Mietswohnhaus niemals verlassen musste. Alle Bedürfnisse, seien es Nahrungsmittel oder anderes, waren fein unter verschiedene Spezialgeschäfte aufgeteilt, die jeweils sowohl für ein Handwerk als auch für eine Versorgungsquelle standen und jeweils von einer Persönlichkeit geleitet wurden, die einen Teil der sozialen Welt der Hausfrau bildete. Orte wie die Fleischerei, wo sie regelmäßig hinkam und wo auch alle anderen einkauften, wurden kleine Klubs, in denen der Fleischer uneingeschränkt herrschte, ein Spender von Gefälligkeiten an den Harem des Tages.

Natürlich zog man sich zum Einkaufen extra an, weil es sich um einen gesellschaftlichen Anlass handelte, bei dem man in der Nachbarschaft seinen Charakter unter Beweis stellte. Es gab die Nörglerinnen, die Pfennigfuchserinnen, jene, die um Kredit baten und pünktlich bezahlten, und andere, die saumselig waren. Es gab jene »mit einer breiten Hand – *mit a brejtn Hand*«, die unklug und verschwenderisch waren. All das war bekannt und in irgendein unsichtbares Buch eingeschrieben, das zusammen den jeweiligen Ruf begründete. Wie gut Menschen ihre Familien ernährten, war dem prüfenden Blick der Nachbarn ausgesetzt, wenn diese Sparsamkeit und Verschwendungssucht feststellten und beurteilten. Nicht umsonst ließ meine Mutter wissen, dass sie niemals Kuchen in der Bäckerei kaufte, sondern stets selbst buk. Undankbare Göre, die ich war, sehnte ich mich nach Kuchen aus der Bäckerei, die so viel weicher, süßer und hinreißender dekoriert waren als alles, was meine Mutter hervorzubringen vermochte.

Die Viertel der Bronx waren tagsüber Frauenwelten; die einzigen Männer waren die Alten oder die Geschäftsinhaber, die gewissermaßen zum Ziel der im Leben dieser ansonsten gesetzten Frauen lebendig gebliebenen Koketterie wurden. Es gab einen Unterschied zwischen meiner gut gekleideten Mutter und meiner

Mutter im Hauskleid und in Hausschuhen. Meine gut gekleidete Mutter war eine Frau mit festem Schritt, bestimmt, sozusagen auf der Bühne präsent, sich ihrer Rolle bewusst, die sie in der Nachbarschaft spielte. Und natürlich hatte jede Nachbarin die ihr zugedachte Rolle in der locker geformten Konstellation von Bekannten und Freundinnen, die sich beim Einkaufen trafen oder in kleinen Gruppen vor dem Haus saßen. Sie schwatzten über abwesende Nachbarn, darüber, was sie zum Abendessen kochten; sie beklagten sich über ihre Ehemänner und über »Frauenprobleme«. Doch sie redeten kaum über die alte Heimat, allenfalls, um das Thema sofort wieder wegzuwischen. Diese Vergangenheit war vorüber, jedenfalls beinahe. Ein nostalgisches Lied über die alte Heimat in einem Kabarett oder auf einer Schallplatte konnte einen Seufzer über die verlorene Jugend oder verlorene Träume hervorrufen. Bisweilen diente das Dorf, aus dem sie stammten, als verschwommener Hintergrund für eine Familienanekdote oder eine Kindheitserinnerung; ansonsten verschwand es einfach. Was sie in Anspruch nahm, waren ihre täglichen Kämpfe darum, mit dem Geld zurechtzukommen.

Da ihre Männer nur kleine, marginale Betriebe hatten oder Lohnarbeiter waren, war das Leben dieser Frauen alles andere als sicher, so dass sie sorgfältig über alle Ausgaben nachdachten. Sparsamkeit wurde zur Gewohnheit, zu einer Tugend, während ihr Gegenteil, Verschwendungssucht oder Nachgiebigkeit gegenüber den eigenen Wünschen, als Sünde galt. Ein Satz, der in diesen Haushalten immer wieder ausgesprochen wurde, lautete: »Es ist eine Sünde, es wegzuwerfen«, gleichgültig, ob es sich um Essen, Kleidung oder ein abgenutztes Möbelstück handelte. Das war nicht bloß moralisch falsch, sondern gehörte zu dem langen Katalog verbotener Taten, der uns von Beginn an eingetrichtert worden war. Wir waren vor Gott für diese Übertretungen verantwortlich, und an Jom Kippur, dem Versöhnungstag, wurde die Sünde der Verschwendung unzweifelhaft in diese alphabetisch geordnete lange Liste einbezogen, die wir während des heiligen Tages fünf Mal rezitierten, während wir uns an die Brust schlugen und um Vergebung baten. Wenn etwas eine Sünde war, so gab es einem zu denken. Von Zeit zu Zeit staune ich über all die

Essstörungen, die dieser schlichte Satz »Es ist eine Sünde, es wegzuwerfen ...« ausgelöst hat. Wie sehr füllt er die Wartezimmer der Psychiater im ganzen Land und quält die Seelen jener, die sich nicht von seiner Macht haben befreien können.

Es war damals eine von Vorschriften beherrschte Welt, von den Vorschriften des religiösen Rechts, des Brauchs, der gesellschaftlichen Gepflogenheiten, von Vorschriften, die von der Sprache und der Nostalgie diktiert waren. Und solange diese Vorschriften galten, wussten meine Eltern und ihre Nachbarn, wo sie waren. In einem bestimmten Maße setzte sich die Ordnung der Alten Welt in den Zufluchtsorten der Bronx fort. Erinnerungen an die Heimat verblassten oder wurden verdrängt, und Bräuche fielen weg. Zu Purim schickten Nachbarn einander nicht mehr Teller mit *Schelachmones* – Kuchen und Obst –, wie sie es in der alten Heimat zur Feier des Tages getan hatten. Doch der Rhythmus des jüdischen Lebens, seine Grundstruktur und das Bewusstsein des *derech Erets* blieben erhalten.

Manchmal denke ich, das Korsett sei der Hauptgrund für die große jüdische Migration nach Florida nach dem Zweiten Weltkrieg gewesen. Früher war Florida der Urlaubsort der Reichen oder jener mit schwacher Gesundheit gewesen, die einen Winter im Norden nicht aushalten konnten. Als ich in der vierten Klasse war, wurde ein sehr dünner und blasser Junge von der Schule genommen, um mit seiner Mutter für einige Monate nach Florida zu gehen. Dies geschah, wie wir erfuhren, jeden Winter. Seine Mutter hatte bereits unsere ganze Aufmerksamkeit auf sich gezogen, da sie »Amerikanerin« und schlank war und weil sie Kostüme trug und als Vorsitzende der Eltern-Lehrer-Vertretung fungierte. In verblüffendem akzentfreiem Englisch erklärte sie, seine Gesundheit sei so schwach, dass er das kalte Wetter in den nördlichen Zufluchtsorten der Bronx nicht überleben würde. Wir waren alle beeindruckt, nicht nur von seinem zerbrechlichen Zustand, sondern auch von dem Gedanken, dass sie und ihr Mann über Monate getrennt leben würden. Eine getrennte Familie lag jenseits unserer Vorstellungskraft. Wer sollte das Abendessen kochen?

In den späten vierziger Jahren jedoch nahm Florida weniger privilegierte Züge an. Zu dieser Zeit hatten einige der frühen Einwanderer das Rentenalter erreicht. Seit einem Jahrzehnt gab es das gesegnete System der Sozialhilfe, das alten Menschen ein regelmäßiges, aber winziges Einkommen verschaffte, und Florida war nicht nur wärmer, sondern auch bekanntermaßen billiger als die Bronx. Seine Beliebtheit nahm zu, und auch Kinder, die ihre Eltern unterstützten, befürworteten, dass diese in Florida lebten. Als ihre Zahl wuchs, bildeten die Neueinwanderer erneut die Nachbarschaften, die ihre Lebensweise in der Bronx aufrechterhalten hatten: die Märkte mit lebendigen Hühnern, die Bäckereien, die gemäßigt koscheren Restaurants und die Cafeterias, in denen die Alten und Einsamen einander kennen lernen konnten.

Es waren die Wärme und der ewige Sommer, die zu der ersten Verwirrung führten, zu dem Gefühl, Florida sei das Vorspiel, das Vorzimmer zum ewigen Leben, das vor ihnen lag. Man konnte alte Hausfrauen, die sich in ihren Städten im Norden niemals ohne Korsett und Strümpfe aus dem Haus gewagt hatten, in den vergoldeten Hauskleidern, die die neuen Färbetechniken möglich gemacht hatten, und mit den weichen Hausschuhen über die Hauptstraßen Miamis schlendern sehen. An bestimmten Treffpunkten, über Teegläsern, wurden neue Bekanntschaften geschlossen und, zur Empörung der Kinder, neue Verbindungen eingegangen. Eine Laune des Sozialhilfegesetzes war tatsächlich für eine Welle der Alters-Unmoral verantwortlich. Wenn zwei Menschen, die jeweils Sozialhilfe erhielten, heirateten, wurde ihr gemeinsames Einkommen auf Grund der kuriosen Theorie, zu zweit könne man billiger leben als allein, von der Regierung gekürzt. Und so lebten viele alte Paare, zu ihrem eigenen Erstaunen, gegen Ende ihres Lebens nach den leidenschaftlichen Regeln der »wilden Ehe«. Eine beliebte Geschichte dieser Zeit erzählt von einem Sohn, der von den Unschicklichkeiten seines Vaters hört und angereist kommt, um diese zu erkunden. Er findet das Hotel seines Vaters, klopft an die Zimmertür und findet beim Eintreten seinen Vater im Bett mit einer fremden Frau. »Sonny«, sagt der Vater, »bleib ruhig. Es ist nicht, wie du denkst. Ich lebe immer noch koscher.«

Diese Traumwelt, in der die alten Regeln aufgehoben schienen, war jedoch nur eine weitere Wegmarke unter den endlosen Wundern, die sich in Amerika abspielten. Es war alles Teil einer allgemeinen Strategie des Überlebens, der Angemessenheit und der Anpassungsfähigkeit angesichts der Absurditäten des Lebens. Die absolute, unablässige Beharrlichkeit der Einwanderer hatte diese Rentner überhaupt erst nach Amerika gebracht, und das war es auch, was schließlich »Sonnys« Sorgen ad absurdum führte.

Solche Neuorientierungen und Anpassungen im Leben der alten Juden aus der Generation der Einwanderer, die aus der Perspektive des Schtetls verheerend waren, vollzogen sich in dem Augenblick, als die ersten protzigen Hotels entlang der Strände Miamis entstanden. Die ersten dieser Paläste, das Fontainebleau und das Eden Roc, erhielten rasch Spitznamen: der Erstere wurde hartnäckig als »Fountain Blue« (mit der Betonung auf »Blue«) bezeichnet, während man Letzteres auf Jiddisch höhnisch und mit einem Wortspiel *Idn rajch* – reiche Juden – nannte. Doch unterhalb der Collins Avenue lebte die Bronx in einer Atmosphäre fort, in der man Zurschaustellung mied und in der Bescheidenheit als Tugend galt.

In den fünfziger Jahren, als das Fountain Blue noch neu war, besuchte ich meine Eltern, die den Winter in einem kleinen Hotel unterhalb von Collins Avenue verbrachten. Eines Abends, neugierig auf die neuen Vergnügungscenter und mit einem Baumwollkleid bekleidet, nahm ich den Bus hinauf zur 219sten Straße zu den Toren des alten Firestone-Besitzes, wo nun das Hotel stand, und ging die kreisförmige Rampe zum Haupteingang hinauf. Trotz der regen Betriebsamkeit, der ankommenden und wegfahrenden Wagen mit Chauffeur, überprüfte mich der uniformierte Türsteher und fragte mich, ob ich Gast im Hotel sei. Als ich dies wahrheitsgemäß verneinte, teilte er mir mit, ich dürfe das Hotel nicht betreten. Ich gehörte auch eindeutig nicht dazu.

Ich verweilte lange genug, um durch die prachtvollen Glasflügel zu schauen, die die Drehtür flankierten, und in der Eingangshalle mit ihrem Marmorfußboden Damen und Herren in Abendkleidung zu sehen; einige Frauen trugen sogar kleine Sommer-Pelzjacken, die man damals »shrugs« nannte. Natürlich war ich in meinem schlichten baumwollenen Tageskleid ein Eindringling. Da ich in der Bronx aufgewachsen war, begriff ich, dass Tag und Abend nicht dasselbe waren. Wir waren geschult worden, was Unterschiede anging. Hier betraf die Unterscheidung nicht nur arm und reich, sondern auch die Tageszeiten. Und für die Reichen war der Abend etwas Besonderes, mit besonderer Kleidung und besonderen Freuden – eine Zeit des reinen Vergnügens. Menschen kamen zum Fountain Blue, um ihre Phantasie einer großartigen Welt in luxuriöser, vergoldeter Umgebung nachzugeben. Nun verstand ich, warum meine Cousine aus Elyria, Ohio, jeden Winter mit ihrem reichen Mann zum Fountain Blue fuhr. Hier konnten sie einige Wochen lang inmitten einer Pracht leben, die ihr Geld ihnen ermöglichte, für die ihre Kleinstadt in Ohio jedoch zu klein war.

Jeden Abend nach einem mit Schwimmen und anderen Spielen verbrachten Tag konnten sie Gesellschaftskleidung anziehen und in die Welt eines Ginger Rogers und Fred Astaire-Films eintauchen: luxuriöse Räume, elegante Restaurants, Tanzkapellen und andere Menschen, die ebenso förmlich und prächtig gekleidet waren wie sie. Der Architekt, Morris Lapidus, der sich selbst mehr als Showman denn als meisterhaften Erbauer verstand, schuf exakt die Art feudaler Umgebung, die die Phantasie beflügelte. Im Foyer, vor einem über jeden Rahmen hinausgewachsenen Stich von Piranesi, hatte Lapidus ein glanzvolles Treppenhaus geschaffen, das sich in den Wald von schwarzem und weißem Marmor erhob und in gebogenem, glänzendem Messing erstrahlte. Französische antike Möbel, französische Gärten, ein Ballsaal, der fünftausend Menschen fasste, und weitere Extravaganzen förderte die Illusion einer anderen Welt. Es war bewusst dick aufgetragen und entsprach genau dem, was meine Cousins aus Elyria sich wünschten.

Das alte Roney Plaza Hotel, ein Relikt der zwanziger Jahre, das sich ebenfalls seiner regelmäßig angelegten Gärten sowie eines Vogelhauses rühmte, wies einen ganz anderen Stil auf und entsprach anderen Phantasien. Im bescheidenen Missionsstil erbaut, mit seinen weiß verputzten Mauern und dem roten Ziegeldach, war es für Herren in weißen Flanellhosen und Damen in maßgeschneiderten Matrosenkleidern gedacht. Herrlich waren seine höhlenartigen kühlen Räume und der ruhige, diskrete Service. Wie in den besten Restaurants wurden Teller ausgetauscht, Gläser nachgeschenkt, und Speisen tauchten auf, ohne dass ein Wort gewechselt wurde. Die gedämpfte Stille und die Silberausstattung waren insbesondere beim Frühstück ein erlesener Genuss, doch das Roney Plaza konnte in einer neuen Zeit, in der Flitterwerk und Aufregung gefragt waren, nicht mithalten. Der Schwerpunkt verlagerte sich aus der Innenstadt weg, und zu einem gewissen Zeitpunkt wurde das Roney Plaza abgerissen.

Meine Eltern gingen selbstverständlich weder ins Roney Plaza noch ins Fountain Blue. Nicht einmal zum Schauen. Sie sagten, das seien keine Orte für sie, und die Preise seien für einfache Menschen wie sie zu hoch. Ich denke, sie waren klug. Sie wussten, wie es sich davor zu schützen galt, sich als Außenseiter mit wenig Beziehungen zu fühlen. In ihrem Viertel waren sie geachtet, und die Restaurants boten jene Speisen, die sie erkannten, und dies zu Preisen, die sie sich leisten konnten.

Während ihrer letzten Jahre in Florida genossen sie die Tugend ihres bescheidenen Daseins. »Wir sind nicht überspannt«, sagten sie mit großer Befriedigung und voller Verachtung gegenüber den neuen teuren Hochhäusern. In Wirklichkeit waren sie und ihre Nachbarn zu ängstlich oder zu wenig welterfahren, um die »überspannten« luxuriösen Restaurants zu genießen, in die ihre erwachsenen Kinder sie einluden, wenn sie zu Besuch kamen.

Eine Ausnahme war Tante Elke, eine Frau, die es Gott heimzahlte und ihre Ausflüge ins Trader Vic [eine auf Südsee-Atmosphäre spezialisierte Restaurantkette] und andere exotische Restaurants genoss. Als meine Tante Elke und Onkel Mojsche in dieses Land gekommen waren, ließen sie sich mit ihren beiden Söhnen zunächst in New York nieder. Doch in den zwanziger Jahren war Onkel Mojsche, der in einer Fabrik für Handtaschenrahmen arbeitete, an Asthma erkrankt. Als sich sein Zustand verschlechterte, rieten ihm seine Ärzte, das trockene Klima von Los Angeles aufzusuchen, das für ihn weit besser sei als die

Feuchtigkeit und Kälte New Yorks. Mit großem Widerwillen und erneuten Ängsten vor einem neuerlichen Neuanfang beschloss das Paar, das Urteil des Arztes anzunehmen. Es war ein Schlag für uns andere, weil Elke als die Älteste einer mutterlosen Familie solange für ihre Brüder und Schwestern gesorgt hatte, wie sich irgendjemand erinnern konnte. Am Tag ihrer Abreise begleitete sie die ganze Familie zur Pennsylvania Station und gab ihnen Proviant für ihre lange Reise durch das Land mit. Wieder, wie auf ihrer Schiffsreise nach Amerika, mussten sie koscheres Essen mitnehmen, da sie das, was im Zug verkauft wurde, nicht essen konnten. Der Abschied war für alle schmerzlich. Wer wusste, wann wir einander wiedersehen würden?

Sie kamen mitten im Winter in Los Angeles an, und Onkel Mojsche arbeitete als Hausierer, der mit Pferd und Wagen unter mexikanischen Landarbeitern hin- und herfuhr und Kleidung sowie einfache Haushaltsartikel verkaufte. Er verdiente nur sehr wenig, doch als im Frühling Pessach nahte, war meine Tante Elke entschlossen, einen wirklichen Seder für ihre Familie vorzubereiten. Da sie keinen Süßwasserfisch zur Verfügung hatte und nicht wusste, ob das, was sie hatte, koscher war, zerstampfte sie Seemeerohr und andere merkwürdige Meerestiere zu *Gefilte Fisch*. Schließlich kam der Moment, da die Familie sich hinsetzte, und meine Tante schaute zufrieden auf ihren festlichen Tisch, in dem Wissen, was es gekostet hatte, alles so zuzubereiten. Dann, kurz nachdem Onkel Mojsche begonnen hatte, die Haggadah zu singen, trat das Schlimmste ein. Er begann zu keuchen, und nach kurzer Zeit drohte ein heftiger Asthmaanfall. Schnell schirrte er sein Pferd an und flüchtete mit seinem Wagen in die Berge und die kühle, leichte Luft.

Meine Tante blickte auf die Trümmer der Szene und ging hinaus in die ruhige Nacht. Voll Wut darüber, dass ihre ganze Arbeit zunichte gemacht worden war und die Krankheit ihres Mannes auch an diesem vermeintlichen Zufluchtsort fortdauerte, erhob sie die Fäuste gen Himmel. »In Ordnung«, erklärte sie, »wenn es das ist, was Du kannst, so werde ich nicht mehr koscher leben!« Es schien wie eine Vergeltung, welche die ihr widerfahrene Katastrophe wieder ausglich. Und ohne ihrem Mann davon zu erzählen, genoss sie für den Rest ihres Lebens ihre Rache. Wenn wir anlässlich einer Feier zu Trader Vic gingen, pflegte sie auf der Karte auf die Krabben zu zeigen und, ohne es tatsächlich jemals auszusprechen, zu bestellen, was sie wollte. Wenn ihr Mann fragte, was sich auf ihrem Teller befand, zuckte sie mit den Achseln und sagte: »Probier. Du wirst es mögen.«

Meine Tante und ihre Generation führten Buch, als sie sich nach Florida zurückzogen, und erlegten so einer neuerdings grenzenlosen Welt Grenzen auf. Die Jahreszeiten waren verschwunden, und ohne Arbeit war auch die Grenze zwischen Tag und Nacht fließend. Doch die Regeln der Schicklichkeit, die man ihnen in der alten Heimat beigebracht hatte, blieben wirksam. Und jetzt, wo sie alt waren, wussten sie, was ihnen gebührte. Die ausgebliebenen Telefonanrufe oder Besuche ihrer Kinder stellten nicht nur eine persönliche Beleidigung, sondern auch einen Verstoß gegen *derech Erets* dar, die angemessene Ordnung der Gesellschaft.

Meine Eltern, die sich durch eine fremde Welt leicht einschüchtern ließen, teilten Tante Elkes Kühnheit und Abenteuerlust nicht. Als sie schließlich aufhörten, »Schneevögel« zu sein, und beschlossen, sich in Florida niederzulassen, kauften sie sich in ein schlichtes Neubaugebiet bescheidener Wohnungen ein, in dem weitgehend alte Juden aus der alten Heimat wohnten. Zwar gab es dort den erforderlichen Swimmingpool, doch sein scheunenartiges Freizeitzentrum ließ sich auch mit viel Phantasie nicht als Klubhaus bezeichnen. Es gab auch keine Tennisplätze oder Golfkurse, und natürlich war dies noch nicht die Zeit der Fitnessclubs und Trainingsgeräte. Einige der athletischeren Typen wie mein Vater machten frühmorgens Spaziergänge um die äußeren Begrenzungen des Neubaugebiets und schwammen einige Runden im Pool. Doch die übrigen Bewohner, wie meine Mutter, meinten, sie hätten in ihrem Leben »genug gearbeitet«, und konzentrierten sich nun darauf, sich in der Zeit, die ihnen noch blieb, auszuruhen.

Es wäre schwer, die Zahl der Acryldecken zu zählen, die rund um den Pool gestrickt wurden, während die Damen mit der merkwürdigen Ambivalenz von Eltern, die weit weg leben, über ihre Kinder und Enkel redeten. Einerseits wollten sie die Errungenschaften ihrer Nachfahren zur Schau stellen, da sie ihre eigene Bedeutung und das Bewusstsein für ihre Leistungen steigerten. Andererseits stellten diese Nachbarn füreinander allmählich eine neue Familie dar, und sie fühlten sich, wie sie ziemlich offen sagten, wenn ihre Kinder zu Besuch kamen, »zweifach gesegnet – einmal, wenn sie ankamen, und ein zweites Mal, wenn sie wieder abreisten«. Sie sonnten sich im Glanz der Ärzte, Anwälte und Lehrer, die sie hervorgebracht hatten. Sie zählten die Zeichen der Ehrerbietung: Körbe von Blumen zu Muttertag und an Geburtstagen, aufmerksame Telefonate und Besuche. Doch ihre Fürsorge galt denen, die in ihrer Nähe lebten, und von ihnen waren sie abhängig.

Dann, als neuere, protzigere Neubaugebiete um sie herum entstanden, rückten sie noch stärker zusammen und strahlten Zufriedenheit über ihre eigene unprätentiöse und nachbarschaftliche Umgebung aus, die nur einen Bruchteil jener unnötig feudalen Wohnungen kostete. »Wer braucht einen Meeresblick?«, fragten sie. Wenn sie auf Wasser schauen wollten, so hatten sie einen künstlich hergestellten Teich direkt vor ihrem Fenster. Ihre Zimmer waren groß und klimatisiert. Aus ihrer Sicht lebten sie im Luxus. Und da sie einen Swimmingpool hatten, der zu Fuß erreichbar war, war es, so meinten sie übereinstimmend, lächerlich, diese Preise zu bezahlen. In dieser ungezwungenen, intimen Atmosphäre schlenderte selbst meine Mutter, die eine sehr strenge Vorstellung davon hatte, was sich geziemte, im »Spielanzug« oder Badeanzug über das Gelände, da drinnen und draußen völlig miteinander verschmolzen waren. Die Korsetts hatten längst das Schicksal der Daunensteppdecken, plüschüberzogenen Wohnzimmereinrichtungen, Glacéhandschuhe und anderer Insignien der nördlichen Zivilisation erlitten. An ihre Stelle traten die »Florida-Zimmer« mit ihren Rattanmöbeln, Teppichböden, leichten Baumwollpolstern und die vollständige Aufgabe der Förmlichkeit. Doch all das trat erst Jahrzehnte nach jenen frühen Jahren in der Bronx ein.

10

Mädchen

Mein Vater wurde achtundneunzig Jahre alt, und bis zum Ende seines Lebens stellte er meine Schwester und mich stets mit großer Geste als seine »zwei Enttäuschungen« vor. Wir waren, einfach ausgedrückt, eine Beleidigung seiner Männlichkeit, die durch die Tatsache, dass sein Bruder, den er verachtete, weil er so wenig zu Stande brachte, drei Söhne hatte. Bis zum Ende seines Lebens studierte mein Vater in den Zeitungen medizinische Berichte, um eine Lösung für dieses Rätsel zu finden, und mit sechsundneunzig Jahren stieß er schließlich auf eine Studie, die seine Ehre wiederherzustellen schien. Sie zeigte, dass Männer, die Töchter hatten, männlicher waren als solche, die Söhne gezeugt hatten. Das befriedigte ihn für kurze Zeit. In einem der seltenen Augenblicke, da er das Telefon benutzte, rief er meine Schwester und mich an, um uns davon zu erzählen. Doch es ließ den Schmerz nicht verschwinden. Er hätte Söhne haben müssen.

Auch ich dachte so. Meine ganze Kindheit über sehnte ich mich nach einem Bruder, und bei den vielen rituellen Gelegenheiten inmitten unserer Straßenspiele, bei denen wir uns etwas wünschen sollten, indem wir mit verschränkten kleinen Fingern sangen: *Mögen dein Wunsch und meiner wahr werden. Und rede nicht, bis zu dir geredet wird …*«, wünschte ich mir stets einen Bruder. Ein Bruder wäre das einzig denkbare Gegengewicht gegen meinen Vater gewesen, der meine Mutter und seine zwei Töchter mit Anordnungen lenkte. Er verkündete, und wir gehorchten. Keinerlei Diskussion war gestattet, und jeder leise Einwand wurde sofort als Unbotmäßigkeit wahrgenommen, die es durch Schreie, Schläge oder beides zu bestrafen galt. Ein Bruder wäre jedoch anders behandelt worden. In meiner Phantasie konnte ich meinen Vater sehen, überwältigt vor Stolz und Zärtlichkeit angesichts dieses menschlichen Wesens, das verwöhnt wurde, dem man zuhörte und das widersprechen durfte. Das war sein *Sohn*! Und dieser Sohn, so setzte ich selbstverständlich voraus, würde für seine Schwestern eintreten und sich unserer lebenslangen Verschwörung anschließen, mit der wir uns und unsere Würde vor einer Welt zu retten trachteten, in der wir nur zu oft hilflos und stumm waren.

Dass Mädchen niedrigere Wesen waren, wurde von Beginn an deutlich gemacht. Am ersten Schabbat nach der Geburt seiner Tochter gewährte man dem unglückseligen Vater die Ehre, zur Lesung der Tora aufgerufen zu werden und ihren Namen zu verkünden. Natürlich waren weder Mutter noch Kind zugegen, und diese recht trockene Zeremonie bildete auch schon den Abschluss des Willkommenheißens. Keine Partys, kein Familienrat. Lediglich eine stille Anerkennung einer Tatsache. Es war eine mächtige, dauerhafte Tradition. Eine jiddische Redensart drückt es so aus: »*Az men hot Techter, gajt awek di Gelechter* – Hat man Töchter, verschwindet das Gelächter.«

Der koschere Metzger in unserer Nachbarschaft vermochte nicht einmal diesen Augenblick in der Synagoge durchzustehen. Jeden Sonntag besuchten er und sein Bruder, die beide Väter jeweils dreier Töchter waren, ihre alte Mutter, die sie hänselte, weil sie keine Söhne hatten. Als ihn eines Morgens in seiner Metzgerei die Kunde erreichte, soeben habe zu Hause seine *vierte* Tochter das Licht der Welt erblickt, verschwand er für drei Tage im türkischen Bad und überließ es seiner gerade erst niedergekommenen Frau, mit der häuslichen Krise zurechtzukommen.

Noch 1950, als meine erste Tochter geboren wurde, war diese Art der Weltbetrachtung völlig üblich. Ich lebte damals in Manhattan auf der Upper West Side, wo jede Woche ein Wäschemann, ein Mann der alten Schule, wenn auch nicht aus der alten Heimat, die Haushaltswäsche abholte und auslieferte. Am Tag nach meiner Rückkehr aus dem Krankenhaus öffnete ich auf sein Klingeln hin mit dem Baby auf dem Arm. Er grüßte mich auf seine übliche offene Art und ging auf die Szene ein: »Ah, *mazel tow* – Und was ist es?« – »Ein Mädchen«, antwortete ich. »Nun gut«, sagte er und rang um die richtigen Worte, »Hauptsache, es ist gesund!«

Diese Einstellung gegenüber Mädchen beschränkte sich natürlich nicht auf die Woche ihrer Geburt; sie mussten schon sehr früh für sich ein seltsames Paradox klären. Während eines Interviews, fünfzig Jahre nachdem sie aus Minsk in dieses Land gekommen war, fasste Ida Richter ihre Empfindungen in wenigen Worten zusammen. »Ein Mädchen«, sagte sie, »galt nicht viel.« Dennoch wurde ein jüdisches Mädchen in der alten Heimat, auch wenn es erkennbar weniger wert war, sehr früh eine wirksame Kraft in der Welt. Sie erledigte Aufgaben im Haushalt, sorgte für ihre jüngeren Geschwister, half ihrer Mutter im Betrieb und wurde häufig noch als Kind als Lehrling fortgeschickt, während ihr Bruder daheim blieb und lernte. Als althergebrachtes System prägte diese Arbeitsteilung zwischen Männer und Frauen – die Männer studierten, die Frauen arbeiteten – die Struktur jüdischen Lebens. Etwa sechshundert Jahre lang hatte es den Juden als Lebensweise in der Diaspora gedient.

In ganz Europa wurde Männlichkeit an der Kraft und am Gebrauch von Waffen gemessen, sei es zur Zierde als Kleidungsstück, symbolisch wie bei Duellen oder tatsächlich, wie im Krieg, im Bürgerschutz oder sogar im Gaunertum. Seit dem dreizehnten Jahrhundert, als den Juden durch den *Sachsenspiegel*, einen in deutschen Landen verbreiteten Rechtskodex, das Tragen von Waffen verboten wurde, hatte man sie des europäischen Symbols der Männlichkeit beraubt. Doch sie hatten reagiert, indem sie ein neues Muster entwickelten, das ideal auf ihr Leben in der Diaspora zugeschnitten war. In den geschlossenen jüdischen Gemeinden Europas verwandelten sie die scheinbar harmlose Tätigkeit, bei der sie Tag um Tag über Folianten mit heiligen Texten saßen, zur bedeutungsvollsten aller Unternehmungen. Sie schufen eine neue Hierarchie der Werte, in der die Beherrschung dieser Texte und die brillante Fähigkeit, sie zu erläutern, den Höhepunkt aller menschlichen Errungenschaften bildeten. Sie gab den jüdischen Männern eine Beschäftigung, definierte ihre Männlichkeit und verlieh ihnen Ansehen und Lohn. Innerhalb ihrer Grenzen, von ihrem transzendenten Wert überzeugt, studierten junge

Männer, bis sie alt waren, die heiligen Bücher, die eine lebenslange Aufgabe bedeuteten.

In gewissem Sinne handelte es sich um ein demokratisches System, da ein talentierter Jeschiwastudent, unabhängig davon, wie bescheiden die Verhältnisse waren, aus denen er stammte, auf eine reiche Braut und langjährige Unterstützung durch seine Schwiegereltern hoffen konnte, die nichts mehr ersehnten, als einen solchen Gelehrten an ihrem Tisch zu haben. Während diese Versorgung den Männern Jahre der Muße verschaffte, lud sie zugleich der Braut die permanente Verantwortung für das alltägliche Überleben der Familie auf. Viele nutzten ihre Mitgift dazu, in der Enge der jüdischen Dörfer noch ein weiteres winziges Geschäft zu eröffnen. Ein Lied singt vom »hundertsten Laden in der Straße«, in dem der Höhepunkt des Tages der Geschäftsinhaberin eintritt, wenn ein Kunde hineinkommt, um einen Hering im Wert von einigen Kopeken zu kaufen.

Dass die Frauen die Haupternährerinnen waren, war ein Brauch, der schon so lange in Geltung stand und so tief in der Praxis verwurzelt war, dass er erst Ende des neunzehnten Jahrhunderts offen mit einiger Skepsis betrachtet wurde. Jizchok Lejb Perez' Kurzgeschichte *Mendel Breines* berichtet ironisch über die bedingungslose Hingabe Breines an ihren Mann. Sie kümmert sich um ihren Marktstand, versorgt Haus und Kinder, läuft zur Synagoge, um Menachem sein Mittagessen zu bringen, und empfindet die ganze Zeit über nur einen überschwänglichen Stolz auf seine Stellung als gebildeter Mann. Als sie plötzlich stirbt, inmitten ihrer Aufgaben, sehen wir, wie Menachem immer noch in der Synagoge sitzt und sich dessen, was geschehen ist, oder des Lebens, das außerhalb stattfindet, kaum bewusst ist. Einige Jahrzehnte zuvor hatte auch der Romancier Mendele Mokher Sforim gegen diese Lebensweise gewettert und geurteilt, dies sei »nicht das Leben, sondern ein Traum«.

Ähnlich spielt auch der Film *A Brivele der Mamen – Ein Brieflein an Mutter*, der erst 1937 entstand, zu einer früheren Zeit. Der Titel stammt aus einem 1904 verfassten Lied, und der Film spielt im Polen vor dem Ersten Weltkrieg. Es wird öffentlich missbilligt, dass die Frau ihren Mann unterstützt; die Akzeptanz dieser Institution nimmt allmählich ab. In einer entscheidenden Szene hört der Ehemann, der in der Stadt als Komponist synagogaler Musik Ansehen genießt, mit, wie sich zwei Kunden draußen vor dem Geschäft seiner Frau unterhalten. Sie loben ihre harte Arbeit, bezeichnen ihn jedoch, zu seiner Beschämung, als Taugenichts. In den Vereinigten Staaten, wo junge alleinstehende Frauen ihr eigenes Geld zu verdienen und Geschmack an der Eigenständigkeit zu finden begannen, konnte ein solches Verhalten natürlich nicht fortleben.

Doch auch wenn, wie wir sahen, die alten Institutionen – die arrangierten Ehen, die Mitgift, die vorehelichen Verträge – in der Neuen Welt allmählich verschwanden, blieben die alten Einstellungen lebendig. Mein Vater pflegte gelegentlich ganz freundlich über den Test zu erzählen, der häufig in seiner Stadt angewandt wurde, um eine geduldige, ausgeglichene Frau zu finden. Die zukünftige Braut erhielt einen Korb voll verknoteten Garns und wurde gebeten, es zu entwirren. Während sie arbeitete, wurde sie genau beobachtet, und ihre Reaktion auf diese schwierige Aufgabe, die die Geduld auf eine harte Probe stellte, wurde zu einem der Maßstäbe dafür, ob sie als Ehefrau annehmbar war. Obwohl ich beim Zuhören vorsichtigerweise schwieg, kochte ich vor Wut, und zwar ebenso über die Geschichte selbst wie über die lächelnde Bejahung, mit der mein Vater sie erzählte und damit andeutete, Frauen seien dazu geschaffen, Männern demütig und fröhlich zu dienen. Meine Gefühle wurden nur durch den Dank darüber erleichtert, dass ich in der Bronx und nicht in Bialystok geboren worden war.

In den Fabriken, in denen Männer und Frauen zusammenarbeiteten, erhielten die Frauen gewöhnlich für die gleiche Arbeit weniger Lohn und mussten sich häufig eine ganze Palette beleidigenden Verhaltens von unanständigen Bemerkungen über unsittliche Berührungen bis hin zu tatsächlicher sexueller Belästigung seitens ihrer Vorarbeiter oder Arbeitgeber gefallen lassen. Rose Gallup Cohen, der wir bereits begegnet sind, erzählt über den Augenblick ihres Aufbegehrens. Den Anlass dazu bot, was schon an sich bedeutsam ist, ein Vorfall, der nicht sie selbst, sondern eine jüngere Schwester betraf, die sie mit zur Arbeit gebracht hatte. Da die Männer es als Sport betrachteten, die Mädchen durch schlüpfrige Geschichten in eine peinliche Situation zu bringen, bot ihnen die Anwesenheit eines neuen Mädchens einen frischen Anreiz. Rose Cohen hatte schon lange versucht, sich und die anderen Mädchen vor diesen verbalen Übergriffen zu schützen, und darum gebeten, man möge den Frauen gestatten, zusammen an einem eigenen Tisch zu sitzen. Doch einer der Schneider fragte sie daraufhin: »Meinst du, du könntest die ganze Welt verändern?«

An dem Tag, an dem sie ihre Schwester mitbrachte, begann einer der schlimmsten Übeltäter eine Geschichte über eine Hochzeit zu erzählen. »Wir Mädchen saßen gewöhnlich mit gesenktem Kopf da«, berichtet Rose Cohen,

> »und ich bemerkte, wie das Gesicht meiner Schwester beinahe die Arbeit in ihrem Schoß berührte. [...] Plötzlich schüttelte mich ein Gefühl des Zorns. ›Weshalb täuschten wir vor, dass es uns nicht berührte? Konnte dieses Vortäuschen unsere Gedanken von dem Schmutz reinigen, der in sie hineingeworfen wurde?‹ [...] Das Blut pochte so stark in meinem Kopf, dass ich halb blind war bei dem Gedanken, mich selbst so offen darzustellen. Dann stand ich auf und schleuderte, ohne recht zu wissen, was ich tat, den Umhang [den sie nähte] fort; sein violettes Seidenfutter blieb an einem Nagel an der Wand gegenüber hängen – und ich schrie sie, halb schluchzend, an: ›Ihr habt mir das Leben vergällt. Ich bete zu Gott, er möge mich lieber auf dem Heimweg sterben lassen, als dass ich noch einmal eine Schneiderwerkstatt betreten muss.‹ All das scheint eine lange, lange Zeit angedauert zu haben, und allmählich bemerkte ich, dass es in unserer Ecke der Werkstatt sehr still war, die Männer nun mit gesenktem Haupt dasaßen und meine Schwester ganz nahe bei mir stand. Ich nahm meinen Mantel, gab ihr ihren kleinen Schal, und wir gingen hinaus.«

Auch zu Hause wurden die Grenzen erweitert und neue Möglichkeiten beansprucht. Die Väter der Einwanderergeneration hatten nicht mehr das letzte Wort über die Partnerwahl ihrer Töchter, doch ein Rest an Ehrerbietung blieb wirksam. Und obwohl Eltern ein Mädchen nicht länger zwingen konnten, einen Mann zu heiraten, den sie nicht wollte, übten sie häufig ihr Vetorecht aus. Viele Geschichten der Gemeinschaft der Einwanderer, in denen Frauen einander mit einem Seufzer über frühere Leidenschaften erzählten, denen sie entsagt hatten, deuten auf unerfüllt gebliebene wahre Liebe hin. In der Familie Smolinsky in Anzia Yezierskas *Bread Givers* werden drei der vier Töchter gedrängt, ihre wahre Liebe aufzugeben und die von ihrem Vater sorgfältig ausgewählten Freier zu akzeptieren. In zwei Fällen erweisen sich diese als Schwindler, und im dritten Fall findet der Vater einen widerlichen alten Mann, dessen bloße Berührung seine Braut erschaudern lässt. Natürlich schrieb Yezierska 1925 eher einen Traktat denn einen Roman, doch ihre Leidenschaft und ihre anschaulichen Beispiele stehen tatsächlich für die Zwangslage vieler zwischen zwei Welten gefangener junger Mädchen. Das war nicht mehr die Alte Welt, in der die Braut mit Gewalt zu ihrer Hochzeit gezwungen werden konnte, wie die Journalistin Rose Pastor Stokes über ihre eigene Mutter erzählt. In Amerika lag das entscheidende Wort letztlich bei der zukünftigen Braut. Doch es waren subtile Kräfte am Werk: elterlicher Druck, Angst davor, ledig zu bleiben, und eine vorsichtige Berechnung, die mehr junge Mädchen in arrangierte Ehen führte, als es diesen lieb war.

Erst als sie in die Neue Welt gelangt waren, fühlten sich Frauen frei genug, über sich selbst zu schreiben; vielfach verfügten sie auch jetzt erst über die Bildung, die sie dazu befähigte. In der Alten Welt schrieben Männer persönliche Memoiren und politische Manifeste, dazu gelehrte Werke in althebräischer und moderne Poesie in neuhebräischer Sprache. Doch nicht einmal unter den neuen Dichtern befanden sich Frauen. Wie der Literaturkritiker Dan Meron bemerkt hat, »hätte Bialik in seiner Funktion als Herausgeber der literarischen Zeitschrift *Haschiloach* eine Dichterin mit offenen Armen empfangen, wenn sie ihm ein Gedicht geschickt hätte, das seinen poetischen Maßstäben genügt hätte.« Das letzte »wenn« schafft natürlich einen verlockenden Bereich des Zwiespältigen. Selbstverständlich entsprach keine diesem Maßstab, so dass seine Zeitschrift zwischen 1890 und 1920, während der Hochzeit der »hebräischen Renaissance«, nicht einen Text einer Dichterin abdruckte. Wir wissen nicht, wie viel in Schubladen verschwand, doch immerhin wissen wir, dass Frauen in anderen Sprachen schrieben.

Pauline Wengeroff schrieb ihre Memoiren, obwohl sie 1833 in eine orthodoxe jiddischsprachige Familie im weißrussischen Bobruisk hineingeboren worden war, in deutscher Sprache. Celia Dropkin, die ein halbes Jahrhundert später ebenfalls in Bobruisk geboren wurde, schrieb zunächst auf Russisch. Als sie in ihren Zwanzigern war, schickte sie ein leidenschaftliches jiddisches Liebesgedicht an den von ihr verehrten Uri Nissan Gnessin, einen prominenten Schriftsteller, dessen Werke in modernem Hebräisch verfasst waren. Gnessin bemächtigte sich sofort des Gedichts und nahm es in eine leicht getarnte Geschichte über ihre Romanze auf, die 1913 erschien. Beim Übersetzen ins Hebräische »verbesserte« er den literarischen Stil, das heißt, er überlagerte ihre schlichte, moderne Sprache mit biblischen Anspielungen und Rhythmen. Die erste Zeile des Gedichts von Dropkin lautet ungeschminkt und direkt: »Wenn er in meine Stadt zurückkehrt …« Unter Gnessins Hand nimmt sie folgende Gestalt an: »Und wenn es geschieht, dass er von seiner Wanderung in mein Land zurückkehrt …« – eine Zeile voller Anspielungen auf die Bibel, im Rhythmus ihrer Sprache. Und hier lag der Kern des Problems. Da Frauen nicht die traditionelle hebräische Bildung genossen hatten und nicht mit der Literatur, ihren Nuancen und ihrer Weite vertraut waren, waren sie schlicht nicht qualifiziert, sich an der neuen Welle hebräischer Literatur zu beteiligen, die eine moderne Form schuf, sich aber daran ergötzte, die alten Formen zur Schau zu stellen und auf sie anzuspielen.

In Amerika befreiten ein neues Land und eine neue Sprache Frauen, direkt zu schreiben. Celia Dropkin schrieb auch nach ihrer Ankunft in den Vereinigten Staaten 1912 weiter auf Jiddisch. Doch Mary Antin, Anzia Yezierska, Rose Gallup Cohen, Theresa Malkiel, Rose Pastor Stokes und Emma Goldman, die allesamt als junge, ungebildete Einwanderinnen gekommen waren, schrieben auf Englisch. In ihrer neuen Sprache brachen sie mit einer Vergangenheit, in der für sie kein Raum gewesen war. Sie schrieben über ihre Erfahrungen als Einwanderinnen und Arbeiterinnen sowie über den Kessel von Emotionen, den Amerika in der Familie wachrief. Ungehindert durch alte Regeln, wurden sie für die Klarheit und Ausdruckskraft bewundert, mit der sie in der von ihnen erwählten Sprache schrieben.

Zumindest zwei dieser Frauen erzielten märchenhafte Erfolge. 1903 zog Rose Pastor Stokes im Alter von vierundzwanzig Jahren nach New York, wo sie Reportagen und Kolumnen für die englische Sektion bei der Zeitung *Yidishes Tageblat*, den *Yiddish Daily News*, verfasste. Im Zuge ihrer Arbeit dort durfte sie ein Interview mit Anson Phelps Stokes führen, dem Erben einer bedeutenden New Yorker Bankiersfamilie. Die Begegnung führte bald zu einer Romanze, die im Juli 1905 in ihrer Hochzeit gipfelte. Die Zeitung berichtete natürlich auf der Titelseite darüber, unter der Schlagzeile »Aschenbrödel-Hochzeit«. Zwei Jahrzehnte später, 1920, gewann Anzia Yezierska, eine weitere junge Autodidaktin aus Russland, einen Hollywood-Vertrag für ihren Kurzgeschichtenband *Hungry Hearts*. Sich gegen ihre Familie auflehnend, hatte sie ihr Zuhause verlassen und hielt sich mit untergeordneten Jobs über Wasser, während sie ihre leidenschaftlichen Geschichten über die Nöte und Sehnsüchte des Immigrantendaseins schrieb. Diese verursachten ein solches Aufsehen, dass ein Filmstudio sie mit großem Tamtam an die Westküste brachte und mit dem atemberaubenden Luxus überhäufte, der gewöhnlich den Stars vorbehalten war. Dass keine dieser Verwandlungen dauerhaft funktionierte, ist natürlich ein Merkmal des wirklichen Lebens, im Gegensatz zum Märchen.

Für viele der jungen Frauen, die in den Werkstätten arbeiteten, war jedoch bereits die Wirklichkeit märchenhaft genug. Trotz brutaler, betrügerischer Arbeitgeber, trotz niedriger Löhne und langer Kämpfe, trat schließlich das Gefühl ein, etwas erreicht zu haben. Sie blieben nicht für allezeit auf der untersten Sprosse der Leiter. Von der etwa einen Million Juden, die zwischen 1889 und 1910 in Amerika einreisten, wurde etwa die Hälfte unter der Rubrik »ohne Beschäftigung« aufgeführt, die berühmten *Luftmentschen*, die für die Bevölkerung der jüdischen Dörfer charakteristisch waren. Zur gleichen Zeit waren zwei Drittel der Juden, die

Haushaltswarengeschäft in der Bronx um 1946

Arbeitsplätze hatten, bestens ausgebildete Handwerker: Schuster, Tischler, Anstreicher, Glaser, vor allem aber Beschäftigte der verschiedenen Branchen der Textilindustrie.

Doch viele jüdische Einwanderer gehörten sehr bald nicht mehr zur Kategorie der Fabrikarbeiter, sondern wurden Unternehmer. Manchmal begannen sie mit nicht mehr als einem Korb voll Waren, mit denen sie von Tür zu Tür hausieren gingen, oder sie mieteten einen Handwagen oder eröffneten sogar ein kleines Geschäft. Die Tendenz war stets das Streben nach Selbstständigkeit, in welcher Form auch immer. Die Volkszählung zeigte, dass 1905 jene, die zwischen sieben und vierzehn Jahre im Land waren, ihren Lebensunterhalt ganz anders verdienten als die neu eingetroffenen Einwanderer. Während 55 Prozent noch immer unten auf der wirtschaftlichen Leiter standen und in den gelernten und angelernten Gewerben tätig waren, hatten 32 Prozent neue Unternehmen gegründet, zumeist als Ladenbesitzer. Zehn Prozent hatten tatsächlich hoch bezahlte Stellen in der Bekleidungsindustrie, im Immobilienbereich und im Bauwesen erlangt. Einige wenige waren als Angestellte tätig, als Verkäufer, Buchhändler und Büroangestellte. Nach den Schätzungen von Moses Rischin, dem meisterhaften Chronisten der osteuropäisch-jüdischen Einwanderung, nahm sogar die Zahl der Juden in den freien Berufen erkennbar zu. »Zwischen 1897 und 1907«, schreibt er in seinem Buch *Promised City*, »war die Zahl der jüdischen Ärzte im Stadtbezirk Manhattan von 450 auf 1 000 [...], die Zahl der Apotheker von 85 auf 235 [...] und die Zahl der Zahnärzte von 59 auf 350 gestiegen.« Sie machten nur einen winzigen, allerdings stark sichtbaren Prozentsatz unter den Einwanderern aus, da Juden die Ärzte, Anwälte und Apotheker aufsuchten, die ihre Sprache sprachen.

Diese jüdischen Selbstständigen erfüllten die Einwanderer mit Hoffnung, und sei es auch nur für ihre Kinder. Jeder kannte irgendjemanden, der ein Geschäft gegründet hatte. Das »Happy End« von Abraham Cahans 1896 verfasstem Roman *Yekl* beschreibt, wie beide Paare die Gründung eines Betriebs planen: Ein Paar will eine Tanzschule, das andere einen Lebensmittelladen eröffnen. Vor diesem Hintergrund sichtbarer Errungenschaften wurden die neuen Einwanderer ermutigt, aus dem Vollen zu schöpfen. Viele der kleinen Geschäfte in jüdischen Wohngegenden waren, wie wir gesehen haben, von Handwerkern gegründet worden, die ein Geschäft eröffneten, um selbstständig zu sein. Da waren die Glaser, die auch Bilderrahmen verkauften und die Jalousien vor den Fenstern, für die sie eigentlich zuständig waren, zuschnitten und anbrachten. Da war der Schneider, der sein Angebot erweiterte und Stoff verkaufte, aber auch Schutzüberzüge und Vorhänge herstellte. Kann es verwundern, dass sie – mit einer Ausbildung und einem bisschen Kapital, aber selbst ohne Ausbildung und Kapital – versuchten, ihr Glück zu machen? Mit nichts gewappnet als ihren Hoffnungen auf diese Unterfangen, wagten es junge Paare, zu heiraten, und bauten engagiert ihre Geschäfte auf. Meine Mutter und mein Vater waren ein solches Paar, das 1922 seine Ersparnisse zusammenwarf, um einen Schreibwarenladen zu eröffnen. Hier erlangten Frauen eine neue Rolle als Partnerinnen in einem gemeinsamen Unternehmen. Was in der alten Zeit die Mitgift meiner Mutter gewesen wäre, war in der Neuen Welt ihr Notgroschen, den sie zu Zeiten ihrer Fabrikarbeit gespart hatte und nun für das Startkapital beisteuerte.

Mit ihrer neu gefundenen Eigenständigkeit beteiligten sich viele Einwanderinnen an jener Form der öffentlichen Aktion in Amerika, die in ihrer alten Heimat undenkbar gewesen wäre. 1902 führten die New Yorker Hausfrauen einen erfolgreichen Streik gegen die koscheren Metzger durch, die ihre Preise von 12 auf 18 Cents pro Pfund erhöht hatten. Weitere Streiks wurden 1906 von Frauen in Cleveland und 1910 in Detroit organisiert. Arbeiterinnen standen auf und sprachen auf Gewerkschaftsversammlungen; sie wurden »chairladies« [Vorsitzende] in den Werkstätten und traten als Gewerkschaftssprecherinnen für die Rechte der anderen Arbeiter ein. Gemeinsam mit den Männern marschierten sie, standen Streikposten und saßen in Gewerkschaftskomitees. In ihrer knapp bemessenen Zeit besuchten sie eifrig Kurse und gingen natürlich ins Theater, die »Abendschule« der jüdischen Gemeinschaft, wie Irving Howe es formulierte.

Was geschah später? Viele Frauen gaben ihre Arbeitsstelle auf, nachdem ihre Kinder geboren waren, und übernahmen sofort die untergeordnete Rolle derer, die im Haushalt schufteten. Es ist ein Geheimnis, was mit den jungen Mädchen mit ihren glänzenden Augen geschah, die uns von ihren Hochzeitsbildern aus anschauen und die so rasch unattraktive, ungepflegte Frauen wurden. Diese Verwandlung wurde zu einem der am besten gehüteten Geheimnisse der nachfolgenden Generation. Einen Eindruck davon, wie es wirklich war, vermitteln die Romane, die zugleich Chroniken des Immigrantendaseins waren. Henry Roth beschreibt in seinem Roman *Call it Sleep*, der 1907 einsetzt, was nach der Hochzeit mit Bertha, der Tante des Protagonisten, geschah:

> »Tante Bertha hatte sich verändert, seit David sie zuletzt gesehen hatte. Ohne Korsett sah sie nun fetter und ungepflegter aus. Die letzten Spuren ordentlicher Erscheinung waren verschwunden. Ihre schweren Brüste, die sichtbar unter ihrer mit Fruchtsaft und Schokolade befleckten Bluse herabhingen, schwappten schlampig hin und her. Fasern ihres wie grober Bast wirkenden roten Haares umschlangen ihren feuchten Hals. [...] Sie erdrückte ihn mit einer fetten Umarmung, die nach Schweiß, vermischt mit Kaffee, roch.«

Die unauslöschliche Erinnerung an jene Hausfrauen war sogar noch 1956 lebendig, als Kate Simon in *Bronx Primitive* über ihre Kindheit schrieb und die außergewöhnlichen Eigenschaften ihrer Mutter hervorheben wollte. »Sie wurde bereits als ›Die Prinzessin‹ bezeichnet«, berichtet Simon, »weil sie nie auf die Straße ging, wenn sie nicht vollständig und sorgfältig gekleidet war: kein Hauskleid mit Fettflecken, keine krummen, sich auflösenden Hausschuhe.« In diesem beiläufigen Satz beschwört Kate Simon nüchtern und präzise das Bild herauf, das zumeist in diesen unbefleckten Wohnungen vorherrschte. Bei all der ängstlichen Erfüllung ihrer vielen Pflichten und ihrem Streben nach vollkommener Reinheit vergaß die danach Strebende häufig sich selbst. Oder aber sie betrachtete sich selbst als das letzte Gefäß, das während der gigantischen Putzaktionen gereinigt werden musste, die Isaac Rosenfeld in seinem Roman *Passage from Home* (1946) über das jüdische Leben in Chicago beschrieben hat. »Es war Freitagnachmittag spät«, begann er,

> »und meine Stiefmutter war, nachdem sie mit dem Haus fertig war, gerade aus dem Bad gekommen. [...] Dass sie so sehr auf ihre persönliche Sauberkeit achtete, war mehr als bloß eine Frage der Gesundheit. Es war zunächst einmal eine Fortsetzung ihrer Hausarbeit – nachdem die Böden und die Möbel, die Teppiche, das Geschirr und die Holzarbeiten gesäubert

> waren, machte sie bei sich selbst weiter, und in diesem ausgedehnten Ritual wirkte das gleiche Motiv fort. Es war keine oberflächliche Reinigung, die sie dem Haus angedeihen ließ, sondern eine religiöse Zeremonie. [...] Und so wie sie das Haus vorbereitete, machte sie sich auch selbst für das Kommen der Königin Schabbat, des *Schabbes,* fertig.«

Während seine Stiefmutter, ihr Gesicht mit Cold Cream beschmiert, der letzten Phase ihres Rituals, sich in ihren unbelebten Haushalt auflöst, taucht die einzige Tante des jugendlichen Protagonisten mit ihrer unaufgeräumten Wohnung und den staubigen Bücherregalen in einer Wolke aus Parfum aus *ihrem* Badezimmer auf und beginnt ihn über die Welt und die Liebe aufzuklären. Ist es ein Wunder, dass die Hausfrauen angesichts ihrer unendlichen Pflichten bisweilen ihre Zweifel bekamen? Meine Schwiegermutter sagte wissend: »Ein Haus ist ein Räuber«, und eine Frau musste darauf achten, nicht geraubt zu werden.

Zur gleichen Zeit, als Roth sein vielgepriesenes Meisterwerk veröffentlichte, verfasste Daniel Fuchs seine *Williamsburg Trilogy*, in der er mit unerträglichem Realismus die ständige Feindseligkeit, die die Grundlage aller Beziehungen zu sein schien, und die daraus folgende Isolation der Charaktere beschreibt. Was er vor allem einfängt, ist der Klang der Stimmen, die nörgelnde schlechte Laune, die Gereiztheit und den Sarkasmus, die das alltägliche Leben der Familien in Brooklyn kennzeichneten. Das war Literatur, doch es spiegelte vollkommen die Stimmung nicht nur in Williamsburg, sondern auch in der Bronx wider, soweit ich sie kannte. Ich verstehe noch immer nicht, wie es zu diesem verbreiteten Verhalten und Stil kam. Doch zweifellos herrschte stets eine Schärfe, eine Sprödigkeit, die eine jederzeit mögliche Erhitzung der Gemüter verhieß.

Vielleicht war es der erstaunliche Gegensatz zwischen dieser feindseligen alltäglichen Realität und der Welt der Romane über das Leben anderer Menschen und über andere Zeiten, der die Lektüre zu einer so beunruhigenden Erfahrung machte. Es könnte erklären, warum ich bei jeder Seite von *Little Woman* hemmungslos weinte, nicht bloß beim Tod der kleinen Beth.

Dieser Roman spielt zur Zeit des amerikanischen Bürgerkriegs und beschreibt das tapfere Leben einer Mutter und ihrer Töchter in den Nordstaaten, nachdem der Vater in den Krieg gezogen ist. Die Gespräche und Gefühle der Familie March dürften meinen härteren amerikanischen Freunden zu süßlich erschienen sein, doch für mich waren sie eine Offenbarung. Die unerschöpfliche Freundlichkeit und Sanftheit, mit der die Menschen in Louisa May Alcotts Roman miteinander redeten, waren in der Bronx ein seltenes Gut. Alcotts Figuren kümmerten sich um die Gefühle der anderen. Sie entschuldigten sich, wenn jemand verletzt oder beleidigt zu sein schien. Bei zwanglosen Begegnungen waren sie bezaubernd höflich. Ich fragte nicht, ob diese Bilder wahr waren, sondern las sie als Reportage und wertete sie als weiteren Punkt für Amerika. Die zur Verzweiflung treibende Nachlässigkeit unserer Mütter im Umgang mit sich selbst und der raue, bissige Ton eines Großteils dessen, was als Gespräch galt, verursachte bei uns Verwirrung über die Welt. Was war realer, fragten wir uns, unsere Bücher, die Filme, die Predigten über Benehmen in der Schule oder unsere überaus nervösen, ungeduldigen Familien?

Diese Frauen waren nicht wie verzärtelte Gewächshauspflanzen aufgewachsen. Sie waren um die halbe Welt gereist, hatten Ausbildungen gemeistert und von zartem Kindesalter an ihren Lebensunterhalt verdient. Doch wenn sie heirateten und Hausfrauen wurden, ging ihnen irgendetwas verloren. Viel zu viele gaben sich einfach auf. In ihrem neuen Land, ihrer neuen Welt, lähmte sie die Pranke der Vergangenheit. Sie hatten sich ihre Partner ausgesucht und hofften, für allezeit glücklich zu sein, doch sie wussten nicht wie. In der alten Heimat, der traditionellen Welt, aus der sie stammten, waren Frauen fast die Hälfte ihres Lebens »unrein«. In einem traditionellen Haushalt durfte sich eine Frau während der Woche ihrer Menstruation und bis sie nach einer weiteren Woche das rituelle Bad aufgesucht hatte, um sich zu reinigen, nicht von ihrem Mann berühren lassen. Und natürlich schliefen die Paare getrennt, da während dieser zwei Wochen der Kontakt zwischen Mann und Frau verboten war. Meine Mutter erzählte mir, dass ihre ältere Schwester an den Tagen, an denen sie »unrein« war, ihrem Vater nicht einmal einen Schlüsselbund direkt übergeben hätte. Sie legte ihn auf den Tisch, damit er ihn sich nehmen konnte, und verhinderte so eine Verunreinigung. Daher wird ein orthodoxer Mann, da er nicht wissen kann, wann eine Frau »unrein« ist, einer fremden Frau nicht einmal die Hand geben.

Vieles veränderte sich in Amerika, doch tiefverwurzelte Einstellungen verschwanden nicht einfach so. Romantische Gesten der Umarmung, des Küssens und Händehaltens sah man unter der Einwanderergeneration nur selten. Mendele Mokher Sforim beschreibt in seiner um die Jahrhundertwende verfassten Autobiographie die vorherrschende Einstellung: »Der jüdische Geist kann die Liebe nicht erfassen«, behauptet er kategorisch. »Liebe und Liebende findet man unter Juden nicht, vor allem nicht in jener Zeit [...] und in einer respektablen Familie.« Einige Jahrzehnte später bemerkt Kate Simon über ihre Eltern, die aus Mendeles Zeit und seinem Lebensraum stammten: »Niemals sah ich, wie meine Mutter und mein Vater einander wie die Menschen in den Kinofilmen küssten und streichelten. In der Gegenwart anderer sprach sie ihn, wie die meisten jüdischen Frauen, mit unserem Familiennamen an – ein Zeichen respektvoller Distanz. Sie lebten in zwei getrennten Welten [...]«

Selbst auf der Bühne des jiddischen Theaters wurde Leidenschaft mehr durch die Sprache als durch Gesten ausgedrückt. Paare dürften einander geschätzt und sogar geliebt haben, doch sie hatten noch nicht das westliche Vokabular der Liebe erlernt. Die alten körperlichen Barrieren zwischen den Geschlechtern übten ihre schädliche Wirkung aus. Verlobte Paare fassten sich in der Öffentlichkeit nicht an den Händen oder schauten sich in die Augen. All das mussten sie erst lernen – durch Romane, Filme und die Fotos von den Spielen der wohlhabenden Amerikaner, die sie in den Einwandererzeitungen so sehr faszinierten. Die Abreise von Magnaten, Prominenten und anderen Stars mit Ozeandampfern waren ständig in den Kupfertiefdrucksektionen der populären jiddischen Zeitungen, in denen Paare Arm in Arm dastanden, lächelnd, *glücklich*. Eine solche Frivolität, müssen die Zeitungsleser gedacht haben, war nichts für Juden.

Als ich eine Freundin drängte, ihre Kindheit in der Bronx zu beschreiben, konnte sie lediglich spröde antworten: »Es gab keinen Spaß.« In einer Situation, in der sich Eltern ständig und erkennbar Sorgen machten, um gefährdete Verwandte in Osteuropa, um ihre Arbeitsplätze, darum, wie sie finanziell zurechtkommen sollten, gab es weder den Willen noch das Talent für die sportlichen Vergnügungen für ein paar Groschen, über die unsere Bücher über den glücklichen Armen berichtete. Es gab keine fröhlichen Ausflüge zu einem nahe gelegenen Bach mit behelfsmäßigen Angelruten, keine glücklichen Picknicks mit Nachbarn. Jeder Haushalt, so muss man sagen, war auf seine eigene Weise unglücklich.

Es scheint merkwürdig in einer Zeit, die sich so intensiv dem Streben nach Glück verschrieb, wie neu diese Idee selbst unter den jungen Neuankömmlingen war. Für die Generation der Einwanderer war es schwierig, ja gefährlich, offen das Glück anzuerkennen, denn lauernde böse Geister waren stets bereit, sich auf jeden Fetzen Glück zu stürzen. Was als vorgetäuschte Schutzhaltung begonnen haben mag, versteinerte zur Leugnung der Wirklichkeit.

Selbst die in Amerika geborene Generation musste erst lernen, was Glück war und wie man es zum Ausdruck brachte. Daniel Fuchs beschreibt in seinem Buch *Summer in Williamsburg* ausführlich, wie junge Männer und junge Frauen auf die neuesten Filme zurückgriffen, um zu komponieren, was sie einander sagten, und wie sie die Haltungen einnahmen, die ihnen so wirksam erschienen, wenn sie im verdunkelten Kino saßen und beobachteten. In der wirklichen Welt schlugen die Effekte unvermeidlich fehl und die Beziehung fiel auseinander, da beide Sprechenden durch einen Berg von Missverständnissen und Sehnsüchten voneinander getrennt waren und ihnen nichts anderes übrig blieb, als zu ihrer angestammten feindseligen Brooklyn-Redeweise zurückzukehren. Die dreizehnjährige Kate Simon, die sich zunehmend ihres sich entwickelnden Körpers bewusst ist, ist glücklicher, weil sie sich ausmalt, sie sei »so begehrenswert wie Gloria Swanson, so stählern wie Nita Naldi, so reizend wie Marion Davies [...] und wie sie unbesiegbar und unsterblich.« Diese Phantasien mochten sie schützen, doch sie brachten sie ihren Zeitgenossen nicht näher.

Verheiratete Paare mussten sich daher, über ihre Eltern hinaus, an Vorbildern einer amerikanischen Ehe orientieren, scheiterten aber häufig an diesem Prozess. In Fuchs' *Summer in Williamsburg* hat ein Mann gerade seine Frau und seine beiden Kinder für einen dreiwöchigen Urlaub nach Fallsburgh, New York, gefahren, »aufs Land«. Das junge Paar ist gerade dabei, sich voneinander zu verabschieden:

> »Sie standen steif herum und wussten nicht, wie sie sich küssen sollten. Das letzte Mal war so lange her, dass sie das Gefühl hatten, sich zu küssen sei Unsinn und lächerlich, doch sie wussten, dass sie einander einen Abschiedskuss geben sollten. Aber es war schwierig.
> ›Auf Wiedersehen, Sam‹, sagte sie schließlich. ›Pass auf dich auf und denke daran, was ich gesagt habe. Du bist alles, was ich habe.‹
> ›Mach dir keine Sorgen. Es wird mir gut gehen.‹ Er tätschelte ihre Schulter und ging hinaus.«

Wäre mehr geküsst worden, so hätte es vielleicht weniger Kämpfe gegeben. Doch Küsse und Zärtlichkeit waren zumeist den ganz kleinen Kindern vorbehalten – dann aber traten all die köstlichen Diminutive zu Tage, die das Jiddische bereithält. Babys schufen einen Freiraum, in dem Zärtlichkeit in Sprache und Berührung ihr Recht hatten. »Vögelchen, Krönlein, mein Schatz, Süße, Mütterchen, Väterchen« und so weiter. Jeder Name ließ sich mit wenigen Suffixen in ein Gedicht verwandeln. Sam und seine Frau schämten sich, liebevoll und freundlich miteinander umzugehen. Sie wussten schlicht nicht, wie sie es tun sollten.

Was blieb übrig? Die Frauen der älteren Generation säuberten ihre Häuser und brachten ihre Küchenböden zum Glänzen. Jeden Tag kochten sie gehaltvolle Mahlzeiten und buken regelmäßig, weil es eine Schande war, kein Stück Kuchen im Haus zu haben, wenn jemand zu Besuch kam. Doch sie wurden dabei gereizt, unförmig und nachlässig. Eine Frau erzählte mir, sie könne sich nicht an das Gesicht ihrer Tante erinnern, da sie, wenn sie bei ihr war, immer am Spülbecken stand, ihren Besuchern in der Küche den Rücken zukehrend. Später, nach dem Zweiten Weltkrieg, als sich die Witze über die jüdischen Mütter herausbildeten und geläufig wurden, bewahrten ihre Kinder Schweigen über diese traurige, demütigende Tatsache.

Die Mütter boten für die in Amerika geborene Generation ein starkes, vielfach negatives Vorbild. Eine erfolgreiche Schriftstellerin, die in einer luxuriösen Central Park West-Wohnung lebte, bestellte das Essen stets auswärts, wenn sie Leute zum Dinner einlud. Freimütig erklärte sie ihre Aversion gegen das Kochen als Reaktion auf die Küche ihrer Mutter. Sie erinnerte die Fettflecken auf dem Kleid ihrer Mutter, ihren schweren Körper, ihr mühseliges Töpfeheben und die Stunden, die sie in der Küche verbrachte. Es kam nicht mehr darauf an, ob das Essen köstlich war. Für die junge Autorin bedeutete die Küche Gefahr. Wenn sie einen Topf hochhob, würde sie zu einer hässlichen alten Frau werden.

Eine andere Freundin, die ich im College kennen gelernt hatte, befand sich ebenfalls in einer unerträglichen Zwangslage. Sie war eine sehr gute Studentin und führte ein aktives gesellschaftliches Leben. Für sie war weniger das Kochen als die Ehe selbst die Gefahr. Die Ehe war der Tod des Körpers und des Geistes. Frauen waren vertraglich verpflichtete Dienerinnen ihrer Ehemänner, ständige Sklavinnen der Bedürfnisse ihrer Kinder. Kurz, sie lebten für die Bedürfnisse anderer, wie Philip Roth in einem vollkommenen Satz über das Leben seiner Mutter schrieb. Er beschreibt, wie sein Vater auf Grund der Langeweile, die er empfand, nachdem er in Rente gegangen war, versuchte, den Haushalt zu übernehmen. »Nur meine Mutter«, betont Roth, »brauchte keinen Chef, da sie stets ihr eigener gewesen war, seitdem sie 1927, als mein Bruder geboren wurde, einsam und allein eine erstklassige Haushaltsführungs- und Bemutterungsfirma gegründet hatte.« Diese Mütter wurden für ihre Töchter zu beängstigenden Beispielen dafür, was einem ohne Wachsamkeit, ohne Selbstachtung widerfahren konnte.

Seltsam genug vermittelten diese Mütter, wenn sie die Lehre

aus ihrem Leben zogen, ihren Töchtern widersprüchliche Botschaften. Einerseits teilten sie die anerkannte Auffassung, ein Mädchen, das mit achtzehn nicht verheiratet oder zumindest verlobt war, werde bereits als alte Jungfer betrachtet. Andererseits rieten sie zur Flucht. Doch der Weg, den ein Mädchen einschlug, war häufig weniger ein Maßstab für ihr Talent als für ihren Mut. Ein Mädchen, das ein College besuchen und Lehrerin werden wollte, wurde von beiden Eltern vor einem solch unvorsichtigen Weg gewarnt. Sie machten sich Sorgen, sie werde als Lehrerin, als furcht erregender Blaustrumpf, potentielle Freier verjagen. Angesichts dieser Möglichkeit – oder Drohung, wie die Eltern es darstellten – wählte sie in der High School einen sicheren »Handelskurs«. Danach fand sie einen Arbeitsplatz als Sekretärin, den sie, wie sie immer behauptete, nur deshalb bekam, weil sie mit ihren blauen Augen und ihrem hellen Teint als Nichtjüdin eingeschätzt wurde. Mit diesem bescheidenen Job und einem bisschen Geld auf der Bank wurde sie im Alter von zwanzig Jahren verheiratet. Dies war die Geschichte mit dem »Happy End«.

Doch Kate Simons Mutter – wie meine und wie fraglos viele andere – warnte ihre Tochter vor der reinen Unterwürfigkeit in der Ehe und drängte sie, einen Beruf zu ergreifen, der sie unabhängig machte. Für meine Mutter war nichts glanzvoller als die Frauen, die sie zum »Geschäft« gehen sah, wie sie es nannte. Es bedeutete, dass sie sich gut kleideten und in wunderbar eingerichteten Büros saßen, wo die Menschen freundlich miteinander sprachen und wo man vielleicht flirtete, aber damit niemals ernst machte.

Manchmal frage ich mich, ob meine Mutter die Geschichten Scholem Alejchems über Motl Pesi, den verwaisten Kantorensohn, gelesen hatte, der mit seiner weit verzweigten Familie nach New York reist. Auf ihrer Reise machen sie in London Halt, wo sie sich nach einer Organisation zur Unterstützung von Flüchtlingen umsehen. Dort sitzen die Beamten ruhig an ihren Schreibtischen, rauchen Zigarren und sagen: »In Ordnung, in Ordnung.« Scholem Alejchem stellt diese Worte, die ihre Sicherheit schenkende Ruhe zum Ausdruck bringen, der hektischen Sorge der mittellosen Einwanderer gegenüber. Meine Mutter träumte also von einer Frau, die für ihr eigenes Leben verantwortlich war und die in einem solchen Büro arbeitete, ohne dass Mann oder Kinder sie störten. Doch je mehr ich mich den achtzehn Jahren näherte, desto mehr schob sie diese Phantasie hinaus und äußerte offener ihre Sorge über meine »Aussichten«.

Die Reaktionen auf diese widersprüchlichen Signale mit ihrem Grundton der Geringschätzung angesichts der Tatsache, dass man nur ein Mädchen war, fielen verständlicherweise unterschiedlich aus. Extrem reagierten die Mädchen, die sich einfach auflehnten, die wegzogen, Nichtjuden heirateten, eine Laufbahn einschlugen und ein Leben führten, das sie schließlich von ihrer Familie entfremdete. Die meisten wählten einen Mittelweg, auf dem sie ihre Selbstachtung bewahren konnten, der es ihnen gestattete, ihre natürlichen Begabungen einzusetzen, und ihnen dennoch eine gewisse Unabhängigkeit verschaffte. Häufig blieb ein bitteres Gefühl zurück. Dies war zwar nicht die unerfüllte Liebe der früheren Generation, doch unerfüllte Träume schmerzen letztlich genauso.

Wir erkennen einander nun an unserer »korrigierten« New Yorker Redeweise, unserem Engagement für die Verbesserung der Welt und einem gewissen hartherzigen Beharren auf einer Vernunft, die sich weder durch Astrologie noch Aromatherapie verführen lässt. Wir sind ein wenig ernst, nach amerikanischen Maßstäben sogar dogmatisch, doch nichts davon kann unsere wehmütige Sehnsucht verbergen, umsorgt und geachtet zu werden. Eines Nachmittags fand ich mich an einem Tisch mit einer Gruppe von Frauen wieder, die aus Familien wie der meinen stammten und das eine oder andere der New Yorker städtischen Colleges absolviert hatten. Wir hatten uns versammelt, um einer gemeinsamen Freundin die Ehre zu erweisen, und die meisten von uns kannten einander nicht. Doch wir stießen sofort auf ein Thema, das scheinbar für alle von Bedeutung war. Eine nach der anderen erklärte, sie habe überhaupt kein städtisches College besuchen wollen. Mehrere hatten Stipendien für Universitäten außerhalb New Yorks bekommen, während andere Eltern hatten, die die Studiengebühren auf andere Weise hätten auftreiben können. Für alle galt jedoch, dass ihre furchtsamen Mütter Einspruch dagegen erhoben hatten, dass sie die Familie verließen. Widerstrebend und grollend waren sie daher geblieben, fühlten sich aber ihr Leben lang von der Ängstlichkeit ihrer Mutter betrogen.

Viele der Frauen, die ein College besucht hatten, bauten sich irgendeine Karriere auf. Wenige nur erstrebten oder erwarteten Ruhm, doch sie leisteten nützliche Arbeit. In einigen Familien jedoch, die nur wenig Geld hatten, wurde erwartet, dass die Mädchen zurückstanden, während die Jungen eine höhere Ausbildung absolvierten. Eine Frau, die die Hemden ihrer Brüder bügelte, während sie beim College waren, ließ sich dazu überreden, einen Sekretärinnenkurs zu belegen, der sie rasch auf einen Job vorbereiten würde. Es kam ihr nicht einmal in den Sinn, diese Familienstrategie in Frage zu stellen; das kam erst viel später. Die Mädchen, die eine höhere Ausbildung machten, wurden häufig sehr genau befragt, um sicherzustellen, dass das, was sie studierten, nützlich sei und ihnen nach dem Abschluss eine Arbeitsstelle verschaffen würde. Doch selbst in diesem Fall – wie lange würde ein Mädchen arbeiten? Einige gaben ihre Stellen auf, wenn sie heirateten, spätestens jedoch dann, wenn sie zum ersten Mal schwanger wurden.

Das Heimtückische an dieser Atmosphäre bestand darin, dass sie bei den jungen Frauen heftige Selbstzweifel hinterließ. Das Selbstvertrauen einer meiner Freundinnen vom College, die brillante akademische Zeugnisse hatte, war so stark untergraben, dass sie sich, als man ihr ein Stipendium für eine wirtschaftswissenschaftliche Promotion an der New York University anbot, nicht dazu entschließen konnte, es anzunehmen. Ihr Glaube an ihre Fähigkeiten entsprach nicht dem des Stipendienausschusses. Am Ende reichte er schlicht nicht aus, um sie durch den steinigen, einsamen Prozess des Verfassens einer Dissertation hindurchzutragen. Heute, wenn sie viele Jahrzehnte danach an diese Zeit ihres Lebens zurückdenkt, erinnert sie mich daran, dass in jedem Fall die Außenwelt für junge Forscherinnen nicht besonders fördernd war; waren sie noch dazu Jüdinnen, so waren die Hindernisse völlig unüberwindlich. Nein, sie war mit alldem nicht zurechtgekommen.

In ihrer Familie waren sie von einem despotischen Vater beherrscht worden, der absoluten Gehorsam und absolutes Schweigen in seiner Gegenwart verlangte. Einmal im Jahr fuhr die Familie von der Bronx aus in Ferien in die Catskills. Zu Beginn der Reise zeigte der Vater eine »neunschwänzige Katze«, und das älteste der drei Mädchen musste sie küssen. Die Peitsche lag dann auf dem Sitz neben ihm und erinnerte seine Kinder an seine Bereitschaft, die Unterwürfigkeit auch zu erzwingen. Wie reagierten Mädchen auf die Gewalt, die Drohungen, die Streitigkeiten, die schlechte Laune und die beißenden Bemerkungen, die für ihre Kindheit so charakteristisch waren? Anders als die Jungen, die sozusagen in den herrschenden Clan hineingeboren worden waren. Aus diesem Grund sehnte ich mich so verzweifelt nach einem Bruder.

Es waren nicht nur die Sprache, die Bräuche und der gesellschaftliche Stil, welche die Generationen voneinander trennten. Sie unterschieden sich auch in ihren Bestrebungen. Den Einwanderern genügte es zu lernen, sich in der Neuen Welt zurechtzufinden. Ihre Kinder dagegen wollten dazugehören. Für die ältere Generation war jede neue Fähigkeit, jede neue Stufe ein Wunder. Wenn der ungebildete Besitzer des Geflügelmarktes in Kate Simons *Bronx Primitive* ein Auto kauft und das Fahren lernt, ist das kein einfacher *rite de passage*. Vielmehr ist es für ihn selbst und die ganze Nachbarschaft ein Wunder. Ich kann mir vorstellen, dass sein Sohn zwanzig Jahre später, als er sich ein Auto kaufte, an Orte fahren und in Bezirke vordringen wollte, die seinem Vater gänzlich unbekannt waren. Diese Missverständnisse darüber, was genügte oder was man »brauchte«, markierte die Unterschiede zwischen den Generationen.

In der Pessachhaggadah findet sich ein langes Dankgebet, in dem die alten Israeliten die Wunder aufzählen, die Gott während ihres Exodus aus Ägypten für sie wirkte, und nach jedem Paar folgt der Refrain »*Dajenu* – es wäre genug für uns gewesen.« So heißt es dort:

Hätte Er uns vierzig Jahre lang in der Wüste versorgt,
ohne uns mit Manna zu speisen,
wäre dies bereits genug für uns gewesen.
Hätte Er uns mit Manna gespeist,
ohne uns den Schabbat zu geben,
wäre dies bereits genug für uns gewesen.
Hätte Er uns den Schabbat gegeben,
ohne uns zum Sinai zu bringen,
wäre dies bereits genug gewesen …

Die Einwanderer nach Amerika waren, wie die alten Israeliten, nach jedem Wunder während ihres eigenen Exodus zufrieden und dachten kaum daran, mehr zu verlangen. Sie lebten in der Neuen Welt, hegten aber noch immer die Erwartungen der Alten Welt. Als meine Cousine Mitte der dreißiger Jahre in Ohio die High School abschloss, schenkte man ihr eine Reise nach New York. Ich bin sicher, dass sie, als sie ihren Freunden erzählte, sie reise nach New York, nicht gerade begeistert davon war, bei uns in einer Mietwohnung in der Bronx zu wohnen und auf dem Wohnzimmersofa zu schlafen. Glücklicherweise wurde die Reise durch einige junge Cousinen gerettet, die es verstanden, ihr die Stadt zu zeigen, sie einigen interessanten jungen Männern vorzustellen und ihr das erregende Gefühl zu geben, zur New Yorker Szene dazuzugehören.

Doch während der gesamten Dauer ihres Besuchs hatte meine Mutter ein ganz anderes Szenario vor Augen. Der Spaß, auf den meine Cousine so fixiert zu sein schien, war aus Sicht meiner Mutter ein bloßer Vorwand, eine List. In Wirklichkeit, so das Verständnis meiner Mutter, war sie hier, um die Szene zu erkunden, in der Hoffnung, einen Arbeitsplatz zu finden, einen Stützpunkt zu errichten und dann allmählich den Rest der Familie, einschließlich der geliebten Schwester meiner Mutter, nach New York zu bringen. Gewiss hätte meine Mutter an der Stelle meiner Cousine genau das getan. Sie konnte nicht glauben, dass letztere Tausende von Kilometern reiste, bloß um sich zu vergnügen.

Doch die Welt hatte sich eindeutig verändert. Für die Generation meiner Cousine stand der Spaß auf dem Programm. Das Gefühl der drohenden Gefahr, der Unsicherheit des Lebens selbst, welches das Denken der Einwanderer so stark beherrscht hatte, stand nicht mehr im Vordergrund der Vorstellungswelt der nachfolgenden Generation. Hätten meine Mutter oder ihre Zeitgenossen ein »Dajenu« komponiert, so hätte sicherlich die in Amerika verkörperte Rettung aus physischer Gefahr eine bedeutende Stellung eingenommen, ganz zu schweigen von *Parnose*, »einem Lebensunterhalt«, der hier ebenfalls möglich war. Selbst die Chance, gesund zu bleiben, war hier eher gegeben.

Meines Erachtens betrachtete die Generation der Einwanderer Glück nicht als legitimes Lebensziel. Glück war etwas, das eintrat, wenn alle Pflichten erfüllt waren. Bei der Ankündigung der Initialen bei WNYC, der städtischen New Yorker Rundfunkanstalt, pflegte man hinzuzufügen: »Eine Stadt, in der sieben Millionen Menschen in Frieden leben und sich der Wohltaten der Demokratie erfreuen.« Ähnlich empfanden die Einwanderer, wenn sie am Ende ihres Lebens ihre Hände in den Schoß legen und die Wohltaten des Friedens und des Wohlstands sowie die Zuneigung ihrer Kinder genießen konnten. Hatten sie das *Recht*, mehr zu verlangen?

Viele der Frauen wollten mehr, auch wenn sie sich dabei schuldig fühlten. Sie sehnten sich nach Bildung, nach einer Stellung, nach Ansehen, nach Flitter und Pracht, nach Vergnügen. Doch wenn jemand starb, so erinnerte mich meine Mutter, legte man zerbrochene Keramikstückchen auf die Augenlider, als Zeichen der Eitelkeit der irdischen Dinge dieser Welt. Manchmal fragte ich mich, ob sie mir dies erzählte, um mich an die Leichtfertigkeit meiner Leidenschaft für die Vielfalt und die Wunder der Welt um uns herum zu erinnern.

»Dajenu« war ein ernstes Glaubensbekenntnis, das dem Reichtum des amerikanischen Lebens überhaupt nicht entsprach. Es mochte dort funktionieren, wo die Armut so verbreitet war, dass ein Dach über dem Kopf und genügend zu essen alles war, worauf man hoffen konnte. Doch in der Neuen Welt sahen die Einwanderinnen, wie sich vor ihnen unendliche Möglichkeiten ausbreiteten, und ihre Rastlosigkeit, die aus ihrer beengten Vergangenheit und dem Wunsch erwuchs, etwas von dem Reichtum der Gegenwart zu erhaschen, führte zu jenen gemischten Signalen, die ihre Töchter empfingen.

Während viele dieser Töchter zögerten und mit der Vorsicht und den Ängsten ihrer Mütter lebten, wie meine Tischpartnerinnen, nahmen andere die Einladung Amerikas an. In den zwanziger und dreißiger Jahren war diese Einladung vielleicht nicht so großzügig wie später. Doch als ein Anfang – »Dajenu«. Die große Zahl jüdischer Frauen, die den Beruf der Lehrerin, Sozialarbeiterin, Bibliothekarin oder Regierungsmitarbeiterin ergriffen oder als Buchhalterinnen, Sekretärinnen und Verwaltungsangestellte in die Geschäftswelt vordrangen, empfanden tiefe Befriedigung über ihre Leistungen und ihre Arbeit.

Es gab sogar jene entschiedenen Ausnahmen, die Ärztinnen und Anwältinnen wurden, in den höheren Bildungsanstalten tätig waren oder in den Künsten hervortraten. Ich glaube, dass diese Generation niemals aufhörte, darüber zu staunen, wie weit sie es gebracht hatte. Obwohl sie die Gefahr von Verfolgung und Pogromen nicht kennen gelernt hatten, hatten sie doch am eigenen Leibe antisemitisch inspirierte Diskriminierung und die drohende Arbeitslosigkeit im Gefolge der Wirtschaftskrise erlebt. Das ging nicht wirkungslos an ihnen vorüber. In ihren späteren Jahren hegten sie die heimliche Furcht, ihre guten Positionen und schönen Häuser könnten über Nacht dahin sein. So planten sie insgeheim ihre Ausweichmöglichkeiten, den Ort, wo sie »hätten landen sollen«, hätten sie nicht die Möglichkeiten, die Amerika bot, so weit vorangetrieben. Einmal, als ich mit einer überaus erfolgreichen Kinderpsychologin über diese weit verbreiteten Phantasien sprach, gestand sie mir sofort ihre eigenen. »Ich nehme an«, sagte sie ganz ernsthaft, »ich könnte jederzeit eine Stelle als Lehrerin bei einer Kindertagesstätte finden.«

So vieles davon ist im Verborgenen geblieben. Genauso wie die Generation der Einwanderer über ihr einfaches Leben in den Dörfern, aus denen sie kamen, oder über Bräuche schwiegen, die, wie sie fürchteten, das Gelächter oder die Verachtung ihrer amerikanischen Kinder hervorrufen würden, haben genau diese amerikanischen Kinder ihre eigenen Geheimnisse bewahrt. Wenn wir unter uns waren, am Mittagstisch, sagten wir »Dajenu«. Wir wussten, wie weit wir es gebracht hatten. Wir waren mit unserer Arbeit zufrieden. Wir hatten eine ganze neue Kultur in uns aufgenommen und einen Weg gefunden, darin zu leben. Doch wir wussten, wie viel mehr unsere Brüder und Ehemänner erreicht hatten, wie sehr wir hinter ihnen zurückgeblieben waren, und ein wenig von diesem Schamgefühl hinderte uns daran, uns mit unseren eigenen Töchtern auseinanderzusetzen. Es waren ihre Väter und Onkel, die Ärzte, Wissenschaftler, Professoren, weltberühmte Musiker und Nobelpreisträger waren.

Im letzten Viertel des zwanzigsten Jahrhunderts hat meine Generation die in unterschiedliche Strömungen zerfallende Frauenbewegung mit so etwas wie Amüsement beobachtet. Angesichts des langen Weges, den wir zurückgelegt haben, scheinen einige der Details, die die nächste Generation beschäftigten, nur noch ermüdend. Was uns angeht, so denken wir noch immer über ältere Fragen nach: Was ist ein gutes Leben? Was ist Glück?

11

Winter

Der Klang, der den Winter einläutete, war das Geräusch der Schneeschaufeln spätabends, wenn der Hausmeister den Bürgersteig vom fallenden Schnee reinigte. Zusammen mit dem Klirren der Schneeketten der vorüberfahrenden Autos kündigte dies die veränderte Landschaft an, die uns am nächsten Morgen erwartete. Wir wussten, welches Glück wir hatten, dass wir in einem Gebäude mit Dampfheizung lebten und es unabhängig vom Wetter draußen warm hatten. Doch in anderen Häusern im Viertel gab es »Kaltwasserwohnungen«, die in Wirklichkeit sowohl heißes als auch kaltes Wasser, aber keine Zentralheizung hatten. Für die Familien in diesen Wohnungen bedeuteten der fallende Schnee und das Klirren der Autoreifen Mehrausgaben, da ihre Petroleumöfen oder Elektroheizungen ständig liefen. Für uns dagegen bedeutete der Winter, dass wir sparten.

Mit dem ersten Frost hörte meine Mutter auf, den Eismann zu unterstützen, und stellte auf der Feuerleiter die Winter-Eiskiste auf, eigentlich eine verzinkte Kiste. Alle Haushaltswarengeschäfte in unserem Viertel stellten diese Geräte raus, sobald der Herbst kam, so dass die Straßen allmählich von ihrem Funkeln erblühten. Geschickt konstruiert, mit zwei Schiebetüren und innen einem Brett, das den Raum zweiteilte, boten sie eine sichere, ordentliche Methode, während der Wintermonate Nahrungsmittel aufzubewahren. Da alle Welt eine Eiskiste besaß, wäre es eine undenkbare Ausgabe gewesen, weiterhin Eis für die Küche zu kaufen. An Tagen mit schwerem Frost bedeckten wir die Kiste mit Zeitung oder Pappe, die etwas mehr Isolierung gewährleisteten. Doch manchmal konnten selbst diese Vorsichtsmaßnahmen nicht verhindern, dass die gefrorene Rahmschicht oben aus der

Milchflasche stieß oder die Butter hart wie ein Ziegelstein wurde. Wenn die Fensterbank des Küchenfensters breit genug war, banden einige Familien ihre Kisten mit Draht an irgendeiner Vorrichtung fest, die sie fanden, um sie an einem günstigeren Ort aufzubewahren. Wenn die Feuerleiter vom Schlafzimmer aus hinausführte, war das nicht besonders praktisch. Dennoch war es sehr befriedigend, diese 75 Cents pro Woche, die im Monat 3 Dollar ausmachten, zu sparen, denn dies war damals viel Geld.

Da so viele im Akkord arbeiteten oder kleine Geschäfte hatten, in denen der Gewinn auch in kleinsten Beträgen gemessen wurde, verwundert es nicht, dass diese Gewohnheit strikter Berechnung im Denken der Einwanderer tief verwurzelt war. Auch wenige Cents bedeuteten einen meßbaren Zeitraum an der Nähmaschine oder am Bügeleisen. Es war schwer möglich, Preise anders als so zu betrachten. Viele der jungen Mädchen, die zu Hause lebten, sahen kaum etwas von dem Geld, das sie verdienten. 85 Prozent der Sechzehn- und Siebzehnjährigen, die um 1909 als Ladenangestellte in New York arbeiteten, überließen ihren vollständigen Verdienst ihrer Familie. Unter den italienischen Frauen, gleichgültig was sie arbeiteten, gab ein ebenso großer Teil den gesamten Lohn ab, während der Rest einen Teil behalten durfte. Von den Mädchen, die in Fabriken arbeiteten, traten 90 Prozent ihren Lohn ab. Ein wenig verfügbares Geld war demnach eine Kostbarkeit.

Der Winterbeginn war auch durch eine sorgfältige Inventur der Kleidung des vergangenen Jahres gekennzeichnet, der schweren Übermäntel sowie der Galoschen und Hüte, die man brauchte, um die Jahreszeit heil zu überstehen. Angesichts der schrecklichen Angst der Einwandererfamilien vor einer Erkältung und ihren möglichen schwerwiegenden, vielleicht sogar tödlichen Folgen waren dies nicht einfach Kleidungsstücke, sondern Bestandteile der eigenen Rüstung im Kampf mit den Elementen. Die Sorge um die angemessene Ausstattung der Kinder wurde jedoch durch die finanzielle Belastung, die damit verbunden war, zusätzlich verstärkt. Der Augenblick, in dem wir den Wintermantel des letzten Jahres anprobierten, steckte stets voller Spannung. Würde er für einen weiteren Winter groß genug sein? Auf den Anblick der unvermeidlich herausragenden Handgelenke folgten stets das Ziehen an dem plötzlich zu kurzen Ärmel und dann eine genaue Inspektion des Saums, die zeigen sollte, ob er lang genug war, um den Ärmel zu verlängern. Wo notwendig, gab es noch die List, »ihn zu fälschen«, die es meinen Eltern ermöglichte, auch noch das letzte Stück Stoff zu benutzen, um die Größe auszugleichen.

Ohrbach's, das Kleidungskaufhaus mit seinen Sonderangeboten, beurteilte sein Publikum in einer Anzeige kurz vor dem Winter des Jahres 1938 vollkommen richtig. Sie zeigte drei Kinder auf Schlittschuhen und mit warmen, modischen Tweedmänteln, unter der Überschrift: »Nun müssen Sie keine Opfer bringen, um Ihre Kinder für den Winter anzukleiden.« Ohne auch nur einen Preis zu erwähnen, wiesen sie nicht besonders subtil darauf hin, dass eine Mutter die Gesundheit ihrer Kinder beschützen und dennoch genügend Geld übrig behalten könne, um sich selbst etwas Elegantes zu kaufen. »Kleiden Sie Ihre Kinder gut«, legte der Text nahe, »doch benachteiligen Sie sich nicht selbst.«

Doch Ohrbach's lockte seine Kunden aus den Reihen der Einwanderer nicht nur mit der Verheißung des Sparens. Ihre Werbedesigner verstanden die mächtige Anziehungskraft der Phantasie. Diese Mütter betrachteten ihre Kinder ohnehin, auch ohne dass Ohrbach's es ihnen einredete, als kleine Herren und Damen. Und hier zeigte ihnen ein Fotograf Bilder, die er eindeutig kniend gemacht hatte, zu diesen bezaubernden, freundlichen jungen Aristokraten aufschauend, die in ihrer einnehmenden, fröhlichen Kleidung so perfekt ausstaffiert waren. Dies hatte nichts mit dem zu tun, was Mädchen und Jungen in der Bronx tatsächlich trugen, wenn sie Schlittschuh fuhren, doch es ließ das Herz einer Mutter vor Stolz anschwellen.

Ohrbach's Anzeigen sprachen die Denkweise der Bronx an. Sie vermieden vollständig die Frage nach dem Preis und brachten einfach das fortschrittliche, kühne Argument zur Geltung: Warten Sie nicht! Sie können alles haben. Und Sie können es sich wegen der niedrigen Preise bei Ohrbach's auch leisten. Eine andere Anzeige versprach Frauen, die sich gut kleideten, eine gelungene Ehe: »Für ein glückliches Heim ... kleiden Sie sich schön, doch vermeiden Sie Verschwendungssucht.« Zusätzlich versprach die Anzeige, es werde »keine Streitereien mehr über Rechnungen« geben.

Nicht nur Mütter aus der Einwanderergeneration kleideten ihre Kinder nach dem Vorbild des englischen Adels. Best & Co., ein Spezialgeschäft in der Fifth Avenue, das im oberen Preisniveau anzusiedeln war, warb in einem ähnlichen Aufruf für einen für kleine Jungen gedachten »Königlichen Navy-Matrosen-Chinchilla-Mantel. In England geschneidert«. Die Anzeige untermauerte dies noch durch einen kleinen Hinweis auf die Herstellungsgeschichte, die den Käufer sofort zu einem Teil der englischen Admiralität machte: »Dieser Mantel wird für Best's in England von einem bevollmächtigten Marineschneider hergestellt und entspricht in jedem Detail den ›Vorschriften‹, bis hin zu den seemännischen Messingknöpfen und einem roten Flanellfutter.«

Mit dem unvermeidlichen Konflikt und Vorwurf der »Weichlichkeit« gingen die Ratgeberkolumnen entschieden um, indem sie zwischen Kleidung für das Spiel und »schicker« Kleidung unterschieden. In der Kategorie des »Schicken« wurden die jungen Helden den Launen ihrer Mütter überlassen. Beim Spiel dagegen kamen beide Interessen zusammen. »Als richtiger Mann wird sich Ihr Sohn fühlen«, schrieb eine Anzeige in einem Stil, der sich wie eine Transkription der Bronx-Syntax liest, »(und seine Mutter kann sicher sein, dass er warm angezogen ist) in einem großen neuen Stutzer ...« Fest in seinen Stutzer verpackt, machte sich unser junger Bronx-Bewohner zum intensiven Leben auf der Straße und seinem *ring-a-levio*-Spiel auf.

Wie Ohrbach's so schlau nahe legte, beschränkten die Mütter in der Bronx ihre Träume nicht auf die Garderobe und das Wohlbefinden ihrer Kinder. Irgendwo in ihren Herzen war der sorgsam behütete, zutiefst gehegte Wunsch nach einem Pelzmantel lebendig. Und hier unterschied man die Pelze streng voneinander, wenn es darum ging, welcher für das jeweilige Alter und die jeweilige Lebensphase angemessen war. Allein von der Sorte des Pelzes konnte man eine ganze Ehegeschichte ablesen, ganz zu schweigen von der Bilanz des Ehemanns.

In den Kinofilmen etwa, wenn eine Schauspielerin in einer silbernen Fuchsstola über den Bildschirm stolzierte, war klar, dass sie nicht das »gute Mädchen« spielte. Ein Widerhall dieser Konvention findet sich in der berühmten Eröffnungsszene von *Born Yesterday* (1950), in dem Judy Holliday als Gangsterbraut mit mehreren langhaarigen Pelzmänteln über dem Arm ein Hotelfoyer betritt. In der Bronx hielten die jungen verheirateten Frauen, die *jinge Wajble*, deren Ehemänner gerade erst begannen, in ihrem Geschäft ein Gefühl der Sicherheit zu empfinden, zunächst wohl nach einem grauen Eichhörnchenmantel Ausschau. Häufig genau auf die jugendlichen Figuren der Frauen zugeschnitten, die sie trugen, vielleicht mit einem kleinen Silberfuchskragen, gleichsam als Vorbote dessen, was noch kommen sollte, wurden diese Mäntel, so schien es mir, mit größerer Freude getragen als die teureren Mäntel aus persischem Lamm, die eine spätere, wohlhabendere Lebensphase kennzeichneten. Diese ziemlich schweren, ernsten Mäntel sahen weit weniger fröhlich aus, auch wenn sie solide waren und eine Stellung in der Welt ausstrahlten. Sie erschienen eher als Belohnung für den Dienst denn als Luxus, eher als dumpf zweckhaft denn als verschwenderisch. Seehundmäntel, die nächste Stufe, waren dagegen weich, seidig und teuer. Sie umhüllten schmeichelnd den Körper und schienen stets etwas parfümiert. Die sie trugen, dachte ich, mussten glücklich sein. Das war es vielleicht, was die Damen auf dem *Grand Concourse* trugen.

Es scheint bizarr, Anfang des einundzwanzigsten Jahrhunderts darüber zu schreiben, wo Pelzmäntel auf den Straßen von umweltbewussten Bürgern mit Farbe besprüht werden und bedeutende Modedesigner sich scheuen, etwas anderes als »falschen« Pelz zu verwenden. Doch in den frühen Jahrzehnten des zwanzigsten Jahrhunderts verkörperten sie Haltepunkte und Realisierungen der Phantasien der eingewanderten Bevölkerung. Meine Cousine Anna, die als Kind aus Polen nach Amerika gekommen war, war das einzige Kind ihrer Eltern. Sie wurde verwöhnt und verhätschelt und entwickelte einen recht gewagten Stil. Eines Tages kam sie mit ihrem Freund zu Besuch und trug erstmals etwas, was sie als ihre »Affenpelzjacke« bezeichnete. Sie war kurz, hatte weite Ärmel und hing lose an ihrer winzigen Figur. Die Form der Jacke betonte irgendwie den ziemlich langen, schwarzen, wie

Haar wirkenden Pelz. Sie erschreckte mich und war aus meiner Sicht widerlich. Doch sie schien es beinahe wie zum Scherz zu tragen. Und selbst ich musste zugeben, dass sie in ihrer Wildheit recht gut zu ihr passte.

Damals wie heute wussten die Werbedesigner und jene, die in dem Gewerbe herumpfuschten, wie man den Wunsch befriedigte, der eine Hoffnung verkörperte. Hier wurde die häufig vorkommende, billige Bisamratte benutzt. Wer die Anzeigen von Russeks, dem Bannerträger der Pelzverkäufer in New York, genau studierte, konnte »seehundfarbene« oder sogar »nerzfarbene« Bisamratte für den Preis des bescheidenen Eichhörnchenfells kaufen. Bisweilen wurde selbst das allgegenwärtige Eichhörnchen mit dem Adjektiv »russisch« versehen – einem Beiwort, das gewöhnlich dem Zobel vorbehalten war, jenem erlesensten und luxuriösesten aller Pelze, der jenseits aller Träume angesiedelt war. In dieser neuen Evokation erschien das »russische Eichhörnchen« plötzlich ziemlich mondän.

Zu einer Zeit, als all diese Mäntel für etwa 150 Dollar zu haben waren, was etwa einem Monatslohn entsprach, schoss der Preis für einen Nerzmantel mit 1000 Dollar ins Unermeßliche. Niemand dachte auch nur an Nerz. Einmal, während der hektischen Weihnachtszeit, stand ich bei Macy's neben einer Frau, die einen solchen Mantel trug. Während wir an der Kasse warteten, zog sie eine kleine silberne Puderdose aus ihrem Portemonnaie, schaute in den Spiegel und ließ sie mit ihrer grauen, wildlederbehandschuhten Hand in ihre Manteltasche gleiten. Es war ein eindrucksvoller Augenblick, weil die Nachlässigkeit der Geste das Zusammenkommen von so viel Luxus nur noch verstärkte. Doch selbst im Fall des unerreichbaren Nerzes vermochte der einfallsreiche Werbedesigner die Phantasie überreden: mit ein bisschen Französisch konnte man einen nerzfarbenen *lapin* erwerben.

Meine Mutter besaß niemals einen Pelzmantel, während wir in der Bronx lebten. Doch sie hatte einen Pelzschal, den sie, seinem Alter nach zu urteilen, im Zuge ihrer extravaganten Gewohnheiten gekauft hatte, als sie noch ein Arbeitermädchen war. Wie sie mir stolz erzählte, war er aus Steinmarder, und sie bewahrte ihn sorgfältig in Seidenpapier mit Kampferstückchen auf.

Er hatte Knopfaugen aus Glas an einem sehr lebensecht aussehenden winzigen Tierkopf, der den Schal befestigte, indem er in seinem flauschigen Schwanz zu beißen schien. Sie trug ihn zwanglos, zur Zierde über einem Kleid oder Kostüm, wenn wir unsere feierlichen Spaziergänge im Park machten, natürlich auch bei Familienbesuchen. Obwohl ich den Pelz gerne streichelte, fand ich den Kopf selbst in dieser Verkleinerung zu lebensecht und irgendwie bizarr. Dennoch erfüllte er seinen Zweck, wenn ich meine kleine Schwester peinigen wollte und den Kopf scheinbar nach ihr schnappen ließ.

Der Winter war in der Festung unserer Stadt eine Jahreszeit, in der wir spürten, dass die Elemente zu uns kamen. Der Sommer fand auf dem Land statt, doch im Winter hatten wir Schnee und Eis auf den Straßen und Eisblumen auf unseren Fensterscheiben. Wenn der Schnee kam und zu Eisseen auf der Straße gefror, wurden Schlitten aus dem Keller geholt, und wir drehten unsere Runden, indem wir einander auf den Fahrbahnen hin- und herzogen. Für ältere Menschen, die ihrem Geschäft nachgehen mussten, war dies eine weniger fröhliche Zeit. Alles dauerte länger und war schwerer zu bewältigen. Der kurze Gang zur Bank oder zum Lebensmittelladen war plötzlich mühselig und voller Gefahren.

Inmitten eines solchen Winters auf dem Höhepunkt der Jahre der Wirtschaftskrise wurde mein Vater erneut arbeitslos und suchte verzweifelt nach Arbeit. Er hatte nacheinander mehrere kleine Schreibwarenläden besessen, doch der letzte war bankrott gegangen. Er hatte zudem als Fensterputzer, Straßenbahnfahrer und als Knopf- und Kurzwarenverkäufer im Bekleidungsdistrikt gearbeitet. Nun, da die Familie von dem letzten Geld lebte, das der verpfändete Verlobungsring meiner Mutter erbracht hatte, war er bereit, alles anzunehmen, was einen regelmäßigen Lohn versprach. Um die Fahrtkosten zu sparen, legte er in der Kälte große Entfernungen zu Fuß zurück, von einem Vorstellungsgespräch zum anderen, und nach Wochen vergeblichen Suchens antwortete er auf die Ausschreibung einer Stelle als Milchmann bei Sheffield's. Das Hindernis, so stellte sich heraus, bestand darin, dass er Jude war. Die Firma hatte noch nie einen Juden eingestellt und sah keinen Grund dafür, nun damit anzufangen, da sie bezweifelten, dass Juden das Durchhaltevermögen für eine so beschwerliche Arbeit hatten; schließlich musste man zahlreiche Treppen hinauf- und hinunterlaufen, beladen mit schweren Metallkisten voller Milchflaschen. Mein Vater erzählte, er habe eine Rede gehalten, seinen Dienst in der Armee angeführt, erklärt, er sei kerngesund und dringend auf Arbeit angewiesen, und seine totale Loyalität und Hingabe an die Arbeit versprochen, wenn er nur die Gelegenheit erhielte, dies zu beweisen. Ob nun bewegt durch diese Rede oder einem eigenen Gefühl folgend, beschloss der Personalchef, die Firmenregeln zu verletzen und diesen Juden, der vor ihm stand, einzustellen.

Die Dankbarkeit meines Vaters war ebenso groß wie seine Angst, so dass er sich jeden Tag von neuem dem Wohlergehen seiner Firma und seiner Arbeitsstelle widmete. Er bewahrte ihr die unbeirrbare Treue eines Vasallen gegenüber seinem Lehnherrn, und keine Gewerkschaft konnte zwischen ihn und die Firma treten. Sie war sein sicherer Hafen während der schlimmsten Jahre der Wirtschaftskrise, und er behielt diese Arbeitsstelle neun Jahre lang, bis er mit einem Anfall von Angina pectoris zusammenbrach. Doch im Rückblick erschien ihm dies als goldene Zeit, in der er völlig allein das System bezwungen und jenen »anderen« gezeigt hatte, dass ein Jude genauso gut war wie jeder andere Mann.

Nicht dass die Bezahlung besonders üppig gewesen wäre. Tatsächlich gab es einige dunkle Zeiten, in denen es zu Lohnkürzungen gekommen war. Doch Mitte der dreißiger Jahre, als sich die Wirtschaft konsolidierte, verdiente er gleichmäßig 40 Dollar pro Woche. Meine Eltern hielten es für besonnen, lediglich ein Viertel ihres Einkommens für die Miete auszugeben, und hielten sich bei der Wohnungssuche strikt an diese Grenze. Die Hälfte des Lohns meines Vaters verbrauchte die vierköpfige Familie, und mit dem Rest von zehn Dollar musste alles Übrige bezahlt werden. Gemäß des New Yorker Budgetrats lebten wir extrem gut. Im September 1938 veröffentlichte es ein Budget für Familien »in der unteren Einkommensgruppe« und setzte als Betrag für die Ernährung einer fünfköpfigen Familie 8 Dollar und 25 Cents fest. Diese Familie, so das Beratungsgremium, »müsse von den billigeren Fleischrationen leben […] und viel Fisch essen. […] Weitere Nahrungsmittel waren Kondensmittel und Frischmilch, Kartoffeln, Makkaroni, billige Haferflocken und Margarine sowie Butter.«

Was der Budgetrat in seinen Berechnungen nicht mitzählte, waren die Kosten des koscheren Essens, bei dem das Fleisch doppelt so teuer sein konnte wie bei den A&P-Läden. Auch hätte meine Mutter nichts anderes als ungesalzene Butter gekauft, auf Grund des vielleicht unbegründeten, aber weit verbreiteten Glaubens, gesalzene Butter sei nicht koscher. Und natürlich hätte sie die Margarine mit ihren geheimnisvollen Bestandteilen, die sogar wie Schweineschmalz aussah, nicht einmal von ferne angerührt. Sie kaufte auch nur weiße Eier, die einige Cents mehr kosteten als die braunen. Doch sie gewährleisteten, dass man einen Blutsflecken auf dem Ei, der es unkoscher gemacht hätte, finden konnte. Die weißen Eier wurden »gegen das Licht gehalten«, d. h. buchstäblich in einem dunklen Raum mit einer Kerze untersucht; da die weiße Schale so durchscheinend war, konnte ein Fachmann sofort erkennen, ob dort ein verräterischer Fleck zu sehen war.

Der Süßwasserfisch, den sie kaufte, um *Gefilte Fisch* zuzubereiten, war ebenfalls teurer als der Kabeljau und der Schellfisch, den die Budgetberatung empfahl. Auch konnten meine Eltern nicht erkennen, warum *Wonder Bread* zu 8 Cents pro Laib zu kaufen, wenn sie für 15 Cents ein Pfund gutes Roggenbrot bekamen. Meine Mutter konnte nur bestürzt mit dem Kopf schütteln. »*Povatine*«, nannte sie abschätzig das *Wonder Bread*. »Spinnweb.« Es hatte keinerlei feste Substanz.

In all diesen Punkten trafen meine Eltern einmütig aus ihrer Sicht selbstverständliche Entscheidungen. Doch selbst bei großer Besonnenheit gaben sie 20 Dollar »für den Tisch« aus, wie sie sagten. Ich bekam 50 Cents pro Woche für die Fahrt zur High School, brachte aber jeden Tag mein eigenes Mittagessen mit. Von Zeit zu Zeit, wenn ich Material für die Schule brauchte, erhielt ich zusätzliches Geld. Lehrbücher für das Semester wurden natürlich umsonst verteilt, mussten aber am Ende des Schuljahrs unbeschädigt zurückgegeben werden. Im Juni kam der Augenblick der Abrechnung, wenn sie auf Bleistiftspuren, Risse und

Eselsohren untersucht wurden; für jede Verunstaltung gab es eine festgelegte Preisliste. Es erübrigt sich, zu sagen, dass ein verlorenes Buch für die Familie eine Katastrophe bedeutete. In den vier Jahren, die ich mit der U-Bahn hin- und herfuhr, verlor ich lediglich eines.

Der Pflege unserer Bücher widmeten wir ein gewisses Maß an Zeit. Einige Jahre lang stellten wir aus großen braunen Papiertüten vom Lebensmittelladen Buchumschläge her. Manchmal kaufte meine Mutter tatsächlich Wachstuch, das wir zuschnitten und dann auf das Buch nähten, um den Zustand zu erhalten, in dem wir es bekommen hatten. Da ich wusste, wie abgezählt unser Geld war, hielt ich meine Handschrift klein und war stets entsetzt, wenn Freundinnen in der Klasse auf einem frischen Blatt Papier herumkritzelten. Dieses Gefühl für Sparsamkeit war keine Besonderheit meiner Familie, sondern Teil einer Welt, die sich gerade erst von der Wirtschaftskrise erholte, die einen anhaltenden Respekt vor jedem Cent nach sich zog.

Die *General Electric Company* spielte in einer Werbekampagne im Oktober 1938 mit diesem Gefühl. Auf die Begabung von Helen Hokinson zurückgreifend, die gewöhnlich zum festen Inventar der Zeitschrift *The New Yorker* gehörte, zeigte die Anzeige in der *New York Post* eine Gruppe ihrer wohlhabenden Matronen aus den Vorstädten in der Elektrowarenabteilung eines Kaufhauses. Eine von ihnen hat gerade eine Münze fallen lassen, und die Unterschrift unter dem Bild eines Mannes, der eilt, sie aufzuheben, lautet: »Bemühen Sie sich nicht! Es ist nur ein Cent!« Hier krempelt die Verfasserin die Ärmel hoch. »Sehen Sie doch, was diese Geräte alles mit der Elektrizität für den Wert eines Cents tun werden. […] 1 Cent verschafft Ihnen mehr als vier Stunden Unterhaltung durch ein neues Kompaktradio, beinahe eine Stunde richtiges Leselicht oder man kann damit länger als zwanzig Minuten ein automatisches Bügeleisen benutzen […] usw.« Wenn sich selbst die *General Electric Company* um einen Cent scherte, so konnte ich nicht dahinter zurückstehen.

Wie viele der anderen Milchmänner hatte mein Vater eine Nebentätigkeit, mit der er sein Einkommen aufbesserte. Sie erwuchs so selbstverständlich aus seiner alljährlichen Weinherstellung, dass ich einige Zeit brauchte, um zu begreifen, dass es illegal war. Es schien alles ganz einfach und normal. An manchen Tagen richtete er es so ein, dass er früh mit seiner Arbeit fertig war, fuhr in die Innenstadt und kehrte am späten Nachmittag mit einem in schlichtes braunes Papier eingewickelten Zwanzig-Liter-Kanister reinen Alkohols zurück. Damit und zusätzlich mit einigen Kirschen und mit Zucker stellte er eine Art Brandy her. Er war sehr stark, und wenn er ihn für eine gewisse Zeit stehen ließ, entwickelte er ein gewisses Aroma. Manchmal, wenn er die Fahrt nicht unternehmen konnte, wurde der Alkohol spätabends von Mr. Kronpolski geliefert, einem Riesen von einem Mann, auf dessen Wangen zwei verräterische hellrote Flecken prangten. Er schien zu groß für unser kleines Wohnzimmer und willigte nur selten ein, sich für einen Besuch bei uns niederzulassen. Gewöhnlich stand er da, unbehaglich von einem auf den anderen Fuß tretend, und wandte sich schnell um, wenn die Tür unerwartet aufging.

Mr. Kronpolski war kein Gangster. Wenn überhaupt, so betrachtete er sich als Opfer, das durch die Zeitumstände in sein unseliges Geschäft hineingezwungen worden war. Er wusste, dass es nicht gut um seine Gesundheit stand, dass er herzkrank war und hohen Blutdruck hatte. Auch war ihm klar, dass die ständige Angst, die plötzlichen Alarmsituationen, mit denen er lebte, für einen Mann mit seinen Gebrechen die schlimmsten Lebensumstände darstellten. Doch was sollte er tun? Das war ein Lebensunterhalt. Und dann war da seine Tochter Zelda, die das Hunter College besuchte, die Quelle seines Stolzes, seiner Freude und Erlösung. Eine glänzende Schülerin, ein Juwel unter den Schülern. Nach dem Abschluss ihrer Ausbildung würde er sich vielleicht nach etwas anderem umschauen. In der Zwischenzeit kümmerte er sich um seine Kunden, handelte mit Gangstern und bestach die Polizei.

Mein Vater verkaufte seinen illegal gebrannten Brandy bei der Arbeit. Bei Sheffield's herrschte eine strenge Hierarchie, die dem Milchmann, der die Milch und Sahne tatsächlich auslieferte, die Rechnungen schrieb und das Geld kassierte, einen etwas höheren Rang einräumte. Darunter standen die Stallburschen, die die

Pferde pflegten und sich um die Auslieferungswagen kümmerten. Die Milchmänner waren »Amerikaner«. Die Stallburschen waren zumeist neu angekommene irische Einwanderer, die noch schlechter bezahlt wurden als die Milchmänner. Dennoch fand mein Vater vor allem unter den Stallburschen einen Markt für seinen Brandy, den er in wiederverwendbaren Milchflaschen aus Glas anbot. Die Männer kamen nach der Arbeit in unserer Wohnung vorbei, um einen Quart abzuholen, standen kurz im dunklen Flur und verschwanden rasch wieder.

Einer seiner Dauerkunden war Johnny, der Stallbursche, der für das Pferd verantwortlich war, das meinem Vater für seine Auslieferungsfahrten zur Verfügung gestellt wurde. So unterschiedlich sie auch zu sein schienen, teilten mein Vater und Johnny doch die Herkunft vom Lande und hatten in den Ställen in der Webster Avenue irgendeine Verbindung zueinander gefunden. Mein Vater war in einem winzigen Dorf in der Nähe von Bialystok aufgewachsen, wo er als Junge bei den nahe gelegenen Höfen herumgelungert hatte, geritten war und bei der Pflege der Tiere geholfen hatte. Da er als Kind so etwas wie ein junger Randalierer war, hatte man ihm erlaubt, frei herumzulaufen, weil er ohnehin als nicht bezähmbar galt. Wenn seine Mutter von ihren Nachbarn gefragt wurde, ob sie sich keine Sorgen machte, weil er auf Bäumen herumkletterte, auf die Flöße aus Baumstämmen auf dem Fluss sprang und in der Nähe der Wasserfälle schwamm, pflegte sie mit einem russischen Sprichwort zu antworten, das besagte, der Teufel werde niemals einen Teufel holen. Von den Grenzen des *Cheder* (der täglichen Religionsschule) befreit, war mein Vater zugleich auch aus der Welt des Jiddischen entlassen. Wenn er die Soldaten des Zaren in ihren nahe gelegenen Baracken besuchte, sprach er Russisch. Bei den seltenen Gelegenheiten, da er den großen Grundbesitzern der Region und ihren Bediensteten begegnete, sprach er Polnisch. Doch zumeist verbrachte er seine Zeit mit gleichaltrigen Bauernjungen, sprach mit ihnen und ihren Pferden Russisch und nahm an ihrem alltäglichen Leben in den Feldern und Obstgärten teil.

Obwohl er und Johnny mehr als tausend Kilometer weit voneinander weg aufgewachsen waren, sprachen sie nun eine gemeinsame Sprache und redeten miteinander und mit den Pferden Englisch. Auch teilten sie den für Menschen vom Land charakteristischen unsentimentalen Umgang mit Tieren. Sie »liebten« sie nicht, doch sie wussten, wie man für sie sorgte und das Beste aus ihnen herausholte. Sie sahen einander täglich und redeten meist über die Pferde, ein wenig auch über ihr Leben. Bei den vereinzelten Gelegenheiten, da mein Vater seinen Pferdewagen zu unserer Straße fuhr, zeigte er gerne einen Trick, mit dem er sein Pferd dazu bringen konnte, nein zu sagen. Er lehnte sich nach vorne und flüsterte in sein Ohr (ob auf Russisch oder Englisch, war mir nie klar), woraufhin das Pferd garantiert aufstampfte und den Kopf schüttelte.

Wenn Johnny kam, um seinen Quart abzuholen, wurde er, anders als die Übrigen, eingeladen, Platz zu nehmen. Selbst ich konnte als Kind, das dem Gespräch zuhörte, sagen, dass etwas schrecklich schief lief. Ohne dass ich es benennen konnte, wusste ich, dass Johnny und seine Frau Alkoholiker waren, dass sie in furchtbarem Schmutz und Elend lebten und ihre dreizehnjährige Tochter zu Johnnys Kummer auf einem unbezogenen Bett lag und mit ihren Eltern trank. In unserem Haus lieferte diese Geschichte einen weiteren Beweis für das alte, widerlich selbstgefällige jiddische Lied »*Schiker iz er, trinken miz er, wajl er is a Goj*« Angeschickert ist er, trinken muss er, weil er ist Goj. Mein Vater hatte Mitleid mit Johnny, doch er verkaufte ihm auch weiterhin seinen Brandy.

Kleinere, häuslich erzeugte Illegalität war in der Bronx etwas Vertrautes. Da gab es etwa die Kartenspiele, die in bestimmten Wohnungen zu jeder Tages- und Nachtzeit stattfanden. Die Besitzerin der Wohnung veranstaltete diese Spiele im Wesentlichen als ihr Geschäft. Es gab einen Eintrittspreis, und sie (gewöhnlich war es eine Frau) verdiente sich ein wenig Geld extra, indem sie Erfrischungen – Sandwiches und Getränke – verkaufte. Doch für einige Frauen (und Männer) war das Kartenspielen eine Art Sucht, und es gab einige Typen im Viertel, die schlicht als »Kartenspieler« bekannt waren, die ihre wachen Stunden vollständig in dem einen oder anderen dieser Spielhäuser verbrachten. Natürlich war es illegal, doch das störte die Nachbarn weniger als die Unmoral einer Frau (oder eines Mannes), die ihre Familienverpflichtungen vernachlässigte, um ihrer Besessenheit nachzugehen. In der Bronx herrschten strenge Vorstellungen, was die weiblichen Pflichten betraf, darunter die wichtigste, die vorschrieb, dass eine Frau ein Abendessen zu kochen hatte. Eine Dose zu öffnen oder kalte Speisen aus dem Delikatessengeschäft zu kaufen, wurde als Verstoß gegen den Ehevertrag verstanden. Darin teilte die jüdische Gemeinschaft in der Bronx natürlich nur die energisch verfochtenen konventionellen Anschauungen des ganzen übrigen damaligen Amerika. Die Briefe an die Ratgeberkolumnen in den Zeitungen berichteten nicht selten über Klagen von Ehemännern, die sich vernachlässigt fühlten, weil ihre Frauen den Haushalt nicht als ernsthafte Verantwortung verstanden. Gleichzeitig waren Männer, die ihr Gehalt verspielten, ein Spiegel des Problems und gaben zu ebenso bekümmerten Briefen Anlass.

Ich muss gestehen, dass mir bei den wenigen Gelegenheiten, da ich diese Spielsalons besuchen durfte, die Atmosphäre gefiel, die dort herrschte. Ich mochte die Damen, die so anders aussahen als meine Mutter und ihre Nachbarinnen. Die spielenden Damen, die *Kurtn Schpiler* (Kartenspielerinnen), waren laut, glänzend zurechtgemacht, häufig mit hell gebleichtem Haar. Sie rauchten, erzählten schlüpfrige Witze und hatten keine Angst vor den Männern. Der Mann, der die Stirn gehabt hätte, ihnen vorzuwerfen, sie hatten nichts zum Abendessen gekocht, hätte das schnell bereut. Diese unabhängigen Frauen hatten ein anderes Verständnis des Lebens als jenes, das ich gewohnt war. Sie verstanden, dass *Vergnügen* dazugehörte. Die Männer strahlten denselben Lebensgenuss aus, wenn sie ihre Zigarren rauchten, sich ungezwungen auf ihren Stühlen ausbreiteten, lauthals Karten spielten, sich wichtig machten und Geschichten erzählten. Mein Vater fühlte sich zu diesen Häusern hingezogen und verbrachte dort, trotz der deutlichen Missbilligung meiner Mutter, gelegentlich einen Abend. Da er ein Mann war, der niemals wirklich Freunde gehabt hatte, ging er, glaube ich, mindestens ebenso sehr wegen der fröhlichen Geselligkeit wie wegen des Spiels dorthin. Er verrannte sich nie in ein besessenes Bedürfnis danach, doch ohne den Widerstand meiner Mutter wäre er vermutlich ein viel regelmäßigerer Gast gewesen.

Man verkaufte zudem in den Wohnungen Waren unklarer Herkunft. Bei der Schmuggelware handelte es sich gewöhnlich um neue Kleidung, die aber nur in Form von Einzelstücken zur Verfügung stand. Zur Tarnung bezeichnete man sie als »Muster«. Im Schlafzimmer der Wohnung stellte ein Kleiderständer eine Auswahl von Kleidern, Mänteln und Jacken in einer Vielzahl von Größen zur Schau. Hatte die Käuferin Glück, so fand sie ein Kleid, das ihr gefiel, in ihrer Größe. Doch es verstand sich von selbst, dass es nicht möglich war, irgendwo ein anderes Stück in einer anderen Farbe oder Größe zu bestellen. Dies waren Muster! Doch was am Ständer hing, war bei weitem besser als das, woran wir bei unseren üblichen Ausflügen in die Third Avenue, der Hauptgeschäftsstraße der Bronx, gewöhnt waren. Bei diesen Schlafzimmer-Transaktionen wurden schöne Kleider und Mäntel für einen Bruchteil ihres tatsächlichen Wertes verkauft. Wir fragten nicht und sie erzählten nichts, doch jeder wusste, dass diese Waren auf nicht ganz einwandfreiem Weg dorthin gelangt waren. Wir zuckten mit den Schultern und waren froh über die Bekanntschaften, die uns den Zugang und die Chance sicherten, etwas Schönes zu kaufen. Wir wünschten der Verkäuferin alles Gute und hofften, dass sie und jene, die sie belieferten, nicht erwischt wurden. Für den Augenblick befriedigte das Arrangement sowohl ihren Geldbedarf als auch unser Verlangen nach etwas, das besser war als das, was wir uns leisten konnten. Wir nutzten die Gelegenheit.

Meine Eltern hatten beide eine Vorliebe für das Großartige und für das, was ihnen als verschwenderische Ausgabe erschien, und das Geld, das mein Vater mit seinen illegalen Geschäften verdiente, verschaffte ihnen etwas zusätzlichen Spielraum. Es erlaubte etwa einen Einkaufsbummel am Samstagabend zum Straßenmarkt in der Bathgate Avenue in der East Bronx. Dort schlenderten sie die Straße entlang, guckten in Schaufenster, reckten den Hals nach den Waren in den Handkarren, die alle mit einer Naphthalampe hell erleuchtet waren, kauften Fruchtbonbons aus Osteuropa mit ihrem knallbunten Papier, Stückchen *Chal-*

wah, manchmal Haushaltswäsche, einen Strickpullover, ein Hemd für meinen Vater, alles, was ihnen in einer freigebigen Laune gefiel. Ich blieb, während sie ihre Ausflüge machten, zu Hause, um auf meine Schwester zu achten, doch bei ihrer Rückkehr wurden wir mit einigen der Leckerbissen belohnt, die sie erworben hatten.

Das war der gute Teil. Manchmal jedoch war der hellgrüne Lochmusterpullover, den sie mir so freudig mitbrachten, nichts anderes als eine Qual. Mit gespielter Freude nahm ich ihn entgegen, in der Hoffnung, ihn niemals tragen zu müssen. Für eine Jugendliche, die sich, wie sie zu sagen pflegten, früh »entwickelt« hatte, war es eine Pein, etwas Enganliegendes anzuziehen. Meine Eltern schienen meine Verlegenheit nicht wahrzunehmen und riefen lediglich aus, wie gut mir die Farbe stehe.

Als ich begann, über die Kleidung meiner Klassenkameradinnen an der High School nachzudenken und mich zu fragen, wo sie ihre verblassten Tweedjacken und dunklen buntkarierten Röcke herhatten, wollte ich bald von der Bathgate Avenue nichts mehr wissen. Die Kleidung, die es dort gab, wiesen meist das auf, was meine Mutter gern als *Italjejnische Farbn* (italienische Farben) bezeichnete, was alles andere als ein Kompliment war. Dennoch, so erlesen und sorgfältig ihr Geschmack bei sich selbst war, schien sie für mich immer *Italjejnische Farbn* auszusuchen. Ich muss gestehen, dass ich ein recht mürrisches Kind war, ein *Mruk*, wie ich allzu oft zu hören bekam. Möglicherweise versuchte meine Mutter, durch ihre Wahl knallbunter roter und gelber Farben – oder »Maisfarben«, wie sie es gerne nannte –, die Atmosphäre aufzuhellen. Doch diese Wahl stürzte mich nur noch tiefer in Verzweiflung, wenn ich stumm die ruhige, gut sitzende Kleidung meiner Klassenkameradinnen beobachtete.

Das Geheimnis ihrer Herkunft wurde mir schließlich von einem der Mädchen offenbart, das selbst für mich erkennbar ein Emporkömmling war. Als sie mir erklärte, wie sie das Etikett aus einem Kleid schnitt, das im eleganten Kaufhaus De Pinna's im oberen Teil der Fifth Avenue gekauft worden war, und in etwas hineinnähte, das von einem Handkarren stammte, verriet sie versehentlich die Herkunft all der schönen Dinge, die ich begehrte.

Ich vermochte nie den Sinn ihres Etikettentausches zu erkennen; doch irgendwann, so beschloss ich, wenn ich den Mut dazu gefunden hatte, würde ich zu De Pinna's gehen und mir die Kleider dort anschauen.

Im Winter war der große Feiertag, der sich über das Jahresende erstreckte und seine letzten Wochen beherrschte, natürlich Weihnachten. Selbst im vom Rektor Mr. Rabin und der Konrektorin Mrs. Goldstein geleiteten Public School 90, an der die Studierenden überwiegend jüdisch waren, herrschte Weihnachten. An die Fenster wurden Papierweihnachtsbäume und Schneemänner geklebt. In einigen Klassen tauchten auf dem Schreibtisch der Lehrer kleine Bäume auf, und im Musikunterricht lernten wir Weihnachtslieder.

Doch das war erst der Anfang. Die ganze Stadt war in Weihnachtsatmosphäre getaucht. In den Parks standen geschmückte Bäume. Einige Kirchen stellten draußen ihre Krippen aus, und die Geschäfte waren natürlich mit leuchtenden, glitzernden Dekorationen geschmückt. Ich liebte es, die unendlich zerbrechlichen Glaskugeln zu betrachten, flüchtig wie Blasen, mit ihren schimmernden Farben und ihrer kunstvollen Verzierung. Das glänzende Lametta und die winzigen farbigen Lichter schufen eine unwiderstehliche Atmosphäre der Festlichkeit und Freude.

Doch wir widerstanden. Im Grunde war es nicht einmal Widerstand, denn all diese Aktivitäten hatten nichts mit uns zu tun. Es gab eine Kluft des Andersseins, die uns von den Festlichkeiten trennte und die für meine Eltern noch breiter war als für mich. Ich bezweifle, dass meine Eltern und ihre Zeitgenossen das Spektakel, das sich in den Straßen und Geschäften bot, überhaupt wahrnahmen, geschweige denn, dass sie Spaß daran hatten. Sie assoziierten jede Weihnachtsfeier mit potenzieller Gefahr. In der alten Heimat waren Feiertage Zeiten intensivierter Stimmungen, in denen ein ungeschicktes Wort oder eine missverstandene Geste gewaltsame Folgen haben konnten. Wir, die wir in Amerika geboren waren, kannten diese Ängste nicht und konnten die Fröhlichkeit, die Musik, die Partys, zu denen wir eingeladen waren, und die verführerische Atmosphäre genießen.

In den frühen Jahrzehnten des Jahrhunderts gab es keine jener doppelzüngigen Stimmen, die erklärten, dies sei bloß die Wintersonnenwende, ein altes heidnisches Fest, das Christen wie Juden gleichermaßen übernommen, wenn auch inhaltlich unterschiedlich gefüllt hatten. Der Generation der Einwanderer hätte man niemals weismachen können, Chanukka und Weihnachten seien gleichzusetzen, bloß weil sie zufällig im Kalender zusammenfielen. Auch hielten wir Weihnachten nicht für einen säkularen Feiertag. Für uns verkörperte es eindeutig die christliche Feier der Geburt ihres Heilands, so wie es in Europa in den Dörfern unserer Eltern gewesen war. Und wir waren noch immer Zuschauer. Hätten wir unsere Eltern gefragt, ob wir nicht auch einen Weihnachtsbaum haben könnten, wäre es gewesen, als hätten wir uns ein Spanferkel zum Essen gewünscht. Es gab in unserem Leben für einen Weihnachtsbaum keinen Ort. Welchen Segen hätte man über dem Baum, über den Lichtern sprechen sollen? Je mehr man über die Anomalie nachdachte, desto haarsträubender wurde es.

Chanukka ist, wie Purim, eines jener Feste ohne anstrengende religiöse Verpflichtungen und die tragischen Untertöne, die so viele Feste des jüdischen Jahres kennzeichnen. Wie Purim ist auch Chanukka durch eine Atmosphäre ungezwungenen Vergnügens bestimmt – Familien, die einen gemeinsamen Winterabend verbringen, Kartoffelpuffer essen, Karten oder Domino spielen, und selbst die Kinder erhielten bei der Nachinszenierung des Wunders ihren Teil an Aufmerksamkeit.

Chanukka feiert nicht bloß den Sieg der Makkabäer über den schändlichen Antiochus im zweiten Jahrhundert v. u. Z., sondern auch das Wunder einer Phiole Öl, die eine Lampe eigentlich nur einen Tag lang hätte brennen lassen, tatsächlich aber für acht Tage ausreicht. In Erinnerung an dieses Geschehnis zündeten wir Kerzen an, jeden Tag eine weitere, bis der achtarmige Leuchter voll erleuchtet war. Die bezaubernden geflochtenen orangefarbenen Kerzen verstärkten die spielerische Note des Ganzen. Am ersten Tag des Feiertags, nachdem bei Einbruch der Dunkelheit die erste Kerze angezündet und die dazugehörigen Gebete gesprochen worden waren, erhielten die Kinder Münzen geschenkt (*Chanukkah Gelt*). Diese Münzen waren für unser Glück entscheidend, da meine Cousinen und ich ein Spiel spielten, bei dem wir sie gegen die Wand warfen und der diejenige gewann, deren Münze die der anderen berührte oder ihr am nächsten kam. Um am längsten im Spiel zu bleiben, war es gut, eine Hand voll kleiner Münzen zu haben. Schließlich ergab es keinen Sinn, mit einem Wurf einen halben Dollar zu verlieren! Einmal brachte mir mein Onkel Jake, vermutlich in einem Anfall von Zerstreutheit, als Geschenk einen Bleistiftspitzer mit, was uns alle höchst irritierte. Für mich war es besonders erschütternd, weil ich nun kein Geld erhalten hatte wie all meine Cousinen. Onkel Jake hatte, so schien es, die amerikanischen Zeitungen gelesen und die Liste möglicher Weihnachtsgeschenke in sich aufgenommen, aber eindeutig den Nutzen einer Hand voll Kleingeld vergessen.

Diese selige, unbewusste Distanz konnte nicht lange andauern. Nicht nur Onkel Jake las die Zeitung und beobachtete, was um ihn herum vorging. Weihnachten war in Amerika nicht nur ein überwältigendes Ereignis, sondern nahm scheinbar jedes Jahr noch größere Dimensionen an. Familientreffen, Verlobungen, Büropartys, Klassentreffen – alles Gute schien sich auf Weihnachten zu konzentrieren, und im Zentrum all dessen standen die staunenden Kinder. Die Einwanderergeneration war interessiert, bisweilen amüsiert, aber unberührt. Die hier geborene Generation begann sich unbehaglich zu fühlen. In welche Richtung sollten sie springen? Stimmte es, dass Weihnachten ein säkularer Feiertag war? Sollten sie einfach wie die anderen Amerikaner sein und einen Weihnachtsbaum in ihrem Wohnzimmer stehen haben? Oder sollten sie schauen, was man mit Chanukka anfangen konnte?

Die Experimente mit der Feier des Chanukkafestes, die um die Mitte des zwanzigsten Jahrhunderts unternommen wurden, sind in Jenna W. Joselits Buch *The Wonders of America* wunderbar aufgezeichnet. Die von ihr beschriebenen amerikanisierten Spielarten des Festes bewegen sich zwischen dem Lächerlichen und Erhabenen. Schließlich gewann die Gewohnheit, sich zu dieser Zeit zu beschenken, die Oberhand und drückte auch Chanukka ihren Stempel auf. Heute, am Ende des Jahrhunderts, sind wir fest an die »traditionelle« Praxis gebunden, dass jedes Kind acht Geschenke erhält, jeden Abend des Chanukkafestes eines.

Angesichts des starken Gewichts, welches das Fest zu Hause erhielt, wurde es unvermeidlich als sichtbare öffentliche Konkurrenz zum Weihnachtsfest in Anspruch genommen, als Gegenfest, dessen achtarmiger Leuchter seine Arme über Parks und Grünflächen ausstreckt, wofür er nie vorgesehen war. Die Fantasie, die – nicht nur in Osteuropa, sondern überall, wo Juden leben – in die Herstellung des Chanukkaleuchters gesteckt wurde, ist beeindruckend, und ihre Erzeugnisse sind fantasievoll und schön. Abgesehen von jenen, die ursprünglich für die Verwendung in der Synagoge entworfen wurden, hatten sie stets einen intimen, häuslichen Maßstab, waren häufig voller biblischer Anspielungen und griffen bisweilen auf lokale Symbole zurück.

Heutzutage empfinde ich im Dezember Traurigkeit beim Anblick der riesigen, übertriebenen, brutalen Chanukkaleuchter, die einzig und allein denen Freude bereiten, die sie benutzen, um irgendeine Art falscher Gleichheit herzustellen. Der Zauber des Chanukkafestes liegt darin, dass es im Wesentlichen zu Hause gefeiert wird, und es wäre der Generation der Einwanderer niemals in den Sinn gekommen, seine Beachtung zur Schau zu stellen. Auch hätten meine Eltern und ihre *Landslajt* angesichts dieser öffentlichen Selbstdarstellung keine Befriedigung empfunden. Wenn überhaupt, so hätte es jene alte, vertraute Besorgnis hervorgerufen, die sich in Amerika erheblich abgeschwächt hatte und zu so etwas wie Vorsicht geworden war, zu einer Haltung, die eine Mauer der Privatheit um die Feste und Bräuche zog, die in der christlichen Welt keinen Platz hatten.

Die Einwanderer brauchten ihre Lebensweise nicht zur Schau zu stellen. Im Gegenteil, sie bevorzugten es, sie innerhalb ihres eigenen Bereichs zu kultivieren – eine Fortsetzung der Heimlichkeit oder vielleicht des Schweigens, die in so hohem Maße ihre Verpflanzung in die Neue Welt umgaben. Natürlich, als einige der Einwanderer und ihrer Kinder wohlhabender geworden waren, errichteten sie solide Synagogen und andere Einrichtungen: Waisenhäuser, Krankenhäuser, Altenheime. Doch zumindest anfänglich wurden sie innerhalb jüdischer Viertel mit Blick auf jüdische Bedürfnisse gebaut, in Erfüllung der alten Verpflichtung, Almosen zu geben. So solide die in den ersten Jahrzehnten dieses Jahrhunderts errichteten Synagogen heute auch scheinen mögen, so wurden sie doch fast ohne Seitenblick auf den Eindruck gebaut, den sie auf die Umwelt ausüben würden. Sie repräsentierten den Stolz und das Vertrauen der Einwanderer, die sich in ihrer amerikanischen Existenz etablierten.

Dennoch betrachteten sie sich in Amerika häufig als bloße Epigonen, die matt die Rituale ihrer Jugend wiederholten, die in einer wirklichen Welt stattgefunden hatten. Ihre Synagogengottesdienste schienen schattenhaft, verblichen, ohne Autorität – eine verkleinerte Version dessen, was sie gekannt hatten. Umso mehr Ehrerbietung brachten sie daher den alten Männern entgegen, die vorne in der Synagoge standen, in bis auf den Boden hängende Gebetsmäntel gehüllt, ihre Kragen mit dichten Silberstickereien verziert. Als bloße Personen verkörperten diese Männer die Tradition, die Verbindung zur Alten Welt. Und an Jom Kippur, wenn sie die Gnade Gottes beschworen und den Priestersegen sprachen, dabei auf ihre Knie fallend und sich wieder erhebend, eine Geste, die nur einmal im Jahr stattfand, konnte kein Gemeindeglied umhin, Furcht und Ehrfurcht zu empfinden.

Gershom Scholem erzählt eine chassidische Geschichte über den Verlust der Tradition, die sehr schön das Gefühl der Einwanderer einfängt, die plötzlich erkannten, wie flüchtig ihre eigenen Familienbräuche waren. »Wenn der Baal-schem etwas Schwieriges zu erledigen hatte«, schreibt Scholem,

> »so ging er an eine bestimmte Stelle im Walde, zündete ein Feuer an und sprach, in mystische Meditationen versunken, Gebete – und alles geschah, wie er es sich vorgenommen hatte. Wenn eine Generation später der Maggid von Meseritz dasselbe zu tun hatte, ging er an jene Stelle im Walde und sagte: ›Das Feuer können wir nicht mehr machen, aber die Gebete können wir sprechen‹ – und alles ging nach seinem Willen. Wieder eine Generation später sollte Rabbi Mosche Leib aus Sassow jene Tat vollbringen. Auch er ging in den Wald und sagte: ›Wir können kein Feuer mehr anzünden, und wir kennen auch die geheimen Meditationen nicht mehr, die das Gebet beleben; aber wir kennen den Ort im Walde, wo all das

hingehört, und das muss genügen.‹ Und es genügte. Als aber wieder eine Generation später Rabbi Israel von Rischin jene Tat zu vollbringen hatte, da setzte er sich in seinem Schloss auf seinen goldenen Stuhl und sagte: ›Wir können kein Feuer machen, wir können keine Gebete sprechen, wir kennen auch den Ort nicht mehr, aber wir können die Geschichte davon erzählen.‹ Und – so fügt der Erzähler hinzu – seine Erzählung allein hatte dieselbe Wirkung wie die Taten der drei anderen.«

Ganz wie die Rabbiner in der Geschichte hatten die Einwanderer das Empfinden, dass sie einst das Feuer hatten brennen sehen, nun aber nur noch die Geschichte erzählen konnten. Sie erlebten die Feste daher ebenso in ihrer Erinnerung als auch in Wirklichkeit wieder. Trotz skeptischer, gelangweilter Kinder und einer zerstreuten Familie zündeten sie ihre Kerzen an, luden Verwandte und *Landslajt* ein, redeten, erinnerten Familiengeschichten, führten sich die letzten Neuigkeiten vor Augen und fühlten sich in ihrer Gesellschaft Tee trinkend wohl.

In der Bronx herrschte eine Hingabe an die heilende Kraft des Gesprächs und des Tees. Es gab viel zu diskutieren, weil sie alle mit größter Intensität die Zeitungen lasen und nach Zeichen und Omen suchten. Auf ganz fundamentale Weise hatten die Einwanderer stets ihren früh geprägten Glauben bewahrt, die Welt sei im wesentlichen ein unzuverlässiger, gefährlicher Ort. Es galt sie zu beobachten. Meine Eltern und ihre *Landslajt* studierten die Nachrichten demnach aus zweifacher Perspektive: Waren sie gut oder schlecht für die Juden? Waren sie gut oder schlecht für die arbeitenden Menschen? Meine Mutter sah es ganz schlicht, und immer wenn in irgendeinem Teil der Welt ein Konflikt ausbrach, hatte sie einen fertigen Kommentar parat. »Egal, wer gewinnt«, sagte sie, »immer sind es die arbeitenden Menschen, die ermordet werden.« Die Suche nach dem richtigen Weg machte nicht bei der Politik Halt, sondern führte auch zu langen Erzählungen über wahrgenommene Verunglimpfungen und Ungerechtigkeiten. Immer wieder vernahm ich, wie diese Berichte mit ihren minutiösen Details mit der eindringlichen Frage endeten: »Benimmt man sich so?«

Hier kam der Erzähler oder die Erzählerin auf die Hauptsache zu sprechen, bei der die eigene Verletzung lediglich die eröffnende Illustration einer Diskussion über eine breitere ethische Fragestellung darstellte. Nun wurde eine weitere Tasse Tee eingegossen, um die Teilnehmer für die nun folgende Debatte zu stärken. Entscheidend war, dass die Menschen zusammen kamen, um zu *reden*. Es war, als sei das Leben eine im Kreise von Freunden und Verwandten vorgenommene ewige Erkundung und Untersuchung dessen, was um einen herum vor sich ging. Was geschehen war, war lediglich die Eröffnungssequenz der Erzählung. Es folgte die ewige Frage: War es richtig oder falsch?

Der Lieblingstee in der Bronx kam in roten Dosen mit goldenen Streifen, Miniaturtruhen mit gewölbtem Deckel und aufgedruckten Lederriemen, die gut in eine Kutsche des achtzehnten oder neunzehnten Jahrhunderts gepasst hätten. Sie trugen den Namen der für den russischen Teeimport bedeutenden Familie »Wissotsky« und im Bogen über dem Medaillon im Zentrum, das einen Chinesen mit Mütze und Zopf zeigte, der eine Büchse Tee untersuchte, den transkribierten russischen Werbespruch *Swee-touch-nee* (Blütentee). Diese beliebte Mischung, die vor allem aus einem chinesischen schwarzen Tee bestand, mit einer Beimischung von Geschmack und Duft verstärkendem Darjeeling und Oolong, ergab eine tief orange Farbe, die in den Gläsern, aus der man ihn trank, deutlich sichtbar war. Gemäß einer alten Erinnerung an ihre Heimat fügte meine Mutter manchmal anstelle von Zucker einen Teelöffel Erdbeermarmelade hinzu. Wenn ich bei besonderen Gelegenheiten ebenfalls Marmelade hineintun durfte, ließ ich sie auf den Boden des Glases sinken und beobachtete, wie die helle Farbe wegsickerte, bevor ich die Süße der Erdbeeren des vergangenen Sommers genoss.

In Amerika lernten meine Eltern, Kaffee zu trinken, allerdings nie nach dem Frühstück. Zum Kaffee gehörte Sahne, und da Sahne in einem koscheren Haushalt nach einer Fleischmahlzeit nicht erlaubt war, bildete Tee den natürlichen Abschluss des Abendessens. Die Kuchen, die dazugehörten, unterlagen demselben Verbot wie die Mahlzeit selbst, so dass die jüdischen Bäcker sich auf Kuchen ohne Milchprodukte spezialisierten. Manchmal waren sie trocken – Biskuitkuchen, Eierplätzchen (*Kichlech*), Mandelbrot, Mohnkuchen –, bisweilen auch feucht, wie die Honig- und Nusskuchen, die viel Öl und Eier enthielten. Doch Schichttorten mit Schlagsahne oder Glasur, das Kennzeichen amerikanischer Backkunst, lagen außerhalb ihres Repertoires. In jedem Fall brauchte die Generation der Einwanderer lange, um Appetit auf diese fremden Konsistenzen zu entwickeln, und griff, wenn es um elementare Befriedigung ging, auf das zurück, was sie kannte.

Während der langen Winterabende, an denen die Familie zu Besuch kam, um den Tisch saß und Tee trank, war das weiße Tischtuch bedeckt mit Schalen voller Früchte und Nüsse, einer Auswahl einfacher, in Stücke geschnittener Kuchen und der köstlichen trockenen Kekse, die so gut zum Tee passten. Hier kehrten meine Onkel und Tanten zu der alten europäischen Art zurück, Früchte zu essen, schälten einen Apfel oder eine Orange in einer langen Spirale und schnitten sie dann in kleine, schickliche Stücke. Zugleich boten die Nüsse eine Herausforderung für einige der Männer, die es vorzogen, sie mit einem lauten Geräusch zwischen ihren Handflächen zu knacken, anstatt den Nussknacker zu benutzen, und dann lange Zeit damit verbrachten, die Stückchen aus der Schale zu picken. Die Abende begannen meist in einer recht ausgelassenen Stimmung, wenn die Leute durcheinanderredeten, sich über die Kinder begeisterten, zwischen Jiddisch und Englisch hin und her wechselten und die letzten Neuigkeiten austauschten. Doch im Verlaufe des Abends, nachdem die Kinder ins Bett gebracht worden waren, wurden die Stimmen leiser, beruhigte sich die Stimmung, und man sprach nur noch Jiddisch. Beim Einschlafen hörte ich das Murmeln der Stimmen und das Klingen der Teelöffel im Glas.

12
Betten

Während der dreißiger Jahre warb die Simmons-Matratzenfirma in einer Reihe von Werbeanzeigen in populären Zeitungen und Zeitschriften für ihre *Beautyrest*-Matratzen. »Sie verbringen ein Drittel ihres Lebens im Bett«, verkündete der Text und zeigte dann die Schlafzimmer der Reichen und Berühmten. Die Schwindel erregende Botschaft, die darin impliziert war, lautete, der glückliche Besitzer einer Simmons-Matratze könne ein Drittel jedes Tages unter Umständen verbringen, die mit denen etwa der Roosevelts oder Rockefellers identisch waren, deren Schlafzimmer abgebildet waren. In einer früheren Kampagne hatte die Firma ihr Netz noch weiter ausgeworfen und die Unterstützung von berühmten Persönlichkeiten wie George Bernard Shaw, Guglielmo Marconi, »des Erfinders des Rundfunks«, Gordon Selfridge, »des Gründers des größten Kaufhauses Londons« und unseres eigenen Gummimagnaten, Harvey Firestone, gewonnen.

Diese Parallelen berührten, wie die Werbeabteilung bei Simmons gewusst haben muss, bei den Lesern eine Seite ganz tief in ihrem Innern. Als die Stellenknappheit und eine schwache wirtschaftliche Konjunktur das Leben so unsicher machten, entwickelten jene von uns, die sich auf den Arbeitsmarkt vorbereiteten, ein ganz bestimmtes Verständnis des »Lebens«. Wir wussten, dass man jede Gelegenheit ergreifen musste, um genug zu verdienen; doch sobald dieses grundlegende Fundament gelegt war, jenes des realen Lebens, ließ man der Phantasie über das eigene Leben die Zügel schießen. Unter Freunden planten wir unsere Zukunft entlang zweier unabhängiger Wege. Erstens ging es darum, wie wir unser Brot verdienen sollten, dann aber darum, was wir gerne tun wollten. Eines der reinsten Beispiele war das eines Paares, das am College als Hauptfach Altphilologie studiert hatte. Unter dem Aspekt beruflicher Chancen konnte man mit einer solchen Ausbildung nichts anfangen. Doch wie sollten sie leben? Sie beschlossen, ein kleines Lebensmittelgeschäft in Harlem zu eröffnen; dann aber, so dachten sie, inmitten der Kunden würden sie weiter die Römer und Griechen lesen. Es heißt, dass man sie jeden Tag vor ihren ausgebreiteten Büchern antreffen konnte, während sie Käse und Butter abwogen und Lebensmittel in Tüten einpackten.

In einem anderen Fall hatte mein Schwager, der Blues und Country and Western Music liebte, seine Aussichten ebenfalls recht realistisch berechnet. Er beschloss, eine Ausbildung als Optiker zu machen, in irgendeinem geeigneten Viertel in der Bronx ein Geschäft zu eröffnen und in Augenblicken der Muße auf seiner Gitarre zu klimpern. Eine wesentlich pessimistischere Freundin, die fürchtete, sie werde niemals auch nur einen noch so niederen Arbeitsplatz finden, hatte einen Plan für den Fall ausgearbeitet, dass sie gezwungen sein würde, »von der Fürsorge zu leben«. In diesem Falle wollte sie ein Zimmer in der Nachbarschaft der New York Public Library nehmen und so, die Fahrtkosten sparend, ihr hingebungsvolles Studium der mittelalterlichen französischen Poesie fortsetzen. Zweifellos gab es gute, schöne Dinge auf dieser Welt, elegante Lebensformen. Wir hatten noch nicht herausgefunden, wie wir solche Ziele erreichen konnten, ob es überhaupt möglich war.

Daher zählte in einer solchen Atmosphäre jede Leistung doppelt, war da doch erstens die Freude über das Ereignis selbst und zweitens das Wunder, dass es überhaupt eingetreten war. In diesem Geiste pflegte meine Schwiegermutter die Geschichte ihres Lebens in Amerika als Gleichnis auf der Grundlage der Errungenschaft eines »*giten Gelajger* – eines guten Lagers« zu erzählen. Wie in einem Echo auf Simmons Werbung für die *Beautyrest*-Matratze legte sie, in Übereinstimmung mit der Mehrheit der Gemeinschaft jüdischer Einwanderer, großen Wert auf ihr Bett und ihre Matratze. Unabhängig davon, ob sie zu Hause blieben und sich um das Haus und die Kinder kümmerten, ob sie zur Arbeit in die Werkstätten gingen oder ob sie die kleinen Geschäfte im Viertel führten, deren Eigentümerinnen sie waren – stets waren ihre Tage lang und mühevoll. Zumeist standen sie auf ihren Füßen oder saßen endlose Stunden lang gebeugt über harter Arbeit in einer Werkstatt und standen dann den ganzen Heimweg lang in der U-Bahn. Es war der Höhepunkt des Tages, wenn sie sich endlich hinlegen und ihre schmerzenden Knochen ausstrecken konnten.

Kann es verwundern, dass die jüdischen Einwanderer, die aus der alten Heimat nur sehr wenig anderes mit sich führten, fast immer eine Daunendecke mitbrachten? Meine Schwiegermutter brachte natürlich zwei, eine für sich und eine für ihren Mann, denn als traditionelle Juden schliefen sie selbstverständlich in getrennten Betten. Meine Schwiegermutter, die ein Gespür für Absurdes hatte und eingestand, dass ihrer unablässigen Suche nach dem vollendeten Komfort etwas leicht Lächerliches eignete, ließ jedoch nicht zu, dass diese Zweifel ihr präzis anvisiertes Ziel beeinträchtigten. Ihr zufolge waren die ersten Betten meiner Schwiegereltern in der Lower East Side hohe, weiß gestrichene Eisenbetten mit Sprungrahmen und dünnen Rohbaumwollmatratzen. Die Rohbaumwolle verschob sich bald, und der Sprungrahmen hing an einigen Stellen durch. Man schlief mit einer Schulter unten und einer Hüfte oben, oder umgekehrt, so dass man morgens mit dem Gefühl aufstand, der eigene Oberkörper sei im Verlaufe der Nacht ausgerenkt worden. Sobald auch nur ein bisschen Extra-Geld zur Verfügung stand, bestand die erste Maßnahme meiner Schwiegermutter darin, die Baumwollmatratzen zu verkaufen und zu ersetzen, natürlich mit Simmons *Beautyrest*. Das war schließlich nicht nur eine Matratze; innen waren sogar geschickt Spiralfedern eingearbeitet. Was kümmerte es dann, wenn der Sprungrahmen Risse und Verbiegungen aufwies, wo man doch in Wirklichkeit auf einem solchen Wunder schlief? Doch, so stellte sich heraus, es machte durchaus einen Unterschied, und es war daran nichts zu ändern. Sie mussten genügend Geld sparen, um die Sprungfedern zu kaufen. Als auch dies erreicht war, stellte sich jedoch heraus, dass Sprungfedern und eine Spiralfedermatratze, insgesamt 45 Zentimeter Polsterung, nicht für den spinnenförmigen Rahmen eines Eisenbettes geeignet waren.

Um Stabilität zu erzielen, war ein niedriges Holzbett mit breiten Seitenteilen und mit stabilen horizontalen Leisten vonnöten, das die Sprungfedern aufnehmen konnte, ohne dass sie verrutschten. Die *Beautyrest*-Matratze schwebte dann leicht obendrauf, in einer Höhe, die sowohl für das Wechseln der Bettwäsche als auch für den sinnlichen Augenblick des Zu-Bett-Gehens Bequemlichkeit garantierte. All das bedeutete Ausgaben und Probleme und nahm Zeit in Anspruch. Erst nachdem meine Schwiegereltern einige Jahrzehnte in Amerika gewesen waren, gelang es meiner Schwiegermutter daher schließlich, all die Teile zusammenzustellen, die zusammen *a giter Gelajger* ausmachten. Sie erzählte diese Geschichte sowohl mit Vergnügen über ihre Naivität als auch mit wachsendem Staunen über ihr eigenes »Bedürfnis« nach etwas, das in der alten Heimat als äußerster Luxus gegolten hätte.

Das Gefühl, dass Luxus etwas war, das man im Privaten erlangen und erleben musste, beinahe heimlich, war vielleicht der Punkt, an dem das Ethos meiner Schwiegermutter und jenes der Werbung übereinstimmten. Ganz wie Oblomov in Gontscharews Roman, der beschloss, niemand solle ihn ausfindig machen oder wegen seiner unsichtbaren Ausgaben für das Essen, für das weißeste Kalbfleisch, die feinsten Pilze, tadeln, lernten unsere Einwanderer den unsichtbaren Luxus eines *giten Gelajger* in Ehren zu halten: die Daunensteppdecke und Daunenkissen, die in tröstender Fülle hinter Kopf und Schultern aufgeschichtet wurden, und die perfekt gebügelten Betttücher und Kopfkissen.

Wie wir bereits gesehen haben, waren Juden gewohnt, mit der Vorstellung einer geteilten Welt zu leben – die Verhaltensregeln, was man aß und trank, ja die Zeit selbst, waren allesamt in Aspekte des Heiligen und Profanen getrennt. Diese Zweiteilung des Lebens war nichts anderes als die permanente Trennung im eigenen Ich, die so lange Kennzeichen jüdischen Lebens in Europa gewesen war. In der Öffentlichkeit waren die Juden Außenseiter, die Zielscheibe für Witze und Verachtung, wenn nicht Schlimmeres. Doch zu Hause, innerhalb ihrer eigenen Gesellschaft, lebten sie in einem völlig anderen System. 1828, inmitten der Erzählung über seine Reisen in Italien, unterbricht Heinrich Heine seine Beobachtungen mit einer Darstellung des Hausierers Moses Lump, auch als Lümpchen bekannt, aus Hamburg. Heine erfasst diese Dichotomie glänzend, wenn er zunächst beschreibt, wie Moses die ganze Woche bei jedem Wetter mit einem Rucksack auf dem Rücken umhertrottet. Doch »wenn er nun Freitag abends nach Hause kommt«, schreibt Heine in einem ganz anderen Ton,

> »findet er die Lampe mit sieben Lichtern angezündet, den Tisch weiß gedeckt, und er legt seinen Packen und seine Sorgen von sich und setzt sich zu Tisch mit seiner schiefen Frau und noch schieferen Tochter, isst mit ihnen Fische, die gekocht sind in angenehmer weißer Knoblauchsauce, singt dabei die prächtigsten Lieder von König David, freut sich von ganzem Herzen über den Auszug der Kinder Israels aus Ägypten, freut sich auch, dass alle Bösewichter, die ihnen Böses getan, am Ende gestorben sind, dass König Pharao, Nebukadnezar, Haman, Antiochus, Titus und all' solche Leute tot sind, dass Lümpchen aber noch lebt und mit Frau und Kind Fisch isst. Und ich sage Ihnen, Herr Doktor, die Fische sind delikat, und der Mann ist glücklich, er braucht sich mit keiner Bildung abzuquälen, er sitzt vergnügt in seiner Religion und seinem grünen Schlafrock wie Diogenes in seiner Tonne, er betrachtet vergnügt seine Lichter, die er nicht einmal selbst putzt. Und ich sage Ihnen, wenn die Lichter etwas matter brennen, und die Schabbesfrau, die sie zu putzen hat, nicht bei der Hand ist, und Rothschild der Große käme jetzt herein mit all seinen Maklern, Diskonteuren, Spediteuren und Chefs de Comptoir, womit er die Welt erobert, und er spräche: Moses Lump, bitte dir eine Gnade aus; was du haben willst, es soll geschehen – Herr Doktor, ich bin überzeugt, Moses Lump würde ruhig antworten: ›Putz mir die Lichter!‹ und Rothschild der Große würde mit Verwunderung sagen: ›Wär ich nicht Rothschild, so möchte ich so ein Lümpchen sein!‹«

Diese herrliche Fabel war jedoch auch ein Jahrhundert später nicht weit von der Wirklichkeit entfernt. Die Haltung der Einteilung der Welt in das Notwendige, Alltägliche, Dienliche einerseits und das frei Gewählte, Geistige oder Phantastische andererseits war eine Lebensweise, die die Zwänge der Alten Welt, ja selbst die Zwänge der Religion überlebte und im säkularen Amerika neu aufblühte. Als Lümpchen arbeitete man die ganze Woche über im Lebensmittelladen, als Angestellter in der Schuhabteilung bei Macy's, oder man ging von Haus zu Haus und verkaufte Versicherungen. Selbst ein bekannter jiddischer Dichter wie Morris Rosenfeld arbeitete gemeinsam mit anderen Einwanderern als Tuchpresser im *sweatshop* (Ausbeuterwerkstatt) und schrieb, wenn er Zeit dazu hatte, seine Verse. Doch am Ende des Tages, am Wochenende, wartete die wirkliche Welt, das wirkliche Ich. Manchmal konnte man es sogar so einrichten, dass man nicht darauf zu warten brauchte. Als die Männerbekleidungsfabriken in dem Bereich unterhalb der 14. Straße konzentriert wurden, pflegte ein Maschinenarbeiter, ein leidenschaftlicher Bücherliebhaber, seine Mittagspause damit zu verbringen, dass er in den antiquarischen Buchhandlungen in der Fourth Avenue herumstöberte. Über die Jahre sammelte er allmählich, in einer endlosen Jagd, Band für Band seine Ausgaben von Dickens, Scott, Hugo und der *Encyclopaedia Britannica* zusammen.

In unserem Teil der Bronx bot Mr. Kamens Kommissionsbäckerei ein weiteres Beispiel. Hier verkaufte er Brot, das von verschiedenen großen jüdischen Firmen gebacken und jeden Morgen frisch zu kleinen Geschäften wie seinem sowie an Lebensmittelläden und Imbissstuben lieferte. Frühaufsteher konnten bisweilen eine große braune Papiertüte voller Brötchen an der Tür eines Geschäfts lehnen sehen, in Erwartung der Ankunft des Ladenbesitzers. »Moishe's«, »Darling«, »Pechter's« – jede Bäckerei befestigte ihr eigenes Papieretikett an dem Brot und buk es mit. Moishe's benutzte als Illustration den Kopf von Michelangelos *Moses*; Darling zeigte einen kleinen Jungen im Matrosenanzug, der ernst in die Kamera schaute – eindeutig der Liebling des Besitzers; und Pechter's, stolz auf seine vielen Lastwagen, verwendete eine Zeichnung eines der ersten Modelle, hoch und quadratisch, den Namen sichtbar an der Seite zur Schau gestellt. Mr. Kamen's Brote waren auf durchgebogenen Regalbrettern an der Wand hinter dem Ladentisch gestapelt; nur ein oder zwei Bretter waren seinen Büchern vorbehalten.

Mit den Jahren, als Mr. Kamen sich immer mehr zum Wächter über die Moral und die Sitten des Viertels entwickelte, nahm die Zahl der für Bücher bestimmten Bretter zu, und man musste frühmorgens kommen, um auch wirklich ein Brot aus dem schwindenden Vorrat zu erhalten. Während seiner freien Augenblicke stand er in seinem Ladeneingang oder schaute aus dem Fenster und beobachtete die lokale Szenerie, so dass es für ihn keine Überraschungen gab. Wenn eine seiner Kundinnen ihm unter Tränen erzählte, ihr Ehemann habe sie plötzlich verlassen, war nur sie verwirrt über das, was geschehen war. Mr. Kamen hatte schon längst den auf Abwegen befindlichen Mann und seine Geliebte Arm in Arm herumschlendern sehen, während die ahnungslose Ehefrau zur Arbeit ging.

Brot zu verkaufen war eindeutig seine Nebenbeschäftigung, das, war er tat, um Körper und Seele beisammenzuhalten. Natürlich wusste jeder, dass Mr. Kamen Schriftsteller war, denn während des Sommers, wenn seine Lieblingskundinnen das Viertel verließen, schrieb er ihnen lange, blumige Briefe. Doch ob er jemals all ihre vertraulichen Mitteilungen und seine eigenen Beobachtungen in einem epischen Werk bündelte, blieb Gegenstand der Spekulation. Schrieb er einen Roman, Lyrik oder philosophische Abhandlungen über die menschlichen Zustände, die sich vor seinem musternden Blick abspielten? Zu jeder Tageszeit stand mit Sicherheit irgendjemand an seinem Ladentisch und vertraute ihm mit ernster Miene eine lange, komplizierte Geschichte an. Er oder sie pflegte widerstrebend abzubrechen, wenn ein Kunde kleinlaut nach einem Roggenbrot *mit* Körnern fragte, und nahm die Erzählung wieder auf, sobald die Transaktion beendet war. Zu anderen, weniger bedeutungsschweren Gelegenheiten trat man ein, kam ins Gespräch, blieb ein wenig, lernte die Nachbarinnen kennen und verließ den Laden mit einem ausgezeichneten Brot und etwas besseren Gefühlen, was die Welt betraf.

Die meisten von uns, der ersten in Amerika geborenen Generation, mussten nicht die furchtbare Theorie darüber ausprobieren, was zu tun sei, sollten all diese Listen scheitern und man selbst von der Sozialhilfe leben müssen. Die blühende Rüstungsindustrie schuf Ende der dreißiger Jahre neue Arbeitsplätze, und als die Vereinigten Staaten 1941 in den Krieg eintraten, wurden viele der Männer in die Armee eingezogen. Die Veteranen, die nach dem Ende des Krieges zurückkehrten, nutzten die Möglichkeit zur freien Collegeausbildung, die man ihnen anbot, und junge Juden fanden sich in einer neuen Welt wieder. An den Universitäten fiel das alte Quotensystem fort, so dass akademische Karrieren tatsächlich möglich wurden. Die Industrie, die während der Kriegsjahre gezwungen gewesen war, ihre Tore zu öffnen, bot eine weitere Möglichkeit, die eigenen Begabungen zu entfalten. Plötzlich konnten jüdische College-Absolventen, anstatt zwischen unerwünschten Zweckmäßigkeiten zu wählen, darüber nachdenken, was sie tatsächlich in der Welt tun wollten.

Es war eine berauschende Erfahrung, geradewegs in jenes Firmament aufzusteigen, das wir bis dahin nur von fern kannten. In den Jahren nach dem Krieg fanden Juden Stellen als Redakteure in Verlagshäusern oder als Autoren für Zeitschriften von *Fortune* bis zur *Partisan Review*. Sie konnten auf eine Laufbahn an den Universitäten hoffen, wo der Lauf der Zeiten über die alte Garde hereinbrach, die insgeheim entsetzt war über die Präsenz der »hebräischen Herren«, wie sie gelegentlich von den alten Konservativen an der Yale University genannt wurden. Die hebräischen Herren konnten nun sogar auf eine Laufbahn in den vorherrschenden Disziplinen Jura, Medizin und den Naturwissenschaften hoffen.

In der Kunst war die Explosion sichtbar und verbal vernehmbar. Dichter und Schriftsteller wie Delmore Schwartz, Saul Bellow, Bernard Malamud, Kunstkritiker wie Clement Greenberg und Harold Rosenberg, Maler und Malerinnen vom Rang eines Adolph Gottlieb, einer Helen Frankenthaler, eines Mark Rothko, Ben Shahn sowie der Soyer-Brüder schufen kühne Werke mit einer neuen Vision der Welt. Jüdische Literatur- und Kunstkritiker rückten vom Rand ins Zentrum. Alfred Kazin und Leslie Fiedler betrachteten die amerikanische Literatur aus einer neuen Perspektive, während Lionel Trilling, dessen frühe Jahre in der akademischen Welt von der schmerzvollen Erfahrung des gewöhnlichen sozialen Antisemitismus bestimmt gewesen waren, zum eloquenten Gebieter über den literarischen Geschmack sowie zum bedeutenden Kommentator der Politik seiner Zeit wurde.

Plötzlich war es in New York schick, jüdisch zu sein. Die Redakteure der *Partisan Review*, die die Literatur, Philosophie und Politik bewerteten, zeigten es ganz ungekünstelt. Philip Rahv, einer dieser Redakteure, Herr über die literarischen Maßstäbe für eine ganze Generation von Schriftstellern, wählte als Pseudonym das jiddische Wort für Rabbi. Im November 1945 begründete das American Jewish Committee eine neue Zeitschrift, *Commentary*, als deren Herausgeber ein brillanter, scharfsinniger Redakteur aus Mobile, Alabama, fungierte – Elliot Cohen. Cohen, der ein Wunderkind gewesen war und bereits mit vierzehn Jahren die Yale University besucht hatte, engagierte sich für die Idee, jüdische Gelehrsamkeit im Kontext der modernen Welt zu fördern. Mit dem Studium jüdischer heiliger Texte hinter den undurchdringlichen Mauern der Jeschiwa vermochte er nichts anzufangen.

Seine Mission war die Zurückgewinnung der jungen jüdischen Intellektuellen, die, gerade erst vom Reichtum der westlichen Zivilisation berauscht, im Begriff waren, ihr eigenes Erbe aufzugeben. Seine Waffe in diesem Kampf war *Commentary*, und er zog gerade jene jungen Juden, die es zurückzubringen galt, als Redakteure und Autoren in die Sphäre der Zeitschrift hinein. In der Zwischenzeit verlieh er ihr eine Aura beispielloser Kultiviertheit. Er bat Warren Chappell, den Vorsitzenden der Abteilung für Kunst bei Alfred Knopf, einem der angesehensten Verlage New Yorks, die Zeitschrift zu gestalten, und wählte als Überschrift für die regelmäßigen Kolumnen unmissverständliche Hinweise auf seine Intentionen. In den »Zedern Libanons« druckte er klassische jüdische Texte mit ausgezeichneten Randbemerkungen ab, um den Uninformierten Orientierung zu bieten; »Das Studium des Menschen« widmete sich den Sozialwissenschaften, die im Begriff schienen, die Geheimnisse des Menschen und der Gesellschaft zu entwirren. Außerdem entlehnte er von Henry James den Titel »The American Scene«, um den von ihm geförderten Skizzen über das amerikanische Leben eine kollektive Überschrift zu geben.

In dieser Sektion veröffentlichte Cohen meine erste öffentliche Arbeit, einen Artikel über die jüdischen Delikatessenläden. Es war eine berauschende Erfahrung für eine junge Autorin, die durch die faszinierende Post, die die Zeitschrift daraufhin erhielt, noch aufregender wurde. Jeder schien eine Meinung zu den jüdischen Delikatessenläden zu haben und, selbst damals schon, nostalgische Gefühle für sie zu hegen. Am unerwartetsten und schmeichelhaftesten war eine Postkarte von Orson Welles, den ich bewundert hatte, seit ich ihn beinahe ein Jahrzehnt zuvor in seiner Aufführung von *Julius Caesar* im Mercury Theatre gesehen hatte. Dort, vor der nackten Ziegelwand des Theaters spielend, hatte er Shakespeares Drama in eine Parabel auf unsere Zeit verwandelt, mit Caesar als Mussolini auf dem Forum Romanum. Wir waren hingerissen von der Kühnheit und Leidenschaft der Aufführung. Und nun war hier eine Postkarte über Pastrami-Sandwiches von Orson Welles.

Abgesehen von seiner Sentimentalität, eröffnete dieser Artikel, humorvoll und liebevoll geschrieben, eine neue Möglichkeit, die amerikanisch-jüdische Erfahrung zutage zu fördern. Er verordnete ein wenig Distanz und einen gewissen nachsichtigen Stil, und andere Autoren übernahmen den Ton, um über das zu schreiben, was sie bereits als entschwindende Vergangenheit wahrnahmen. Es gab Essays über jüdische Typen wie den *paintner* (die gängige Aussprache von »painter« [Maler] in der Bronx), die Vorstellung von *Jichus* (Abstammung), einen Bericht über Grossingers, das beste Hotel in den Catskills, Erinnerungen über die Kindheit in Brooklyn. Ich selbst war zu gehemmt, um mutig in eine Karriere als Autorin hineinzuspringen. Doch zögernd, etwa einmal im Jahr, bot ich der Zeitschrift einen neuen Text an, und eine Weile lang wurden solche Texte auch ausnahmslos angenommen. Einen relativ heiteren Artikel über eine jüdische Hochzeit lehnte jedoch Clement Greenberg in seinem berühmten schroffen Stil ab: »Jüdische Hochzeiten«, teilte er mir mit, »sind nicht zum Lachen.«

Was wir in der »Amerikanischen Szene« taten, war der Versuch, mit dem zurechtzukommen, was wir als schwierige Vergangenheit empfanden, der Versuch, sie zu retten, mit neuer Stimme zur Sprache zu bringen. Wir hatten uns von dem Snobismus entfernt, der bisweilen in der früheren Generation erkennbar war, so etwa in Meyer Levins unvergesslicher Pessach-Szene in seinem 1937 veröffentlichten Buch *The Old Bunch*. Dort wählte das junge, schicke Paar, das die Rolle der Gastgeber spielte, doppelt verunsichert durch die Gegenwart eines nichtjüdischen Paares, als Motiv des Abends Marie Antoinettes berühmtes Bonmot – »Wenn die Armen kein Geld für Brot haben, so sollen sie Kuchen essen«. Die Atmosphäre dieser Parodie eines Seder wird durch den Tafelschmuck bestimmt, eine Schichttorte mit einer Figur obendrauf, die Moses verkörpert. »Ich verstehe«, sagt einer der Gäste. »Kannst du kein Brot essen, so iss Kuchen!« Es kommt aber noch schlimmer, wenn der Kelch für Elias mit Gin anstatt mit Wein gefüllt wird, und man als Hauptgericht natürlich Schinken serviert.

Zehn Jahre später konnten wir eine solche Szene nur mit der schmerzlichen Verlegenheit lesen, die Levin uns spüren lassen wollte. Damals wussten wir bereits, was mit den Juden in Osteuropa geschehen war. Die Offenbarung der Todeslager, die Ende des Krieges von den alliierten Truppen entdeckt wurden, beherrschte nun unser Bewusstsein. Als Tag für Tag die Geschichten und Bilder in der *New York Times* erschienen, hatten sie eine zutiefst ernüchternde Wirkung. Sie hinterließen bei uns das Gefühl, wir seien nun zu Wächtern einer Tradition geworden, von der wir gedacht hatten, sie werde im Ausland sicher bewahrt. Plötzlich standen alte Sozialisten morgens um fünf Uhr auf, um eine Stunde lang Hebräisch zu lernen. Neue Lesekreise bildeten sich, als wir nach Lehrern und Hilfe seitens der einst verachteten Seminare suchten. »Ich kann nicht zulassen, dass eine fünftausend Jahre alte Tradition mit mir stirbt«, sagte einer meiner Freundinnen, eine langjährige und nunmehr ehemalige Trotzkistin.

Wir rückten enger zusammen und begannen zu erkennen, dass wir Freunde waren. Zu den vielen Dingen, auf die uns das Leben zu Hause nicht vorbereitet hatte, gehörte die Freundschaft. In Irving Howes Erinnerungen an seine frühen Jahre fällt auf, wie distanziert seine Beziehungen zu seinen Kollegen waren, bei denen Begegnungen teilweise zu Wettbewerben und teilweise zu Sparringskämpfen wurden. Er brauchte lange, um zu lernen, Freundschaften zu schließen. Er wollte es, wusste jedoch nicht, wie er es anstellen sollte. Während des Krieges wurde er für zwei seiner vier Armeejahre auf einen entfernten Posten in Alaska geschickt, wo sofort offenkundig wurde, wie sehr er sich von seinen Mitsoldaten unterschied, dass er als »der Professor« bezeichnet wurde. »Obwohl sich hinter dieser Kennzeichnung auch Respekt verbarg«, schreibt Howe, »transportierte sie auch eine zwar nicht gewalttätige, aber nervöse Feindseligkeit, insofern sie die Furcht vor der Differenz zum Ausdruck brachte.«

Unter den Männer des Stützpunktes befand sich ein gewisser Ira, »ein kluger New Yorker«, mit dem Howe während der langweiligen Tage, an denen sie in verschiedenen Bereichen des Stützpunktes Dienst hatten, stundenlang telefonierte. Sie redeten über die Lektüre von Iras Frau, über Pastrami-Sandwiches, »über alles«, schreibt Howe, »sofern es nicht *unmittelbar* persönlich, das heißt zu heikel und schmerzlich war«. Sonntags liefen die beiden Männer nach Anchorage, ein trister Spaziergang zu einer tristen Stadt, so will es scheinen, eine Entfernung von drei oder vier Kilometern. Und wiederum »sprachen wir auf eine vorsichtige, zurückhaltende Weise über die Familie und über Bücher. [...] Doch nur selten verfielen wir in ein privates Gefühl und noch seltener in Selbstmitleid.« Auch Howes Erinnerungen an seine ersten Jahre nach der Rückkehr nach New York sind voller reumütiger Berichte über verpasste Gelegenheiten mit Menschen, die er bewunderte und mochte, denen er sich aber nicht zu nähern wusste.

Und wie wäre es auch möglich gewesen? In der Immigrantenwelt, in der wir aufgewachsen waren, schien eine unablässige soziale Aktivität zu herrschen – Familienbesuche, Menschen, die hereinschauten, Hochzeiten, Bar-Mitzwa-Feiern, Bankette der Landsmannschaften. Doch wenn wir genauer hinschauen, erkennen wir, dass die Charaktere zumeist Blutsverwandte waren; und was die *Landslajt* betrifft, so könnten auch sie Verwandte gewesen sein. Tatsächlich waren viele von ihnen vermutlich entfernte Vettern oder Cousinen. Doch Freunde oder Fremde wurden nur sehr misstrauisch aufgenommen. Frauen vertrauten sich bisweilen einander an, doch häufig nur in Extremsituationen, und auch dann waren sie auf dem Sprung, eine Tüte mit Lebensmitteln in den Armen, während sich die Geschichte des drohenden finanziellen Zusammenbruchs, der Krankheit oder eines untreuen Ehemanns entfaltete. Doch das war noch keine Freundschaft. Es war der Schrei einer verzweifelten, verletzten Kreatur nach Hilfe oder Trost.

Wir mussten die Freundschaft als dauerhafte Weise, die Freuden des Lebens miteinander zu teilen, ja sie überhaupt erst zu schaffen, und seinen Kummer gemeinsam zu tragen, erst noch lernen. Irving Howes Beschreibung des intellektuellen Lebens in der Nachkriegszeit fängt perfekt die Nervosität der Cocktail-Partys ein, bei denen das Gespräch als Krieg der Worte verstanden wurde und nachträgliche Berichte in der Rezitation vernichtender Repliken schwelgten. Wir waren zu schüchtern und unsicher, um freundlich zu sein, und wir brauchten eine Weile, um zu lernen, dass Großzügigkeit oder Offenheit uns nicht zwangsläufig verwundbar machten.

Ein glanzvolles junges Paar, Juden aus dem Mittleren Westen, der Dick Diver und die Nicole (die glamourösen Protagonisten aus F. Scott Fitzgeralds Roman *Tender is the Night*) unserer Gruppe, brachten uns etwas über das Vergnügen bei. Sie kamen frisch verheiratet in New York an und waren gerade erst aus den Flitterwochen in der Karibik zurückgekehrt. Dort hatten sie dänisches Porzellan, Jensen-Silber, Steuben-Glas und verschiedene andere sorgfältig ausgewählte, für mich überwältigende Gegenstände für ihre neue Wohnung gekauft. Ich besuchte sie eines Nachmittags, als sie gerade eine ihrer Kisten Porzellan auspackten und über die Tiefe der Farben und die Zartheit des Porzellans staunten, das aus der Holzwolle hervorkam. In Gedanken daran, wie meine eigene Welt geordnet war, betrachtete ich all diese erlesenen Stücke und fragte: »Aber welches Geschirr werdet ihr im Alltag benutzen?« Dick schaute mich überrascht an, verstand aber, was ich meinte. »Natürlich dieses hier«, sagte er. »Schließlich bin ich selbst mein ehrenvollster Gast.«

Das war eine Offenbarung. Die Überzeugung, dass man zu sich selbst freundlich sein und *jeden Tag* die Kostbarkeiten benutzen konnte, die einem das Glück in die Hand gab, entsprach einer Denkweise, die schlicht nicht den Vorstellungen entsprach, die ich ererbt hatte. Wir, meine liberalen, tiefsinnigen Freunde und ich, hatten zwar intensiv über nationale wie internationale Politik, über die Gesellschaft und über soziale Gerechtigkeit nachgedacht, doch wir hatten keine Ahnung, wie wir leben sollten. Es war offenkundig, dass die Struktur des Lebens unserer Eltern völlig unangemessen war, und wir hatten sie ohne ein Wort oder einen Augenblick der Reflexion als Modell einfach abgelehnt. Unglücklicherweise bot der Sozialismus mit all seinem Mitleid für die Arbeiterklasse nur eine karge Philosophie für die Kader. Häufiger als mir lieb war, hatte ich Lenins berühmte Bemerkung gehört, in der er die Sexualität mit einem Glas Wasser verglich. Ohnehin stets politisch unzuverlässig, hatte ich scheinbar das bürgerliche Verlangen nach Liebe nicht erfolgreich ausgerottet. Auch war ich damit nicht allein. Wie also stand es dann mit Hochzeiten?

In einer regressiven Maßnahme wurden sie in den Bereich der Eltern verwiesen, die zum letzten Mal die Verantwortung für das Leben ihrer Kinder übernahmen und zum Besten ihrer finanziellen Möglichkeiten Hochzeiten nach ihrer Vorstellung organisierten. Doch vielleicht luden wir einander aus Verlegenheit nicht dazu ein. Sie waren strikt der Familie und den *Landslajt* vorbehalten. Wie anders war die Geschichte von Dick und Nicole, die am Abend vor ihrer Hochzeit eine Party für einige Dutzend ihrer Freunde in einem Hotel in der Innenstadt veranstalteten und deren Vertraute am nächsten Tag erneut als Platzanweiser und Brautjungfern auftauchten, um sie hochleben zu lassen und ihre Freude zu teilen!

Selbst die freundliche *New York Post* bot wenig Orientierung, da sie nur über die Hochzeiten der höheren Kreise berichtete. So konnten wir in vielen Einzelheiten über das Abendessen mit anschließendem Tanz lesen, das Mr. und Mrs. George F. Baker für Priscilla St. George und ihren Verlobten Angier Biddle Duke zu Ehren ihrer baldigen Hochzeit veranstalteten. Ursprünglich, informierte uns die *Post*, war dieses Ereignis als Debütantinnenball für Miss St. George geplant worden, dann als Verlobungsfeier, bis daraus schließlich, durch den Sturm der Geschehnisse überholt, eine Feier anlässlich der bevorstehenden Hochzeit wurde. Sehr schön. Wir konnten die glückliche Verwirrung von Mr. und Mrs. Baker angesichts der sich häufenden Anlässe des Glücks mitempfinden, doch dies alles schien für unsere eigenen Verhältnisse nicht besonders viel Passendes bereitzuhalten. Die Kolumne über die Etikette, die die ziemlich brüske Überschrift »Benimm Dich« trug, war nicht viel hilfreicher, da sie eine sehr strenge Linie verfocht, wenn es darum ging, welche Namen auf den Hochzeitseinladungen auftauchen mussten. Ein Stiefvater, der eine Zuschrift einsandte, sah sich damit konfrontiert, dass er zwar für die Hochzeit zahlen und die Braut ihrem Bräutigam zuführen würde, die »Etikette« es jedoch nicht zuließ, dass er auf der Einladung namentlich angeführt wurde.

An dieser Stelle setzten sich jüdische Familien natürlich einfach über all die Regeln hinweg und schufen ihre eigenen Formen. Bei jüdischen Hochzeiten sind schließlich die beiden Hauptpersonen nicht die Einzigen, die den Gang entlanggehen. Beide Elternpaare begleiteten ihre Kinder zum Traubaldachin und stehen während der gesamten Zeremonie neben ihnen. Die jüdischen Einladungen spiegelten diese unbestreitbar bedeutsame Tatsache wider, so dass beide Elternpaare um die Ehre der Gegenwart der Gäste bei der Hochzeit ihrer Kinder baten. Dies schien besser zur Wirklichkeit zu passen, als die ziemlich rigorosen Regeln der *Post*.

Was die Hochzeiten betraf, so führte meines Erachtens eine segensreiche Unkenntnis der Regeln, von denen sich die St. Georges und die Dukes leiten ließen, zu einer Erfindungsfreiheit, die lebhafter als sonst amerikanische Lebensformen mit jüdischen Bedürfnissen zusammenführte. Die Generation der Einwanderer hatte die westliche Kleidung übernommen und das Zusammensitzen von Frauen und Männern beim Hochtzeitsdinner und im Ballsaaltanz eingeführt. Doch bestimmte Dinge blieben unveränderlich: der Traubaldachin, die Begleitung der Braut und des Bräutigams, der hebräische Ehevertrag (*Ketubbah*) und das Zertreten des Glases durch den Bräutigam. Da bei den Einwanderern häufig Elternteile fehlten, weil sie noch in Europa oder bereits tot waren, übernahm in einem solchen Falle ein anderes verheiratetes Paar, etwa eine Schwester und ein Schwager, diese Rolle als *interfirers* (Begleiter) bei der Hochzeit. In der Zwischenzeit spielte die Kapelle die vertraute zeremonielle Hochzeitsmusik aus Osteuropa, die sie kannten und erwarteten.

Während der gesamten Wirtschaftskrise und der Kriegsjahre herrschte jedoch die Kargheit vor. Vergangenheit waren die alten Hochzeiten in der East Side mit einigen hundert Gästen und Festlichkeiten, die bis in die frühen Morgenstunden andauerten. Die mageren Jahre prägten das Zeitalter des Hochzeitssalons, der kurzen nachmittäglichen Hochzeiten, bei denen sich die Erfrischungen auf ein »Buffet mit Süßspeisen« beschränkten. Das Ereignis fand in einem Raum statt, den man als Studierzimmer des Rabbiners bezeichnete, einem Zimmer, das klein genug war, damit zwanzig oder dreißig Menschen das Gefühl hatten, auf angenehme Weise zusammengedrängt zu sein. Nach der Zeremonie gab es Wein, etwas Tee oder Kaffee, einen Hochzeitskuchen, einige Sandwiches, und nach drei Stunden war alles vorbei. Viele dieser jungen Paare hatten nicht einmal die Mittel dafür, sich eine eigene Wohnung einzurichten, und zogen zu ihren Eltern. Und während des Krieges, wenn die jungen Männer fort mussten, kehrte die Braut häufig nach kurzen Flitterwochen zu ihrem alten Bett zurück und wartete auf Nachrichten von ihrem Mann.

Erst nach dem Krieg brachte eine neue Flut des Wohlstands die Caterer wieder zurück ins Geschäft, nun allerdings mit einer neuen Klientel, die nach einer stärker amerikanischen Hochzeit mit anderen Speisen sowie anderer Musik und Dekoration zu verlangen begann. Der Überschwang der jüdischen Hochzeit ließ sich durch kein »Benimm Dich« oder »Das korrekte Verhalten« begrenzen, sondern spann sich fort in eine Sphäre, in der eigene Gestaltungsmöglichkeiten ersonnen wurden. Es dauerte jedoch eine Weile, bis sich die ausgereifte Marjorie Morningstar-Hochzeit entwickelt hatte, wie sie in Hermann Wouks Roman aus dem Jahre 1955 so lebhaft beschrieben wird. In diesem Zwielicht aber zwischen dem Alten und dem Neuen behielten noch die Eltern mit ihrer Vorstellung davon, was eine Feier ausmachte, die Oberhand.

In einer Wendung, die O. Henry alle Ehre gemacht hätte, war mein erstes Ehebett aus Eisen, mit einem Sprungrahmen. Es stand auf vier kurzen Rohrgestellen, niedrig über dem Boden, und darauf lag eine Rohbaumwollmatratze. Doch was aus der Sicht meiner Schwiegereltern als Entbehrung erschienen war, war für uns originell und schick. Weder wir noch unsere Freunde träumten von einem bourgeoisen Kopfende. Sein Fehlen, im Zusammenspiel mit unserer Ablehnung einer Schlafzimmereinrichtung sowie aller anderen Kompletteinrichtungen, blieb meinen Schwiegereltern unverständlich, dieweil wir fortfuhren, Häuslichkeit, Heim, Ehe und das Leben neu zu erfinden. Sie hatten sich längst an die Existenz des Doppelbetts gewöhnt, das ihre Kinder ausnahmslos wählten. Schließlich hatte meine Schwiegermutter selbst kurz nach ihrer Ankunft in New York die Mikwe (das monatliche Reinheitsritual) aufgegeben. Und so wie wir unsere Grenzen hatten, die wir nicht überschritten, so hatten sie ihre. Getrennte Betten erschienen ihnen richtig und anständig. Aber sie beharrten nicht darauf.

Dass keines ihrer Kinder eine koschere Küche führte, war eine weitere Quelle des Kummers und zugleich ein Hindernis für die Unterhaltung. Sie und ihr Mann waren zu bescheiden und zu freundlich, als dass sie uns unnötig durch Worte oder Taten beschämt hätten. Auf diese Weise entstand eine unausgesprochene Regel. Sie aßen im Haus ihrer Kinder nur leichte Mahlzeiten, die kein Fleisch enthielten. Meistens kamen sie, schauten sich ihre Enkel an, fragten nach unserem Ergehen und nahmen Tee und Kuchen zu sich. Das war die leichteste Lösung und verursachte am wenigsten gesellschaftliche Spannungen. Doch große Ereignisse, Sederabende und Feierlichkeiten aller Art mussten natürlich in ihrem Haus stattfinden, wo diese Zwänge nicht bestanden.

Erst nach dem Zweiten Weltkrieg, nach der Ankunft der unnachgiebigen, leidenschaftlichen chassidischen Sekten, etwa der Lubawitscher, nahmen die Dinge eine hässliche Wendung. In einer Umkehrung der Rollen weigerten sich auf einmal orthodox gewordene Kinder, ihre Eltern zu besuchen, weil sie in deren Häusern nicht mehr essen konnten. Das vorrangige Gebot vergessend, niemanden öffentlich zu beschämen, in ihre neu gefundene Tugend gehüllt, bereiteten sie ihren verwirrten Eltern, die keine neue Tugend, sondern das Entgleiten ihrer Kinder wahrnahmen, Kummer und Verzweiflung. Die Generation der Einwanderer hatte, zumindest was die Kaschrut anging, eine weit menschlichere Lösung gefunden.

Die Sehnsucht der Einwanderer nach ihren Kindern setzte sich über jede Vorschrift hinweg – jedenfalls beinahe. Die Mischehe jedoch, diese seltene, aber dringliche Erscheinung in jüdischen Haushalten der ersten Jahrzehnte des zwanzigsten Jahrhunderts, ließen niemanden unbeschädigt. Dass die Zahlen sehr gering waren, änderte nichts daran. Zwischen 1908 und 1912 waren es lediglich eine kleine Minderheit von 1,17 Prozent der amerikanischen Juden, die »hinausheirateten«. Doch so selten ein solcher Akt auch vorkam, so stellte er doch die tiefsten Empfindungen der gläubigen jüdischen Einwanderer auf die Probe. Ende des zwanzigsten Jahrhunderts kann man sich das tiefverwurzelte Gefühl der Fremdheit, die sie jedem gegenüber empfanden, der außerhalb ihrer Welt stand, nur noch schwer vorstellen. Wie wir bereits gesehen haben, erwiesen sich ihrer Erfahrung nach all jene, die »Andere« waren, unvermeidlich als *Sonim*, als »Feinde«, die nur darauf warteten, jeden Juden, dessen sie habhaft werden konnten, zu ermorden, zu berauben oder aus seinem Haus zu vertreiben. Und jene, die keine Macht hatten, waren unvermeidlich ebenso antisemitisch. Nur wenige Juden aus der Generation der Einwanderer, die alle in dichten jüdischen Gemeinden gelebt hatten, hatten jemals eine vertraute Beziehung zu einem Nichtjuden erlebt. Eine Mischehe löste daher eine derartige Furcht und einen solchen Abscheu aus, dass in solch seltenen Fällen das christliche Mädchen (in der Regel war es ein Mädchen) seine zukünftigen Schwiegereltern unter höchst angespannten Bedingungen kennen lernte. Einige Familien, wie die von Tewje in Scholem Alejchems Erzählung, brachen ganz mit ihrem Kind, trauerten um es, als sei es gestorben, und sprachen nie wieder seinen Namen aus.

Ein solches in Mischehe lebendes Paar, das ich kannte, hatte drei Kinder. Doch trotz wiederholter Versuche des Sohnes (der in diesem Fall der jüdische Partner war), blieb der Vater unnachgiebig und sprach nach seiner Hochzeit nie wieder mit ihm. Eine weniger übliche, aber vielleicht diplomatischere Lösung bestand darin, die ganze Beziehung geheim zu halten. In diesem Fall erschien der Sohn als ewiger Junggeselle, der seine Eltern regelmäßig besuchte und zu allen *Simches* der Familie eingeladen wurde. Doch das setzte eine lebenslange Verschwörung seiner Geschwister und aller anderen Verwandten voraus, denen man das Geheimnis anvertrauen konnte. Der Vorteil bestand natürlich darin, dass die Familienbande intakt blieben.

In einer zerbrechlichen Welt waren jedoch nur wenige Eltern aus der Einwanderergeneration bereit, ihr Glück auf dem Altar der Prinzipien zu opfern. Und obwohl es vor der Eheschließung zu stürmischen Diskussionen kommen mochte, akzeptierten die Eltern, sobald der Fall eingetreten war, das Unausweichliche mit dem Maß an Anstand, das sie aufzubringen vermochten. Der Widerstand der Familie muss gewiss auf der anderen Seite genauso heftig gewesen sein. Zwar wird der Anteil an Mischehen im zwanzigsten Jahrhundert auf etwa fünfzig Prozent geschätzt, doch in den frühen Jahrzehnten waren diese Fälle so selten, dass sie, wenn sie doch vorkamen, zumeist unter »emanzipierten Frauen« wie Rose Pastor Stokes, der »Blume des Ghettos«, oder bei Berühmtheiten wie Irving Berlin Schlagzeilen machten. Die völlig unwahrscheinliche Geschichte *Abie's Irish Rose*, die zunächst 1926 als Roman erschien, dann aber auch am Broadway gespielt und verfilmt wurde, war darin, dass die Liebe des jüdischen Jungen und seiner irischen Braut schließlich den Widerstand ihrer beiden sturen Väter überwand, vielleicht eine Vorbotin späterer Zeiten. In jüdischen Familien jedoch dienten diese Geschichten, seien sie nun real oder fiktiv, als warnende Erzählungen für die Unverheirateten, als Beispiel, das nicht wiederholt werden sollte.

Zur Entfremdung kam es jedoch nicht nur im Falle von Mischehen. Wie wir bereits gesehen haben, brachten Bildung, Sprache und ein Wandel der sozialen Stellung das merkwürdige, etwas rätselhafte Gleichgewicht mit sich, das die Beziehungen zwischen der Generation der Einwanderer und ihrer Kinder kennzeichnete. Wenn die Kinder das College besuchten und danach auszogen, begannen beide Generationen die unleugbare Kluft zu spüren, die sich zwischen ihnen auftat. Wir, die College-Generation, lernten, in Gegenwart der Familie unsere Redeweise zu verändern, unsere Berichte darüber, was wir taten und mit wem wir ausgingen, so zu gestalten, dass sie den Erwartungen oder Erfahrungen der älteren Generation entsprachen. Trotz besten Willens waren wir unsicher und unbeholfen geworden. Dieser subtile, aber grundsätzliche Wandel innerhalb unseres Familienlebens hinterließ uns ebenfalls das Gefühl eines Verlustes.

Wir brauchten dieses Netz uneingeschränkter Nähe, auf das wir ein Recht zu haben glaubten, und wir glichen den Verlust zu Hause dadurch aus, dass wir unsere Freunde zu unserer Familie machten. Am Abend des ersten Seder zu Pessach gingen wir auseinander und besuchten unsere Familien, doch der zweite Abend war für Freunde reserviert. Wir hatten keinen koscheren Haushalt. Der Tisch war nicht mit speziellem Pessach-Porzellan gedeckt, doch es war uns ernst damit, an der Tradition festzuhalten. Einige von uns enthielten sich während der Pessach-Woche stillschweigend des Genusses von Brot, so wie einige von uns zu Jom Kippur stillschweigend fasteten, gleichgültig ob wir zur Synagoge oder zur Arbeit gingen.

Wir erfanden zudem einen besonderen Gesprächsstil, mit dem wir unser Misstrauen gegenüber dem Persönlichen tarnten, indem wir es in Distanz schaffende Allgemeinheiten hüllten. Wir schritten rasch von einer intimen Anekdote zu einer aussagekräftigen Theorie fort, für die die Anekdote implizit lediglich eine kleine Illustration darstellte. Wir legten sowohl an uns als auch an andere einen strengen Maßstab an und gaben uns dem hin, was wir als gute Unterhaltung verstanden. Nachdem wir Kinder hatten, enthielten wir uns der hinreißenden Geschichten über unseren Nachwuchs, und jeder, der darauf beharrte, wurde sofort zum Außenseiter gestempelt. Während unsere Gespräche bisweilen seminaristisch klingen konnten, mit der unvermeidlichen Langeweile, die jemand heraufbeschwört, der einen Monolog hält, vertrauten wir uns in unseren privaten Begegnungen einander an, um uns gegenseitig zu helfen, die Rätsel des Alltags zu entwirren. Wir kannten einander, als seien wir Geschwister. Jüdische Familien in Brownsville oder im Osten New Yorks unterschieden sich nicht so sehr von meiner Familie in der Bronx. Wir mussten keine unserer Prämissen oder Sorgen erklären, da wir sie alle teilten und genauestens kannten.

Verleugneten wir uns zu sehr selbst, wenn wir, allzu streng an unseren Maßstäben festhaltend, nicht über unsere Kinder redeten? Ich glaube nicht. Dieser Stil befriedigte ein anderes Bedürfnis, nach einer anderen Form des Gesprächs, die uns weit notwendiger und erfreulich erschien. Dies war weder nur zwangloser Klatsch noch Smalltalk, der vor Intimität schützen sollte. Es ging darum, Ideen zu erkunden und Sinn zu entdecken. Ein Weg, die Welt und das Durcheinander in unseren Köpfen zu erproben. In jedem Fall waren wir damals gewohnt, die Dinge zu trennen, und es schien selbstverständlich, dass die häusliche Szenerie nicht für den Esstisch geeignet war, an dem wir redeten und redeten, als könnten all diese Gespräche die Welt und uns selbst retten.

So formbar wir durch unsere Eltern waren, wenn es um Zeremonien ging, um Hochzeiten und Beschneidungen, so unbeeinflussbar zeigten wir uns in Geschmacksfragen. Meine Schwiegermutter pflegte über ihre Vorstellung von einem schönen Raum zu reden. Die Hauptelemente für seine Gestaltung waren *Tischelach un Lompelach* (Tischchen und Lämpchen). Sanftes Licht und Nippes auf dem Tisch stellten für sie den Gipfel an kultiviertem Lebensstil dar. Ihre Kinder dagegen hielten entschieden nichts von *Tischelach un Lompelach*. 1938, als die Ludwig Baumann-Möbelgeschäfte, die auf edel aussehende, aber auch für die Arbeiterklasse erschwingliche Möbel spezialisiert waren, in der *New York Post* annoncierten »Dreiteilige Wohnzimmereinrichtung. Geschnitzte Rahmen, feines Gobelin – 79 Dollar«, veranstaltete das Museum of Modern Art eine Ausstellung von Bauhaus-Gegenständen. Die *Post* berichtete auf der Frauenseite unter der ziemlich vorsichtigen Überschrift: »Bauhaus-Ausstellung des Museum of Modern Art interessiert ideenreiche Raumausstatter.« Weiter behauptete die *Post*: »Diese Show des Museums sollte jede Frau interessieren, die ihr eigenes Heim ausstattet.«

Für uns jedoch war der Bauhaus-Stil nicht nur Innenausstattung. Wir betrachteten es als das, was es war, als neue Kunstrichtung, und ihre Ideologie sowie ihre Formen übten großen Einfluss auf uns aus. Wir hatten alle den Essay von Alfred Loos gelesen, in dem er die Dekoration als Verbrechen anprangerte, da er sie als Produkt ausgebeuteter Arbeiter betrachtete. Und wir wussten mit Mies van der Rohe, dass »weniger mehr ist«. Wir räumten unsere Tische von allen Objekten frei, es sei denn, es handelte sich um ein »interessantes« Stück Treibholz. Wir schätzten natürliche Gewebe und Materialien, so wie uns die skandinavischen Entwürfe von Saarinen, Aalto und Wirkaala eine Klarheit sowohl des Geistes als auch der Form zu verkörpern schienen. Unsere Lieblingsfarben waren Erdfarben wie beige, grau oder am anderen Ende der Skala Terrakotta. Keine Rosenknospen mehr. Wir kauften schlichtes weißes Porzellan und rostfreies Stahlbesteck. Auch war es die Zeit der »ehrlichen« unbehandelten Möbel, die wir selbst bemalten oder abbeizten. Ein Schwager, der mir einige der feineren Behandlungstechniken zeigte, hatte in einer Werkstatt gearbeitet, die »antike Möbel« herstellte. Er beschrieb, wie sie mit Ketten auf neue Tische eingeschlagen hatten, um das Holz zu »beschädigen«, und dann Staub in die Risse bliesen. Doch wir verachteten antike Möbel, ob alt oder neu, und suchten nach der gleichen Reinheit, die wir zuvor in der Politik hatten finden wollen.

In jener Zeit der Entdeckungen waren wir entzückt über das blasse Birkenholz aus Schweden, die blassen Webteppiche, die Antithese zu den grellbunten Entwürfen der Wiltons oder Axminsters. Allenfalls akzeptierten wir, dass Strukturen oder geometrische Muster in die Oberfläche der Webteppiche hineingeschnitten wurden. Der Effekt der Strenge und Schlichtheit war für junge Sozialisten oder ehemalige Sozialisten, die ihre Stellung in der allzu verführerischen Welt zu finden suchten, höchst erfreulich.

Unzuverlässig in Geschmacksfragen, gelüstete es mich in meinem Herzen jedoch nach Mustern und Farben. Da mein Arbeitsplatz günstig gelegen war, schlenderte ich in meiner Mittagspause durch die Möbelausstellungsräume der Kaufhäuser B. Altman,

Lord & Taylor und W & J Sloane und schaute mir ihr Angebot an. Die Phantasie-Musterräume mit ihren sorgfältig aufeinander abgestimmten Farben und ihrer Vollständigkeit deuteten allesamt auf Lebensweisen hin, die ich noch nicht genossen hatte. W & J Sloane etwa, ein elegantes, teures, auf traditionelle Stilrichtungen spezialisiertes Möbelkaufhaus, zeigte eine von Büchern umsäumte Bibliothek, deren Wände tiefgrün gestrichen waren und in der ein langes, niedriges Sofa stand. Da es keine Absperrungen gab, konnten die Vorübergehenden die Möbel näher betrachten und ausprobieren. Ich testete das Sofa und füllte jene Art tiefer Bequemlichkeit, wie ich sie nie für möglich gehalten hatte. Das waren nicht Ludwig Baumanns gobelinüberzogene Sprungfedern, sondern weiche, nachgebende Daunenpolster. Und der Boden dieses luxuriösen Raums war nicht mit beigem Webteppich, sondern mit einem üppigen orientalischen Teppich bedeckt. Ich begann geheime, subversive Gedanken zu hegen und fing an, die Etagen zu erkunden, in denen hohe Stapel mit Teppichen ausgestellt wurden.

Ist jemals das Kaufhaus als Bildungseinrichtung gepriesen worden? Richard Hofstadter hat gewiss so darüber gedacht. Eines Sommers in Wellfleet hörte ich, wie er die amerikanischen Supermärkte gegenüber einem ziemlich snobistischen europäischen Besucher verteidigte, der sich über ihre Geschmacklosigkeit beklagte. Hofstadter dagegen pries sie, da sie beispielhaft die Grundsätze der Reinheit und Ordnung lehrten. Auf ähnliche Weise betrachtete ich das Kaufhaus als Schule des Geschmacks. In den Antiquitätenabteilungen mit ihren sorgfältig gekennzeichneten und datierten Stücken lernte ich die amerikanische Kiefer und das Biedermeier-Obstbaumholz kennen. Ich redete mit gelangweilten Teppichverkäufern, die mir die Techniken des orientalischen Teppichknüpfens erklärten und mir den Unterschied zwischen handgewebten und den auf elektrischen Webstühlen hergestellten Teppichen zeigten. Sie erzählten mir über die Nichols Carpet Company, die in den zwanziger Jahren Fabriken in Tientsin und Peking errichtete und Tausende Teppiche für den westlichen Markt produzierte. Indem sie traditionelle chinesische Motive und Szenen aus klassischen chinesischen Zeichnungen verwendete, schuf die Firma ein ganzes Repertoire, das für Jahrzehnte die chinesischen Teppiche in der westlichen Welt kennzeichnete. Dies waren nicht die schlichten blassgoldenen geometrischen Muster auf den Böden von Frank Lloyd Wrights »Taliesin«, sondern mit ihren Fin de-Siècle-Malvenfarben und Grüntönen, ihren intensiven Blautönen, erweckten sie in mir eine schreckliche Begehrlichkeit.

Es machte nichts, dass das Mobiliar meiner Wohnung aus einem Metallbett auf einem Rohrgestell und einigen mit Schellack überzogenen Bücherschränken bestand. Doch ein chinesischer Teppich, dachte ich, würde auf dem Boden für allezeit wie ein Edelstein leuchten und je nach Licht und dem eigenen Standort die Farbe wechseln. Meine Gespräche mit dem Teppichverkäufer wurden konkreter, und ich begann mein Sparbuch zu konsultieren, das durch 140 Dollar an Hochzeitsgeschenken etwas angewachsen war. Doch selbst das reichte nicht. Der Teppich, nach dem ich mich sehnte, kostete 500 Dollar, was dem Lohn eines Vierteljahres entsprach. Der feinste Webteppich kostete nur ein Viertel des Preises. Doch die Sucht hatte mich ergriffen, so dass es kein Zurück mehr gab. Ich kann nicht mehr rekonstruieren, wie lange ich brauchte, um die Kluft zwischen meinem Bankkonto und dem Kaufpreis des Teppichs zu überbrücken. Doch eines Tages hielt ich den Scheck in meiner Hand und konnte endlich den lang ersehnten grünen Teppich mit seiner lila umrahmten chinesischen Wasserszene kaufen. Erneut musste ich warten, diesmal den längeren Teil der Woche, da ich die Anlieferung auf einen Tag legen musste, an dem ich zu Hause war. Er kam schließlich am darauf folgenden Samstag, und als er vor mir ausgerollt wurde, dachte ich, dass nun, da ich eine solche Kostbarkeit besaß, alles möglich sei.

Damals und Jetzt

Hinter dem Aufbruch der meisten europäischen Immigranten in die Vereinigten Staaten Ende des neunzehnten Jahrhunderts stand eine einfache Logik: Die wirtschaftliche Not in der Heimat und die unbegrenzten Möglichkeiten in Amerika führten unaufhaltsam von hier nach dort. Im Falle der Juden waren die Beweggründe komplizierter. In ihren Geburtsländern als unerwünschte oder kaum tolerierte Fremde lebend, waren sie seit langem durch Gesetze drangsaliert worden, die jeden Drang nach einem nützlichen, wirtschaftlich eigenständigen Leben vereitelten. Im Einzelnen unterschieden sich diese Restriktionen von Land zu Land, doch im Endeffekt ging es darum, überall Grenzen zu setzen – den Möglichkeiten des Lebensunterhalts, der Wahl des Wohnorts und dem Zugang zur Bildung. All das war so genau vorgeschrieben, dass gewöhnliche Juden sich an jedem Punkt von der Welt um sie herum abgestoßen fühlten. Infolgedessen lebten die Juden in Osteuropa in einer vom jüdischen Recht und Brauchtum beherrschten, streng geschlossenen Gesellschaft, die sich seit dem Mittelalter nur wenig verändert hatte. Arme Juden konnten den Verlauf ihres Lebens nur in geringem Maße selbst bestimmen, da sie von zwei Herren beherrscht wurden – dem Staat, der über ihr schlichtes Existenzrecht entschied, und dem Rat der jüdischen Gemeinde, der ihren Platz in ihrer eigenen Gesellschaft festlegte.

Den Juden blieben zwei Möglichkeiten, ihr Schicksal zu bewerten. Als Juden geboren zu sein, so konnten sie denken, hieß, zu Gottes erwähltem Volk zu gehören, ein Privileg, das sie auf den Gipfel des Daseins erhob. Doch gleichzeitig war es der Schlüssel zur Hölle, da sie kraft des Zufalls ihrer Geburt lebenslänglich zu Not, Verachtung und, nicht selten, zu Gefahr für Leib

Halle auf Ellis Island, dem Tor zur Einwanderung nach New York. Die Immigranten tragen alle einen aufgeklebten Zettel, sitzen in Boxen und warten, bis die Einwanderungsbeamten ihr Gesuch prüfen. Aus einer Fotoserie von William Williams, aufgenommen zwischen 1902 und 1913

und Leben verurteilt waren. *Kiddusch Ha-Schem* – der Tod der Märtyrer um der Heiligung des Namens willen – war etwas, das, wie Juden von klein auf lernten, Teil ihrer Geschichte war. »*Me schlogn Jidn* – Sie schlagen Juden« – das war der erschreckende Warnruf, der in den kleinen jüdischen Städten erklang, wenn Schläger ihr Werk in Angriff nahmen, ein Satz, der Angst, Hilflosigkeit und äußerste Wut zum Ausdruck brachte. Es sollte eine Zeit kommen, da man es nicht mehr ertragen konnte.

Ende des neunzehnten Jahrhunderts hatten zwei Kräfte den Frieden der jüdischen Gemeinden in Osteuropa gestört. Ein neues ekstatisches Judentum, der Chassidismus, der im frühen achtzehnten Jahrhundert aufgekommen war, gewann in den konventionellen Synagogengemeinden viele Anhänger. In den 1730er Jahren in Podolien von Israel ben Eliezer inspiriert, der besser unter dem Namen Baal Schem Tow (Meister des Guten Namens) bekannt ist, war die Bewegung von Beginn an umstritten gewesen. Obwohl die rationalistischen Gegner, die *Mitnagedim*, die ihr Zentrum in Litauen hatten, die Chassidim auf Grund ihrer verzückten Ausbrüche sowie ihres Glaubens an ihre »wundertätigen« Rabbiner verachteten, gewann die Bewegung rasch starken Zulauf. Hatte sie ursprünglich die Reinheit des Herzens im Gegensatz zu den Feinheiten des Gesetzes betont, war Mitte des neunzehnten Jahrhunderts ihre frühere Laxheit einer Korrektheit gewichen, an der selbst das traditionelle Rabbinat keinen Anstoß mehr nehmen konnte.

Am anderen Ende des Spektrums hatten seit der Zeit Moses Mendelssohns auch die Anhänger der Aufklärung, die eine »heimtückische«, verführerische Gestalt des Denkens über die Welt vertraten, die jüdischen Gemeinden Osteuropas in Unruhe versetzt. Der Berliner Philosoph war all jenen zum Vorbild geworden, die sowohl die westliche als auch die traditionelle jüdische Bildungswelt beherrschen wollten. In Osteuropa war die von den Modernisten in Deutschland inspirierte Bewegung unter ihrem hebräischen Namen – *Haskalah* – bekannt. Wie im Westen arbeiteten ernsthafte junge Gelehrte an einem neuen, säkularen Hebräisch und schufen eine Literatur, die auf einem leidenschaftlichen Nationalgefühl beruhte. Doch sie hatte ihre inneren Grenzen, da das Hebräische über lange Zeit fast ganz auf den Bereich der Gelehrsamkeit beschränkt gewesen war – auf Interpretationen der Tora, Abhandlungen darüber oder auf die religiöse Poesie. Die neue Bewegung der *Haskalah* vertrat ein anderes Programm, doch ihre Anhänger mussten dennoch die hebräische Sprache beherrschen, wenn auch auf ganz neue Weise. Im Unterschied zu ihren gelehrten Vorgängern entwickelten sie eine kühne Ideologie und forderten den Gebrauch der heiligen Sprache für profane Zwecke, als Nationalsprache. Als Teil dieses Programms schufen sie ein neues, literarisches Hebräisch und benutzten moderne Formen. Sie veröffentlichten Bücher und Zeitschriften, diskutierten über Politik und den Zustand des Judentums. Doch letztlich bildete die Sprache eine Barriere. Die Aufklärung in Osteuropa, die *Haskalah*, blieb eine Bewegung, die sich auf eine kleine, gebildete Elite beschränkte.

Ende des neunzehnten Jahrhunderts, als der große Exodus nach Amerika begann, hatten die Juden beinahe ein Jahrtausend lang in Osteuropa gelebt. Mit etwa sieben Millionen hatten sie den Höhepunkt ihrer demographischen Entwicklung erreicht, doch ihre Lebensbedingungen waren so schlecht wie nie zuvor. In den 1880er Jahren lebten in Russland, zu dem damals auch Polen und die baltischen Staaten gehörten, fünf Millionen, in Österreich-Ungarn mehr als anderthalb Millionen und in Rumänien weitere 200 000 Juden. Unter jeder dieser Regierungen bildeten die Juden die Minderheit mit den wenigsten Rechten, was, trotz aller Unterschiede im Detail, dazu führte, dass sie eine arme, sozial isolierte Bevölkerungsgruppe darstellten.

Rumänien, das kleinste der drei Länder, hatte die kleinste jüdische Minderheit, reglementierte aber deren Leben am strengsten. Das Regime Rumäniens, das 1878 auf Grund des Berliner Abkommens, welches das Ende des Russisch-Türkischen Krieges markierte, als unabhängiges Königreich begründet worden war, weigerte sich unnachgiebig, den Juden auf seinem Staatsgebiet die Bürgerrechte zu gewähren, obwohl dies eine der Bedingungen des Abkommens gewesen war. Auf der Grundlage einer strengen nationalstaatlichen Position erklärte die Regierung, Juden könnten keine rumänischen Untertanen werden, da sie weder Christen waren noch von Rumänen abstammten.

Österreich-Ungarn, diese große, heterogene Anhäufung von Völkern, die unter Kaiser Franz Joseph, Regent von 1848 bis 1916, vereinigt worden waren, gewährte als einziges Land in Osteuropa seinen Juden 1867 die Emanzipation. Doch die Juden waren dort nicht weniger arm oder unglücklich als ihre Brüder und Schwestern in Russland und Rumänien. Wie in diesen Ländern vereitelten die Einschränkungen der Berufsmöglichkeiten für Juden, ihrer Zulassung zu den Universitäten oder Berufsvereinigungen sowie ihres Rechts, Land zu besitzen, jede freie Entwicklung. Diese diskriminierenden Maßnahmen führten dazu, dass, abgesehen von einer kleinen Minderheit, die gesamte jüdische Bevölkerung in Not lebte. Die größte Konzentration von Juden im ausgedehnten Kaiserreich bildeten die 800 000 jüdischen Bürger Galiziens. Galizien, das als Lebensort der ärmsten Juden Europas berüchtigt war, galt zugleich als Hochburg des Chassidismus. Weitere 600 000 Juden lebten in Ungarn, während kleinere Zahlen über einen Bereich von der Westgrenze des Reichs, in Schlesien, über Böhmen, Mähren bis hinunter an die Adria, nach Kroatien, und zum Außenposten in Triest mit seinen etwa 7 000 jüdischen Einwohnern verstreut lebten.

Was all diese jüdischen Gemeinden, seien es die Chassidim in Galizien oder ihre Gegner, die *Mitnagedim,* in Litauen, einander ähneln ließ, war ihre Armut. Doch in Russland wurde die Not der Armen zusätzlich durch ein teuflisches System der Soldatenrekrutierung verschlimmert, das speziell dazu gedacht war, die jüdischen Kinder ihrer Religion zu entfremden. Obwohl Russland die Heimat von drei Vierteln der Juden Osteuropas war, lebte die jüdische Minderheit in diesem Land unter so schlimmen Bedingungen wie nirgends sonst.

Die Zeiten der Rekrutierung wurden in den jüdischen Dörfern gefürchtet wie das Kommen des Todesengels. Dann zeigten die Macht und die Günstlingswirtschaft der herrschenden Oligarchie unverhohlen ihr Gesicht; Reiche fanden die Möglichkeit, nicht eingezogen zu werden, während die Söhne der Armen sicher ausgehoben wurden. Einige von denen, die erwarteten, einberufen zu werden, verstümmelten sich selbst, während andere hungerten, um durch die Gesundheitsprüfung zu fallen, und andere ins Ausland flohen.

Eine weitere Form der Gewalt, die das Leben der Juden in Russland überschattete, waren die immer wieder aufflammenden Pogrome – bezeichnenderweise eine russische Wortschöpfung. Bisweilen offiziell durch den Staat inspiriert oder, speziell zu Ostern, von der Kirche gefördert, bisweilen spontane Ausbrüche nach einem Streit, schwebten die Pogrome wie ein Damoklesschwert über den Juden, die sich niemals sicher fühlen konnten in einer Welt, in der Nachbarn schnell zu Feinden werden konnten.

1881 hatten Juden in Russland erstmals die Emigration als Lösung ihrer Probleme erwogen. Im April dieses Jahres, einen Monat nach der Ermordung Zar Alexanders des Zweiten, kam es zu einer Reihe von Pogromen, die von Elisavetgrad ausgingen und sich allmählich über den Süden in alle Teile Russlands und Polens, einschließlich Warschaus, ausbreitete. Zwar ebbte die erste Welle der Pogrome, die beinahe ein Jahr lang gewütet hatte, allmählich ab, doch die Überfälle tauchten während des folgenden Jahrzehnts sporadisch in verschiedenen Teilen Russlands wieder auf. 1903 rief dann das Massaker von Kischinev, bei dem 45 Juden ermordet und 600 verwundet wurden und in dessen Verlauf 1 500 Häuser und Betriebe zerstört wurden, neuerlich weltweite Empörung hervor. Die Juden in Russland waren von diesem Pogrom weniger überrascht als der Rest der Welt. Seit den Pogromen von 1881 hatten sie begonnen, ihre Situation entschlossen neu zu bewerten. Nach Jahrhunderten hatten sie erstmals die traditionelle Hinnahme des Leidens, ihr Verständnis der Ermordung durch Schläger als Heiligung des Namens Gottes – *Kiddusch ha-Schem* – über Bord geworfen. Andere, säkulare Denkweisen hatten ihre Wirksamkeit entfaltet. Einige Studenten und Intellektuelle schlossen sich den russischen revolutionären Untergrundbewegungen an. Unter den Arbeitern zog die jüdische sozialistische Organisation, der 1897 gegründete *Bund*, Tausende von Anhängern an, ebenso wie die im gleichen Jahr ins Leben gerufene zionistische Bewegung. Während der Bund seinen Kampf auf der Grundlage des Prinzips führte, die Juden sollten in Russland und Polen bleiben, um im Rahmen einer besseren Gesellschaftsordnung um ihre Rechte zu kämpfen, bestand das grundlegende Ziel des Zionismus in der Auswanderung der Juden nach Palästina und der Errichtung eines jüdischen Staates. Die attraktivste und unmittelbar wirksamste aller Lösungen war jedoch die Emigration in die Vereinigten Staaten.

1903 hatten bereits mehr als eine Million Juden das Land verlassen, und im Jahr des Kischinev-Massakers suchten weitere 125 000 Menschen ihr Heil außerhalb Russlands. Sie warteten nicht, bis 1906 Nikolaus der Zweite in einer Rede über die Juden, die er mit dem üblichen russischen Schimpfnamen titulierte, sagte: »So lange ich Zar bin, werden die russischen *Zhyds* nicht die Gleichberechtigung erhalten.«

Doch nicht nur äußere Einflüsse trieben die Juden aus ihren Dörfern. Angesichts des nostalgisch-goldenen Glanzes, in den heute das Leben im Schtetl getaucht wird, ist es schwer, sich daran zu erinnern, dass die jungen Emigranten auch den Fesseln der Tradition zu entfliehen trachteten. Über Jahrhunderte war dieses scheinbar geheime Leben, das durch zwei wenig bekannte Sprachen, Jiddisch und Hebräisch, bestimmt war und unter den Nachbarn viel Misstrauen und Feindschaft auf sich zog, auch die Quelle des Zusammenhalts und der Stärke der Juden. Im neunzehnten Jahrhundert wurde der schützende Zaun jedoch auch zur Gefängnismauer.

Zunehmend wurde klar, dass das traditionelle jüdische Lernen, das sich einzig und allein mit heiligen Texten befasste, völlig von der Außenwelt isoliert war. Es ließ keinen Raum für säkulare Bildung, für Mathematik, Geschichte, Naturwissenschaften, ja nicht einmal für die Sprache und Literatur des Landes, in dem die Juden lebten. Salomon Maimon, ein in Litauen geborener Philosoph des achtzehnten Jahrhunderts, der wichtige Kommentare über Kant verfasste, beschrieb in seiner Autobiographie, wie er das lateinische Alphabet gelernt hatte, indem er die Anmerkungen des Druckers in seinen hebräischen Büchern entzifferte.

Viele Juden, insbesondere jene, die aus armen Familien stammten und in frühem Alter in die Lehre geschickt wurden, konnten, wenn sie von der Schule abgingen, lediglich ihre Gebete lesen und dem Synagogengottesdienst folgen, dessen Liturgie sie auswendig konnten. Mendele Mokher Sforim, der Vater des jiddischen Romans im neunzehnten Jahrhundert, hatte selbst die Aufmerksamkeit begabter Lehrer genossen. Doch er hatte auch den Leidensweg gewöhnlicher Schüler wahrgenommen. »Jeder weiß, was eine *Talmud Tojre* [eine Schule für Anfänger] ist«, schrieb er in seiner bitteren Satire *Das kleine Menschele oder eine Lebensbeschreibung*, »nämlich ein Grab, in dem arme jüdische Kinder begraben werden, in dem ihr Geist verstümmelt und ihnen jeder Kontakt mit der Welt, in der sie leben, verwehrt wird.«

Dennoch war es auch ein System, das die Begabten förderte und, was noch wichtiger war, während der jahrhundertelangen ohnmächtigen Gefangenschaft in den Ghettos die Grundlage der Kontinuität jüdischen Lebens bildete. Es schenkte den Juden ihr Geschichtsbewusstsein, war die Quelle jüdischen Rechts und Brauchtums und bildete die Richtschnur für das Verhalten und die Moral. Vor allem erhielt das Lernen eine so zentrale Bedeutung, dass es zum Maßstab wurde, der über gesellschaftlichen Rang und Ehre entschied. In einer verarmten Bevölkerung, die unter Arbeitslosigkeit litt, bot das Studium der Heiligen Schriften und ihrer Kommentare eine endlose erhebende Beschäftigung.

Allerdings beruhte diese Ehrfurcht vor dem Studium, die so lange die verbindliche Kraft des jüdischen Lebens dargestellt hatte, auf einer selbstgenügsamen, abgeschlossenen Gesellschaft. Das neunzehnte Jahrhundert führte in Europa zu Veränderungen, die in den vorangehenden Epochen unvorstellbar gewesen wären. Die Monarchie verlor ihren heiligen Charakter, an dunklen Orten entstanden revolutionäre Bewegungen, und der Gedanke nationaler Selbstbestimmung, der ganz Europa ergriff, weckte auch entsprechende Gefühle einer jüdischen Nationalität, die in der Entstehung der zionistischen Bewegung gipfelte. Als diese Bewegungen in die alte Welt des Schtetls eindrangen, waren die Grenzen und Errungenschaften der letzteren für diejenigen, die über ihre Mauern hinwegschauen wollten, zu eng und beschränkt.

Ein Jahrhundert zuvor hatten auch die deutschen Juden begonnen, um die Möglichkeit zu ringen, ihre beiden Kulturen in ihrem Leben zu vereinen. Ende des achtzehnten Jahrhunderts gründeten sie säkulare Schulen, in denen neben den traditionellen Themen jüdischen Lernens auch die deutsche Sprache und Literatur, Geschichte, Mathematik und Naturwissenschaften gelehrt wurden. Gemeinden veröffentlichten neue Gebetbücher mit deutschen Übersetzungen der hebräischen Texte, und Rabbiner begannen auf Deutsch zu predigen. Mitte des neunzehnten Jahrhunderts führte Samson Raphael Hirsch, der Begründer der Neo-Orthodoxie in Deutschland, die Idee der »*Torah im Derech Eretz* – Tora gemeinsam mit der Lebensweise der Welt« ein. Dabei handelte es sich um einen Ansatz, der beide Welten im Gleichgewicht hielt und keine ausschließen wollte. In Osteuropa, wo es nicht zu einer Bewegung kam, die einen inneren Wandel herbeiführen wollte, reagierten viele junge Juden, vor die Wahl zwischen zwei absolut gesetzten Welten gestellt, mit der vollständigen Ablehnung des jüdischen Lebens. Ende des neunzehnten Jahrhunderts verfügten sie über viele säkulare Alternativen. Der Drang, zu arbeiten, in der Welt etwas zu vollbringen, anstatt innerhalb der Grenzen des Ghettos zu vegetieren, wurde unter der jungen Generation zu einem überwältigenden Wunsch. 1882 wurden Isidore Kopeloff, einem jungen Jeschiwa-Studenten aus Bobruisk, und seinem Freund Israel Mendel klar, dass sie den Ort verlassen mussten.

> »Wir hatten keinen bestimmten Plan (schrieb Kopeloff), wohin wir gehen oder was wir tun sollten. Wir wussten nicht einmal, was unsere Fähigkeiten sein könnten. Wir verließen Bobruisk, getrieben von der Notwendigkeit. Wir sahen dort keinerlei Möglichkeit der Beschäftigung, es sei denn, wir warteten auf eine Ehe mit einer Mitgift und wurden nach der Hochzeit Händler oder kleine Ladeninhaber oder hingen bloß den ganzen Tag auf den Straßen herum; das aber kam für uns als moderne, weltliche, aufgeklärte und sozialistisch denkende Menschen nicht in Frage. Wir wollten etwas erreichen, arbeiten, etwas schaffen und vor allem für uns selbst und andere nützlich sein. Zumindest wollten wir ehrlich unser Brot verdienen. Es bereitete uns Schmerz und Scham, anderen zur Last zu fallen.«

Ein Jahr später, 1883, floh auch Jacob Fromer aus Polen nach Berlin, wo er schließlich Bibliothekar der jüdischen Gemeinde wurde. Auch er dachte in seinen Erinnerungen über die Bedeutung eines Berufs nach und beschrieb voller Leidenschaft, wie erniedrigend für die junge Generation der Mangel an wirklicher Arbeit war und wie zielstrebig und wünschenswert ihnen im Gegensatz dazu der Westen erschien. Dort, schrieb er bewundernd, »hat jeder seinen anerkannten Beruf und steht nicht jeden Morgen beim Aufwachen vor dem Rätsel, wie er seinen Lebensunterhalt verdienen soll«.

In den frühen Jahren dieses Jahrhunderts schien die Kindheit im Alter von vierzehn Jahren zuende. Wenigstens der Hüter der Einwanderungsstatistik in den Vereinigten Staaten teilte so die Welt ein. Und hier, wie in vielen anderen Dingen, unterschieden sich die jüdischen von den übrigen Einwanderern. Während lediglich acht oder neun Prozent der Angehörigen anderer Nationalitäten unter vierzehn Jahren waren, fielen beinahe dreißig Prozent der jüdischen Immigranten in diese Kategorie. Zum Teil erklärt sich diese erstaunliche Differenz dadurch, dass Juden mit ihren oft kinderreichen Familien nach Amerika kamen. Anders als andere Nationalitäten, bei denen die jungen Männer kamen, um ihr Glück zu machen und später in ihre Heimat zurückzukehren, hegten die Juden die Absicht, in den Vereinigten Staaten zu bleiben.

Weniger häufig beachtet, von dem Einwanderungsbüro einmal abgesehen, wurde die große Zahl an dreizehn- bis vierzehnjährigen Kindern, die allein nach Amerika reisten. Sie hofften in der Regel, bei irgendeinem Familienmitglied oder *Landsman* Aufnahme zu finden, erwarteten jedoch keine finanzielle Unterstützung. Sie kamen in ein goldenes Land, doch sie wussten, dass sie selbst für sich sorgen mussten. Erstens waren jene, zu denen sie zogen, selbst Neuankömmlinge, die in ungesicherten Verhältnissen lebten, während sie sich in dem neuen Land zu etablieren suchten. Außerdem betrachteten sich die Dreizehnjährigen, wenn sie nach Amerika kamen, nicht mehr als Kinder. Viele hatten bereits in der alten Heimat mehrere Jahre als Lehrlinge gearbeitet und sich eine Lebensgrundlage verschafft, die sie sich nicht einmal vorzustellen vermochten. Doch in ihren Träumen war es das Gegenteil all dessen, was sie hinter sich ließen. Abgesehen von der Arbeit. Sie wussten, dass sie in dem neuen Land von Anfang an würden arbeiten müssen. Doch in den Fabriken, in denen sie Arbeit fanden, begegneten sie auch einander, redeten, lachten und schlossen Freundschaft. Dies war der Beginn ihrer neuen Gemeinschaft in Amerika.

Sie waren jung und eifrig darauf bedacht, die Vergnügungen

der Neuen Welt auszuprobieren und die Phantasien zu verwirklichen, die in dem streng kontrollierten Leben des Schtetls undenkbar waren. Während die jungen Männer davon träumten, ihr Glück zu machen, hatten auch junge Frauen eine Vision ihres neuen Lebens. Sie erwarteten, von einem System der Verlobung und Ehe befreit zu werden, in dem sie kein Mitspracherecht besaßen. Auch erhofften sie in der Neuen Welt eine neue Achtung, die sie in der Alten Welt nur selten erfuhren. Was auch immer die jungen Einwanderer plagte, was in der alten Heimat schmerzte, es würde, so glaubten sie, in der Neuen Welt Heilung erfahren.

Selbst die Arbeit brachte neue Dimensionen und Möglichkeiten mit sich. In Amerika war zu Beginn des zwanzigsten Jahrhunderts eine Stelle in einer Bekleidungsfabrik nicht nur eine Einkommensquelle, sondern auch eine Quelle der Hoffnung. Viele Arbeiter, die als »Maschinenbediener« begonnen hatten, hatten sich zu Unternehmern hochgearbeitet; eine Familie, die etwas Geld gespart hatte, konnte hoffen, ein Geschäft eröffnen zu können. Die Bedingungen in der Industrie konnten sich auch verbessern, wie nach der Bildung der Gewerkschaften in der Kleidungsindustrie zu Beginn des Jahrhunderts. Dann konnte ein fähiger Maschinenbediener einen ordentlichen Lebensunterhalt verdienen und Bequemlichkeiten genießen, die in der Heimat wie ein Märchen erschienen: fließendes Wasser, Toiletten im Haus, geheizte Wohnungen mit mehr Räumen, so schien es, als man benutzen konnte.

New York war, wie jeder Großstadtbewohner weiß, stets eine Anhäufung von Dörfern. Auf dem Höhepunkt der Einwanderungswelle waren diese engen Siedlungen bewusste Konstrukte von Menschen, die dieselbe Sprache sprachen, aus dem gleichen Viertel stammten und sich in dem neuen Land neu zusammenfanden, um einander Unterstützung und Komfort zu bieten. Unter den Juden führten die Gewohnheit und die Leidenschaft für ein organisiertes Leben, anders als bei anderen Einwanderern, zu einer frühen Ausbreitung von Institutionen. Da die Juden aus einer traditionellen Welt stammten, in der die Synagoge, zumindest für die Männer, ein soziales wie religiöses Zentrum gewesen war, schossen in der Lower East Side in New York, dem ersten Bereich einer dichten jüdischen Besiedlung, zuerst die »*Schtiblach* – Stübchen« aus dem Boden. Wie in der alten Heimat waren viele nach den Gewerben organisiert. Die Hutmacher etwa unterhielten über Jahrzehnte ihre Synagoge in dem Distrikt, in dem ihre Werkstätten dicht an dicht lagen. Doch selbst diese *Schtiblach* führten in dem Maße eine ungesicherte Existenz, in dem die Irreligiosität die jungen Einwanderer überrollte.

Von den engen Grenzen der abgeschlossenen Gemeinden in Europa befreit, trafen sie Entscheidungen, die mehr von der Notwendigkeit als von Grundsätzen bestimmt waren. Da der Sonntag in den Fabriken der einzige Ruhetag war, arbeiteten einige Juden widerstrebend am Schabbat, um nicht ihre Arbeitsplätze und ihren Lebensunterhalt zu verlieren. 1906 schätzte man, dass an die neunzig Prozent der Einwanderer sich nicht mehr streng an die Normen hielten, die ihr Leben in Europa bestimmt hatten.

Zur gleichen Zeit brauchten und wünschten sie wechselseitige Gemeinschaft und schufen in der Neuen Welt die *Landsmanschaftn*, die sie an die Heimat erinnerten. Nach Städten oder Regionen organisiert, boten sie den Neuankömmlingen Hilfe bei der Suche nach Arbeit und einer Bleibe an, halfen mit kleinen Summen an Krankengeld aus und organisierten Beerdigungen auf den privaten Friedhofsgrundstücken der Organisation. Bis heute kann man auf den alten Friedhöfen der äußeren Bezirke New Yorks die sorgfältig markierten Bereiche dieser alten Gesellschaften sehen. Jeder Eingang ist großartig durch Marmorsäulen oder ebenso imposante Eisentore markiert, und wenn man zwischen den Grabsteinen herumläuft, ist es, als besuche man ein Dorf, in dem Familien und Nachbarn dicht beieinander liegen. Die Geselligkeit der jüdischen Einwanderer erstreckte sich, wie es scheint, selbst auf ihre Vorstellung des Lebens nach dem Tode. Was könnte tröstlicher sein, als bis zum Kommen des Messias bei seinen Freunden, Verwandten und Landsmännern gebettet zu sein?

1938 waren allein in New York City über 2 500 *Landsmanschaftn* tätig, die insgesamt mehr als eine Viertelmillion Mitglieder hatten. Diese Gesellschaften boten vor allem die Geselligkeit, nach der sich die jüdischen Einwanderer sehnten: Versammlungen, Ausflüge, Vorträge, alles im Beisein von Freunden und mit dem Höhepunkt eines jährlichen Galabanketts mit Ansprachen, natürlich in jiddischer Sprache, Trinksprüchen, Musik und Tanz.

Der Schriftsteller und Sozialkritiker Irving Howe hat das »Empfinden eines kollektiven Schicksals« beschrieben, »das im persönlichen Erleben beinahe jedes Juden verwurzelt war«. Dieses Kollektivbewusstsein lebte man in den abgeschlossenen jüdischen Dörfern oder den dichten Stadtvierteln in der alten Heimat aus. In Amerika dagegen eignete ihm nicht mehr dieselbe resignierte Akzeptanz wie in der Vergangenheit. Es reichte nicht mehr, auf das Kommen des Messias zu warten. Eine Vielfalt politischer Bewegungen, die für verschiedene Ansichten darüber standen, wie man eine bessere Welt schaffen könne, verbreiteten sich unter den Einwanderern in New York. Da es keine repressive Geheimpolizei und keine Zensurstelle gab, hatten sie die Freiheit, ihre Anschauungen zum Ausdruck zu bringen und zu publizieren. Bei vier oder fünf Tageszeitungen und über hundertfünfzig Zeitschriften, die zwischen 1885 und 1914 erschienen, fand jede nur denkbare politische und soziale Auffassung ein Forum. Das Wunder der Linoldruckmaschine machte die Zeitungen billig, so dass jeder Arbeiter sich die wenigen Cents täglich leisten konnte, die er brauchte, um seine politische Position zu unterstützen. 1918 hatte die sozialistische Zeitung *Forverts* eine Auflage von täglich 138 000 Exemplaren.

Trotz ihrer Leidenschaft für die Presse, für Vorträge oder das Theater, waren dies zumeist ungebildete Einwanderer. Infolge ihrer Jugend verfügten die Neuankömmlinge kaum über Schulbildung und nur über geringe Sprachkenntnisse. Sie waren noch nicht alt genug, um die Träger ihrer Kultur zu sein, und brachten nur die »kleine Tradition« mit, die Überlieferungen des Zuhauses, des Alltags, der allgemeinen Sitten und ethischen Normen ihrer Gemeinschaft. Die »große Tradition«, die Tradition der höheren Bildung und der religiösen Exegese, blieben zurück. Die russische Volkszählung von 1897 zählte auf dem Herrschaftsgebiet Russlands 6 000 Rabbiner, doch in den folgenden zwölf Jahren wanderten nur 350 von ihnen in die Vereinigten Staaten aus. Diejenigen, die blieben, warnten vor der Gefahr, der das Judentum in Amerika ausgesetzt sein werde, und sie hatten damit nicht Unrecht.

Jüdisches Leben und jüdischer Glaube entfalteten sich, wie schon immer, auf zwei unterschiedlichen, kaum aufeinander bezogenen Ebenen. Auf der einen Seite setzten die Gelehrten ihre Studien fort, verfassten ihre Abhandlungen auf Hebräisch und errichteten Jeschiwot und Seminare. Auf der anderen Seite wurde, insbesondere unter den Einwanderern, die Praxis des Judentums durch Bräuche bestimmt, die sich allmählich und weitgehend ohne den Einfluss der intellektuellen Diskussion herausbildeten.

Für gewöhnliche Juden bedeutete Judentum demnach die Praktiken und Bräuche ihrer Familie und ihres Dorfes, das, was der Politikwissenschaftler Charles Liebman als »Volksreligion« bezeichnet hat. Dazu gehörten auch die Gemeinschaft und die vertrauten Melodien *ihrer* Synagoge, und es bedeutete, in einer Gemeinde verwurzelt zu sein, in der diese Rituale untrennbar mit dem Leben selbst verbunden waren. Selbstverständlich brauchten sie ihre Schreiber, rituellen Schlächter, Badewärter, ihre Lehrer, Kantoren und Rabbiner. Doch für Juden bildete die Anwesenheit in der Synagoge nur einen Teil ihrer stetigen Beachtung der Tora, die jeden Teil ihres Tages berührte, »wenn du dich hinlegst und wenn du aufstehst«, um mit den Worten des Buches Deuteronomium zu sprechen. Für die Frauen, die nicht verpflichtet waren, sie zu besuchen, war die Synagoge weniger wichtig als die Art, in der sie ihren Haushalt führten, der das Zentrum der Observanz und Lehre bildete. Unauflöslich miteinander verbunden, in der Praxis nicht voneinander getrennt, schufen Recht, Brauchtum, lokale Überlieferung und Gewohnheiten die wirksame Mischung, die das traditionelle Judentum ausmachte.

Doch in Amerika sollten die Wege, wie die Weisen vorhergesagt hatten, krumm werden und schwinden. Zum Teil spiegelten die Veränderungen die Jugend der Einwanderer wider, die weniger in der Tradition verwurzelt waren als die ältere Generation. Die jungen Ankömmlinge, überwältigt von der Notwendigkeit, ihren Lebensunterhalt zu verdienen, kamen rasch zu sehr pragmatischen Lösungen für die Anforderungen der jüdischen Tradition. Doch sie begrüßten auch die Neuerungen. Wie wir gesehen haben, waren das Scheren der Haare und die Perücke, die von jeder verheirateten Frau verlangt wurden, die ersten Bräuche, die abgelegt wurden, ebenso wie die Schläfenlocken der jüdischen Männer in Osteuropa. Weitere Schritte folgten, als Juden, jung wie alt, zumindest so wie Amerikaner *aussehen* wollten. Oder wenn sie, was noch wichtiger war, nicht wie ein *Griner* – ein unerfahrenes Greenhorn – erscheinen wollten.

Obwohl viele fleißig die Abendschule besuchten, um für ihre Prüfungen zwecks Erlangung der Staatsbürgerschaft Englisch und amerikanische Geschichte zu lernen, überwanden diese jungen Arbeiter niemals die Tatsache, dass ihre Grundausbildung im Alter von elf oder zwölf Jahren abgebrochen war. Selbst wenn sie Englisch lernten, kamen sie nicht über ein Grundvokabular hinaus. Und selbst wenn sie es schließlich flüssig sprachen, blieb ihr Englisch bis zum Schluss ein primitives Werkzeug. Gleichzeitig wurde das Jiddische, das nur auf einer schrumpfenden, von der steigenden Flut des Englischen umgebenen Insel existierte, statisch und veraltet.

Selbst ein so berühmter jiddischer Schriftsteller wie Schalom Asch konnte der Amerikanisierung, die seine Familie ergriff, nicht entgehen. 1910, als seine Söhne noch sehr klein waren, reiste er nach New York und schrieb seiner Frau in Warschau in wilder Begeisterung über New York. »In wenigen Wochen«, schrieb er, »werden [die Kinder] Englisch sprechen und es selbst ihren Eltern beibringen können.« Tatsächlich zog die Familie nach Amerika, doch 1917, als Aschs Sohn Nathan ein College in Syracuse, im nördlichen Teil des Staates New York, besuchte, schien es, als hätten sich die Dinge merkwürdig entwickelt. »Mein lieber Nathan, ich habe Dir schon lange schreiben wollen«, beginnt Asch seinen Brief in jiddischer Sprache, »doch ich wusste nicht, in welcher Sprache ich Dir schreiben soll. Das ist meine Tragödie, dass ich meinem Sohn nicht in der Sprache zu schreiben vermag, in der ich mit den Menschen rede. Ich kann kein Englisch, und Du kein Jiddisch.« In der Familie Asch wurde das Jiddische zumindest als die Sprache bewahrt, die zu Hause gesprochen wurde. In anderen Haushalten war es noch stärker im Schwinden begriffen.

Erst als die sprachlichen Wurzeln schwächer wurden, entschwanden auch Teile der Vergangenheit. Die Einwanderer brachten nur die lebendigen, aber bruchstückhaften Erinnerungen jüdischen Lebens mit sich. Bisweilen wurden diese auch nur in entstellter Form erinnert, transformiert durch die Übersetzung und den Versuch, sie Kindern verständlich zu machen, die in einer anderen Welt lebten. Unerschütterlich aber war ihr Bewusstsein, Teil dieses Kollektivs zu sein, von dem Irving Howe schrieb, Teil der langen jüdischen Vergangenheit. Und das fand seinen Ausdruck in einer Vielzahl von Einstellungen und häuslichen Praktiken, die die Struktur des täglichen Lebens ausmachten.

Dieses Kollektivbewusstsein brachte allerdings auch ein Gefühl der Verantwortung für die Teilnahme an der Welt mit sich. Mary van Kleeck, eine unermüdliche Sozialarbeiterin, die 1911 eine Studie über die Arbeiterinnen im Bereich der Herstellung von Kunstblumen anfertigte, stellte eine Besonderheit der jüdischen Mädchen fest. »Kurz gesagt«, schrieb sie in ihrem Überblick, »kann man festhalten, dass, wenn das italienische Mädchen ein Interesse an ihrem Gewerbe zeigt, dies ein Interesse am Handwerk oder ihrem eigenen Lohn ist, nicht aber an den allgemeinen Bedingungen der Branche. Das jüdische Mädchen dagegen hat ein besonderes Gefühl der sozialen Verantwortung und lässt häufig eine eifrige Begeisterung für die Diskussion über Arbeitsprobleme erkennen.«

Wie wir wissen, waren die jüdischen Arbeiter eine entscheidende Kraft bei der Organisation der Gewerkschaften in der Textilbranche, in der sie so stark konzentriert waren. Die *International Ladies' Garment Workers Union* (ILGWU), die größte Gewerkschaft im Bereich der Frauenbekleidungsindustrie, wurde 1900 organisiert und schaffte es 1909, einen Streik der 20 000 Blusenmacher zu Stande zu bringen, der die Arbeitsbedingungen in der Industrie definitiv veränderte. 1920 hatten die ILGWU über 100 000 und die Männerkleidungsgewerkschaft (die *Amalgamated Clothing Workers of America*) 170 000 Mitglieder. Auch andere Gewerkschaften in New York City – die der Bäcker, Anstreicher, Hutmacher und Gerber – wurden von einer überwiegend jüdischen Arbeiterschaft ins Leben gerufen. Die »kleine

Tradition« mag demnach zwar dünn gewesen sein, was ihren Inhalt betraf, stellte jedoch eine starke moralische Kraft dar.

In der nächsten Generation hatte sich jedoch das starke Arbeiterklassenprofil der Einwanderer verändert. In New York gingen ihre Söhne und Töchter in Scharen auf die gebührenfreien städtischen Colleges, so dass um 1925 die Kinder der Immigranten auf der Berufsleiter aufgestiegen waren. Mehr als fünfzig Prozent arbeiteten entweder in den freien Berufen oder als Angestellte. Dazu gehörten auch Arbeitsplätze sowohl in der privaten Wirtschaft als auch im öffentlichen Dienst, wo sie Positionen im Bürobereich wie in der Verwaltung einnahmen. Andere wählten die Eigenständigkeit und gründeten selbstständige Praxen als Ärzte, Zahnärzte oder Anwälte. Mit der Zeit stieg auch die Generation der Einwanderer auf, doch sie gingen einen anderen Weg und wurden von ausgebildeten Handwerkern oder Hausierern zu Eigentümern von Betrieben. Die wachsenden Unterschiede zwischen den Generationen führten unvermeidlich dazu, dass die Kinder in andere, wohlhabendere Viertel oder sogar in andere Städte zogen.

Die sich vergrößernde Diskrepanz war nicht bloß räumlicher Natur. Sie hatte auch eine dunklere Seite, und bisweilen führte sie zu ernsthafter Entfremdung. Die Vereinigten Staaten der zwanziger Jahre waren eine streng definierte Gesellschaft, in der eine einheitliche weiße, in der Regel protestantische Norm galt. Sozialer Antisemitismus wie überhaupt ein herablassender Ton gegenüber allen ethnischen Gruppen waren schlicht Teil der amerikanischen Landschaft mit ihren Dialektwitzen und ihren Immobilienverträgen, die Juden und Schwarze aus bestimmten Vierteln ausschlossen, von den Quoten in den höheren Bildungsanstalten und den beruflichen Einschränkungen ganz zu schweigen. Es war paradox, dass die ersten Kinder der Einwanderer, als sie in den zwanziger Jahren Zugang zum amerikanischen Leben suchten, gut verbrämte, nahezu unsichtbare, aber dennoch höchst wirksame Schranken vorfanden, die ihr Fortkommen behinderten.

Die zwanziger und dreißiger Jahre bedeuteten auch die letzte Phase der Institutionen, die die Einwanderer gegründet hatten, um ihre Lebensweise aufrechtzuerhalten. Ihre Synagogen, *Lands-*

manschaftn, Zeitungen und Theater bestanden allesamt gelassen fort. Der *Forward* (die englische Fassung des *Forverts*), dessen Name hell erleuchtet über dem Himmel des East Broadway prangte, und andere jiddische Zeitungen erschienen nach wie vor täglich, und das jiddische Theater stand in seiner Blüte. Doch die Schirmherrn dieser Kultur wurden älter, während ihre Kinder die neuen Kinofilme und Broadwayshows bevorzugten. In ihrer Begeisterung über ihre Entdeckung der neuen Welt und der überstürzten Eile, mit der sie sie sich zu eigen machte, erkannte die jüngere Generation nicht, dass ihnen die Tradition entglitt.

Für die amerikanischen Juden war es ein zweifacher Schock, als nach dem Zweiten Weltkrieg die Nachrichten über die Vernichtungslager in die Vereinigten Staaten gelangten. Die meisten jüdischen Familien hatten Verwandte in Ost- oder Mitteleuropa gehabt und begannen nun ihre Toten zu zählen. Es wurde offensichtlich, dass die Welt, aus der die meisten Einwanderer stammten, gemeinsam mit ihren Bewohnern vernichtet worden war. Anders als andere Völker, die auf ein Heimatland zurückgreifen konnten, um ihre Sprache und Tradition fortzusetzen, erkannten die jungen Juden in Amerika plötzlich, dass sie eine übergroße Verantwortung ererbt hatten. Der größte Überrest dieses vernichteten Volkes lebte in den Vereinigten Staaten, und sie waren die Erben. Geplagt von unbekannten Gewissensbissen und Schuldgefühlen, nahm die sorgenfreie, sorglose zweite Generation, die Kinder der osteuropäischen Einwohner, die Last des Exils auf sich.

Diese Last wurde, wenn auch nur zum Teil, durch die Gründung des Staates Israel 1948 erleichtert. Die Israelis, voller Stolz darauf, dass sie die Eigenstaatlichkeit erlangt hatten, schämten sich zugleich dessen, was sie als von Knechtschaft geprägte jüdische Vergangenheit betrachteten. Sie bevorzugten es, ihre Geschichte mit Abraham beginnen zu lassen und die Jahrtausende dazwischen bis hin zur Errichtung des neuen israelischen Staates leichthin zu überspringen. Das Jiddische war dem Hebräischen in dem heftigen Kampf um die Nationalsprache unterlegen, und in den ersten berauschenden Jahren nach Erlangung der Unabhängigkeit wurde auch die so genannte »Ghettokultur« abgelehnt.

Die Verantwortung dafür, die osteuropäisch-jüdische Sprache und Kultur erinnernd zu bewahren, fiel daher den amerikanischen Juden zu. Da so viele ihrer nahen Verwandten in den Lagern ermordet worden waren, nahmen sie voll Verwunderung die Überlebenden auf, die nach 1948 in den Vereinigten Staaten ankamen. Erst jetzt begriffen viele, wie sehr die osteuropäisch-jüdische Kultur schon entschwunden war und wie wenig die amerikanisch-jüdische Gemeinschaft darauf vorbereitet war, die Traditionen der Alten Welt fortzusetzen. Die Beanspruchung dieser Vergangenheit ist zu einer der Leidenschaften der amerikanisch-jüdischen Gemeinschaft geworden.

Obwohl ein Großteil der jüdischen Aktivitäten sich auf die Synagoge und das Geldsammeln für soziale Zwecke konzentrierte, erinnerte man sich im Zuge des wiedererwachenden Interesses am Jiddischen auch der säkularen Vergangenheit. Die Veröffentlichung des Lehrbuchs *College Yiddish* von Uriel Weinreich 1949 markierte den Beginn der offiziellen Renaissance des Jiddischen auf einer neuen Ebene, nämlich als Fach, das an Colleges und Universitäten unterrichtet wurde. Mit der Sprache aber kam natürlich auch das Studium der Literatur und Geschichte, in der sie verwurzelt war. Abgesehen davon, dass sie in den sich selbst isolierenden chassidischen Gruppen überlebte, ist die Zeit für eine eigenständige jüdische Kultur in einer jüdischen Sprache vergangen. Doch es gibt viele Wege, in Amerika Jude zu sein, von einer »Jewish lite«-Existenz, wie eine Prominente ihr Selbstverständnis ausdrückte, bis zur Unterstützung der Ziele der Orthodoxie.

Das traditionelle Judentum, das zu Beginn des zwanzigsten Jahrhunderts aus Osteuropa kam, hat sich unaufhörlich weiterentwickelt. In Amerika sah es sich auf eine Weise mit der Moderne konfrontiert, die sich von der Situation in Westeuropa unterschied. Dort sprachen im Lande geborene Juden die Sprache ihres Landes, verstanden ihre Kultur, und die Integration von Juden und Judentum in die sie umgebende Welt war ein Prozess, der sich über Generationen hinzog. In den Vereinigten Staaten mussten die osteuropäischen Einwanderer denselben sprachlichen, kulturellen und sozialen Sprung innerhalb einer Generation bewältigen. Jede Generation seither hat ihn erneut vollzogen und versucht, Glauben und Praxis in der überlieferten Gestalt auf irgendeine Weise mit dem gegenwärtigen Leben in Einklang zu bringen.

Aus der Perspektive des Schtetls war dies ein erstaunliches Jahrhundert des Wandels: Männer ohne Bärte, gemeinsames Sitzen in der Synagoge, Frauen, die zur Toralesung aufgerufen werden, Rabbinerinnen – all das war in der eingefrorenen Welt des Schtetls undenkbar. Doch am Ende des zwanzigsten Jahrhunderts hat das sich drehende Rad des Schicksals auch eine Renaissance der Orthodoxie in den Vereinigten Staaten gebracht, deren neue Anhänger vielfach aus weit weniger frommen Familien stammen. 1983 stuften sich allein im Großraum New York etwa 230 000 Juden, also dreizehn Prozent der jüdischen Bevölkerung, selbst als orthodox ein.

Doch die neue Orthodoxie in Amerika ist weit gewollter und unsicherer als das ursprüngliche traditionelle Judentum der Einwanderer. Die chassidischen Sekten sind in Amerika gewachsen und haben sich ausgebreitet; sie liegen unaufhörlich in – manchmal heftigstem – Streit miteinander. Die Gruppe der Lubawitscher, die selbst über die Frage zerstritten ist, ob ihre letzte Führungsfigur, Menachem Schneerson, der Messias war oder nicht, hat neue, aggressive Methoden entwickelt, nichtgläubige Juden für sich zu gewinnen. Zugleich gewinnt die »moderne Orthodoxie«, die nicht verlangt, dass verheiratete Frauen sich die Haare abschneiden oder die Männer die polnische Kleidung des achtzehnten Jahrhunderts tragen, neuen Zulauf.

Selbst die Erscheinung der Gemeinden der Hauptströmung hat sich verändert. Wo einst Fragen der »sozialen Gerechtigkeit«, der Bürgerrechte oder der Weltpolitik die Predigten und Studiengruppen beherrschten, sind die Synagogen heute Zeugen einer Hinwendung zu individuellen Belangen, zu stärkerer Kontemplation, zur Betonung der spirituellen, ja selbst der mystischen Dimensionen der Tradition. Wie eine Expertengruppe, die die Situation der amerikanisch-jüdischen Gemeinschaft untersuchte, Ende 1999 beobachtete, ist an die Stelle der Neigung, sich für die großen sozialen Fragen zu engagieren, eine persönlichere, »innerlichere« Haltung getreten.

Natürlich haben der Holocaust und die Erinnerung daran die Generationen seit dem Zweiten Weltkrieg in ihren Bann gezogen. Große Museen in New York, Washington, D.C., und Los Angeles widmen sich vollständig diesem Abschnitt der jüdischen Geschichte. Zahllose Gruppen sammeln Geschichten von Überlebenden, und Bücher, Filme, Denkmäler und Ausstellungen halten das öffentliche Bewusstsein für dieses unvergessliche Thema wach. Die Konstellation der jüdischen Institutionen ist heute anders als zu Beginn des zwanzigsten Jahrhunderts, als der Akzent auf dem Praktischen, Instrumentellen lag: ökonomische Hilfe für die Neuankömmlinge, Fürsorge für verwaiste oder bedürftige Kinder, Beerdigungsgesellschaften und Kreditgemeinschaften. Heute hat sich der Schwerpunkt auf Abwehrorganisationen, Forschungszentren, Universitätslehrgänge und Museen verlagert. Ein Volk studiert sich selbst. Die unermessliche Fülle jüdischer Publikationen, populärer wie wissenschaftlicher, zeigt, dass das jüdische Leben in Amerika das einundzwanzigste Jahrhundert mit einer neuen Gelehrsamkeit, mit neuen Streitigkeiten und mit seinem unveränderlichen Programm beginnt – dem Überleben.

Dank

Beim Schreiben dieses Buches habe ich versucht, die Erinnerungen anderer zu sammeln, um meine eigenen zu bestätigen oder zu erweitern. Viele Freunde und Verwandte waren großzügig mit ihrer Zeit und ihren Reflexionen und dachten über nunmehr jahrzehntealte Ereignisse und Erfahrungen nach, um Einzelheiten zu dem Bild beizusteuern, das ich zu entwerfen versuchte.

Vor allem möchte ich Jerome Berson, Ruth Burstein, Henry Glazer, Mildred Glazer, Rose Glazer und Gail Klebanoff dafür danken, dass sie mir ihre Geschichte erzählt und über ihre Jugend in der Bronx nachgedacht haben. Esther Briskman, Benjamin Harshav, Edward Stankiewicz und Howard Stern halfen mir in sprachlichen Fragen, und Claudia Naurot lieferte wichtige Details über die Geschichte der Simmons Mattress Company. Viel verdanke ich der Unterstützung von Peggy und Dick Kuhns und ihrer sorgfältigen Lektüre früher Entwürfe und ihrer Kommentare.

Meine Tochter Sophie Glazer war eine korrigierende Stimme aus einer anderen Generation, und sie kam mir mit ihrem untrüglichen literarischen Blick an zahlreichen Stellen zu Hilfe. Sarah Glazer Khedouri, meine älteste Tochter, hat Teile des Manuskripts zu meinem großen Nutzen mit professioneller und familiärer Sorgfalt gelesen. Lizzie Glazer, meine jüngste Tochter, inspirierte gemeinsam mit meinem Schwiegersohn Bill Montgomery mindestens eines der Kapitel, und ihre Bemerkungen zu anderen Stellen waren häufig vielsagend und erhellend. Vieles habe ich meiner Schwester Shirley Gorenstein zu verdanken, vor allem aber danke ich ihr für ihre Großzügigkeit im Zusammenhang mit diesem Buch.

Meine alte Freundin Jean Staschover und ich haben in dem halben Jahrhundert, das wir einander kennen, bei vielen Begegnungen über die in diesem Buch erörterten Fragen nachgedacht. Mit ihrer Erlaubnis habe ich einige der Anekdoten verwendet, die sie mir erzählt hat. Shirley Lavine hat mir großzügig erlaubt, das Rezept ihrer Familie für griechischen Salat zu veröffentlichen; es ist eines der wenigen, die je niedergeschrieben wurden.

Lawrence Graver im Williams College und Marion Kaplan im Queens College in New York City haben mich freundlicherweise eingeladen, in ihren jeweiligen Institutionen zu sprechen, und gaben mir so die Gelegenheit, meine Ideen öffentlich auszuprobieren. Froh war ich auch über die Einladung von Albert Solnit, Teile des Buchs im Muriel Gardner Seminar on Psychoanalysis and the Humanities in New Haven zur Diskussion zu stellen.

Mein letzter, liebevollster Dank gilt meinem Mann, Peter Gay, der mich bei diesem Unterfangen auf jede erdenkliche Weise unterstützt hat, wie während unseres ganzen gemeinsamen Lebens. Er war auch mein unermüdlicher Hauslektor, der nacheinander jeden Abschnitt mit seinem feinen Gespür für Logik und Stil gelesen hat.

Bibliographie

Archivmaterial

Pastor Stokes, Rose, Unveröffentlichte Autobiographie, in: Rose Pastor Stokes Papers, Group no. 573, Mikrofilm HM45. Yale University Library, New Haven, CT.

WPA Federal Writers' Project, File 24012403. Library of Congress, Washington, D.C.

Literarische Quellen und Autobiografien

Asch, Scholem, *Briv* (Briefe), Tel Aviv 1980.

Blaustein, Miriam (Hg.), *Memoirs of David Blaustein. Educator and Communal Worker*, 1989.

Cahan, Abraham, *Yekl. A Tale of the New York Ghetto*, New York 1896.

Cohen, Rose [Gallup], *Out of the Shadow*, New York 1918.

Forman, Frieda/Raicus, Ethel et al. (Hg.), *Found Treasures. Stories by Yiddish Women Writers*, Toronto 1994.

Fuchs, Daniel, *Summer in Williamsburg* (The Williamsburg Trilogy), New York 1972.

Heine, Heinrich, »Die Bäder von Lucca«, in: *Sämtliche Schriften* Bd. 2, München 1969.

Howe, Irving, *A Margin of Hope. An Intellectual Autobiography*, New York 1982.

Kopeloff, Isidore, *Amolike jorn. Iberlebungen fon a idischn ingel in der alten hajm*, New York 1931.

Levin, Meyer, *The Old Bunch*, Secaucus, N.J., 1937.

Levin, Shmarya, *Childhood in Exile*, New York 1929.

Die Memoiren der Glückel von Hameln, aus dem Jüdisch-Deutschen von Bertha Pappenheim, Weinheim 1994.
Meyerhoff, Barbara, *Remember Our Days*, New York 1978.
Rosenfeld, Isaac, *Passage from Home*, New York 1946.
Roth, Henry, *Call it Sleep* (mit einer Einführung von Alfred Kazin), New York 1994 (erstmals 1934 veröffentlicht).
Roth, Philip, *Patrimony. A True Story*, New York 1991.
Ruppin, Arthur, *Tagebücher, Briefe, Erinnerungen*, Königstein 1985.
Scholem Alejchem, *Ale Werk*, New York 1921.
Simon, Kate, *Bronx Primitive. Portraits in a Childhood*, New York 1982.
Wengeroff, Pauline, *Memoiren einer Großmutter. Bilder aus der Kulturgeschichte der Juden Rußlands im 19. Jahrhundert*, Berlin 1913.
Wisse, Ruth R., *A Shtetl and Other Yiddish Novella*, Detroit 1986.
Yezierska, Anzia, *Bread Givers. A Struggle Between a Father of the Old World and a Daughter of the New*, New York 1925.

Literatur

Aronson, I. Michael, *Troubled Waters. The Origins of the 1881 Anti-Jewish Pogroms in Russia*, Pittsburgh 1990.
Baron, Salo W., *The Russian Jews Under Tsars and Soviets*, New York 1987 ([1]1964).
Berman, Myron, *The Attitude of American Jewry Toward East European Jewish Immigration, 1881–1914*, Ph. D. Dissertation, Columbia University 1980.
Dash Moore, Deborah, *To the Golden Cities. Pursuing the American Jewish Dream in Miami and L. A.*, New York 1994. –, »The Construction of Community«, in: M. Rischin (Hg.), *The Jews of North America.*
Dubnow, Simon, *History of the Jews in Russia and Poland from the Earliest Times Until the Present Day*, New York 1975.
Feldman, Eliyahu, *The Russian Jews in 1905 Through the Eyes and Camera of a British Diplomat*, Tel Aviv 1986.
Glenn, Susan A., *Daughters of the Shtetl. Life and Labor in the Immigrant Generations*, Ithaca, N.Y., 1990.
Howe, Irving, *World of Our Fathers*, New York/London 1976.

–, Einführung zu David Berger, *The Legacy of Jewish Immigration: 1881 and Its Impact*, New York 1983.
Hyman, Paula, »Immigrant Women and Consumer Protest: The New York Kosher Meat Boycott of 1902«, in: *American Jewish History* 70 (1980).
–, *Gender and Assimilation in Modern Jewish History. The Roles and Representation of Women*, Seattle/London 1995.
Joselit, Jenna W., *The Wonders of America*, New York 1995.
Joseph, Samuel, *Jewish Immigration to the United States from 1881 to 1910*, New York 1914.
Kessler-Harris, Alice, *Out to Work. A History of Wage Earning Women in the United States*, New York 1982.
Kessner, Thomas, *The Golden Door. Italian and Jewish Immigrant Mobility in New York City 1880–1915*, New York 1977.
Klier, John Doyle, *Russia Gathers Her Jews. The Origins of the »Jewish Question« in Russia, 1772–1825*, Dekalb, IL. 1986.
Kliger, Hanna (Hg.), *Jewish Hometown Associations and Family Circles in New York*, Bloomington, Ind., 1992.
Klonsky, Milton, »The Trojans of Brighton Beach«, in: *Commentary* (Mai 1947).
Kramer, Sydelle/Masur, Jenny (Hg.), *Jewish Grandmothers*, Boston 1976.
Leviatin, David, *Followers of the Trail. Jewish Working-Class Radicals in America*, New Haven/London 1989.
Liebman, Charles S., »Orthodoxy in American Jewish Life«, in: *American Jewish Yearbook* LXVI (1965).
–, »The Religion of American Jews«, in: Marshall Sklare (Hg.), *The Jew in American Society*, New York 1974.
Mahler, Raphael, »Jewish Emigration from Galicia«, in: Deborah Dash Moore (Hg.), *East European Jews in Two Worlds: Studies from the YIVO Annual*, Dekalb, IL. 1989.
Metzker, Isaac (Hg.), *A Bintel Brief. Sixty Years of Letters from the Lower East Side to the Jewish Daily Forward*, New York 1971.
Paretzi, Elie, *Die Entstehung der jüdischen Arbeiterbewegung in Rußland*, Zandfoort 1971.
Raisin, Jacob S., *The Haskalah Movements in Russia*, Philadelphia 1913.
Ravitch, Diane, *The Great School Wars*, New York 1974.
Rischin, Moses, *The Promised City. New York's Jews 1870–1914*, New York 1962.

–, (Hg.), *The Jews of North America*, Detroit 1987.
Scholem, Gershom, *Die jüdische Mystik in ihren Hauptströmungen*, Frankfurt a. M. 1980.
Seidman, Naomi, »Gender, Criticism and Hebrew-Yiddish Literature: A Report from the Field« [darin die Hinweise zu Celia Dropkin], in: *Prooftexts. A Journal of Jewish Literary History* 14 (1994).
Sorin, Gerald, *A Time for Building: The Third Migration, 1880–1920* (The Jewish People in America, Bd. 3), Baltimore 1992.
Stanislawski, Michael, *For Whom Do I Toil. Judah Leib Gordon and the Crisis of Russian Jewry*, New York/Oxford 1988.
–, *Tsar Nicholas I and the Jews. The Transformation of Jewish Society in Russia 1823–1833*, Philadelphia 1983.
Trattner, Walter, *Crusade for the Children. A History of the Child Labor Committee and Child Labor Reform in America*, Chicago 1970.
van Kleeck, Mary, *Artificial Flower Makers*, New York 1913.
Weinberger, Moses, *People Walk on Their Head. Jews and Judaism in New York*, übers. und hrsg. v. Jonathan D. Sarna, New York 1981.
Zipperstein, Steven J., *The Jews of Odessa. A Cultural History, 1794–1881*, Stanford 1986.

Titel der Originalausgabe:
»Unfinished People.
Eastern European Jews Encounter America«
erschienen bei W. W. Norton & Company,
New York und London

Schutzumschlag: Rothfos & Gabler, Hamburg
Satz und Reproduktionen: Bongé+Partner, Berlin
Druck und Buchbinder: Pustet, Regensburg
Printed in Germany 2001
ISBN 3-88680-717-7
Erste Auflage